黄毅 著

社会变迁与文化重构

以《阿诗玛》为个案

知识产权出版社
全国百佳图书出版单位

图书在版编目（C I P）数据

社会变迁与文化重构：以《阿诗玛》为个案 / 黄毅著. — 北京：知识产权出版社，2017. 7
ISBN 978-7-5130-4904-7

Ⅰ. ①社… Ⅱ. ①黄… Ⅲ. ①彝族—社会变迁—研究—中国 ②彝族—民族文化—研究—中国 Ⅳ. ①K281.7

中国版本图书馆CIP数据核字（2017）第109948号

内容提要

1949年前，彝族撒尼支系的叙事长诗《阿诗玛》作为撒尼社会民间习惯法的一部分被建构起来，并在撒尼社会广泛传播。1949年后，《阿诗玛》经历了两次大的重构，第一次源于新中国成立初期云南省文艺工作者的搜集整理，第二次则源于改革开放时期撒尼社会发展旅游业。《阿诗玛》在1949年后的传承经历表明，文化生态的变迁势必导致文化的变迁，重构是少数民族传统文化在当代传承的一种基本形式。本书对相关问题进行深入研究，资料丰富，思路清晰，语言生动，适合人类学、民族学专业，尤其是研究中国少数民族艺术的学者、研究生、大学生阅读和参考。

责任编辑：李 瑾　　**责任出版**：刘译文

社会变迁与文化重构
以《阿诗玛》为个案
黄 毅 著

出版发行：知识产权出版社有限责任公司　**网　　址**：http：//www.ipph.cn
社　　址：北京市海淀区西外太平庄55号　**邮　　编**：100081
责编电话：010-82000860转8392　**责编邮箱**：lijin.cn@163.com
发行电话：010-82000860转8101/8102　**发行传真**：010-82000893/82005070/82000270
印　　刷：三河市国英印务有限公司　**经　　销**：各大网上书店、新华书店及相关专业书店
开　　本：787mm×1092mm　1/16　**印　　张**：14
版　　次：2017年7月第1版　**印　　次**：2017年7月第1次印刷
字　　数：240千字　**定　　价**：45.00元
ISBN 978-7-5130-4904-7

PREFACE

序

《阿诗玛》是居住在云南的彝族撒尼人的口头传唱故事，广泛流传于1949年以前的撒尼社会。撒尼人凡遇有婚丧嫁娶，或其他的重大活动，都喜欢唱《阿诗玛》。《阿诗玛》的故事主干是阿诗玛的出生、成长及婚恋生活，但因传唱者的不同，故事的情节乃至人物形象、性格都有很大差异。演唱《阿诗玛》的曲调也非常多，有“喜调”“老人调”“悲调”“哭调”“骂调”等。女子成人了，唱“绣花调”；女子出嫁了，唱“苦嫁调”。青年人在“公房”唱，老年人在火塘边唱，毕摩在祭祀时唱，壮年人在田间劳作时唱。《阿诗玛》包括了撒尼人生活劳作、习俗礼仪的方方面面，可以说是撒尼社会的百科全书。对于喜爱歌唱的撒尼人来说，《阿诗玛》伴随他们的一生。

新中国成立后的20世纪50年代，为建设社会主义新文化（初起是新民主主义文化），党和政府号召广大文艺工作者下乡收集整理民间文学艺术作品，于是《阿诗玛》这部口承文化作品被党和政府派遣的文化工作者所收集整理，加上翻译过程中的创造，舍弃了其歌唱曲调，变成一部用汉语表达的叙事长诗。整理翻译创作完成的作品公开出版后，在文艺界引起很大反响，评论、研究的文章陆续不断地发表。到60年代，叙事长诗又被改编为电影。扮演女主角阿诗玛的杨丽坤，此前已经在电影《五朵金花》中饰演白族女主角而深受观众喜爱，阿诗玛因其靓丽的银幕形象和富有神话浪漫色彩的故事情节令全国的电影观众倾倒，阿诗玛成为彝族人民的代表形象，深深地印在人们的脑海之中。但很快到来的“文化大革命”使这部电影连同它的主演者一起遭遇了厄运。改革开放后，举国上下拨乱反正，大批被封存的“毒草”重见天日，昔日被视为“封、资、修”的电影、小说、戏剧、歌曲、舞蹈重新回到现实世界中。电影《阿诗玛》也得以重新放映，观众纷纷涌进影院，追寻过去的记忆。彝族姑娘阿诗玛再次唤起人们的记忆。

改革开放使中国在长期的自我封闭后面向世界，加入全球化浪潮的进程。全球化不仅带来商品、资本、技术、人员、符号的全球性流动，而且带来地方意识、民族意识的增强。文化符号、民族符号成为地方与民族群体确立自己的身份地位和价值的重要手段。阿诗玛，这个具有地方民族符号意义的形象，伴随着云南的旅游宣传片、特色商品广告、彝族刺绣等旅游纪念品走向全国，走向世界。这次与阿诗玛一起走向全国和世界的，还有作为世界自然遗产的石林、火把节、大三弦、左脚舞等彝族文化符号。而阿诗玛，也从20世纪50年代的美丽、勤劳、富于反抗和斗争精神的形象，转向更具有亲和性和人情化。推动这次阿诗玛的形象重塑的，除了地方政府外，资本、商家也是其中的重要角色。更不可忽视的是彝族群众自身对阿诗玛的重新认同与创造。如果说，20世纪50年代在阿诗玛形象的重构中他们还基本处于被动状态的话，那么这一次的新的重构他们的主动性大大增强了。石林地区身着改良过的彝族撒尼人服装（这也是电影中的阿诗玛的服装）的导游少女就生动地表演和诠释着阿诗玛的形象。与此相仿的例子，还有云南大理白族的“金花”。这其中蕴含着时代和社会的文化变迁，颇为值得探讨。

此前对阿诗玛的研究已经不少。从最早开始的从文艺理论视角对长诗《阿诗玛》的研究，民间文学挖掘整理的视角，到民俗学的视角直至后来的文化学视角、传播学视角等，中外学者已对其做出了种种的解说。作者再选取这一题目写下这本书，有什么新的突破？我想，重点就在于作者选择了一个新的视角，即民族文化的建构与重构，来重新审视作为彝族撒尼人符号的阿诗玛是怎么样形成并被表达出来的。

民族文化是民族群体的标志，一个民族群体持有自己独特的文化，与其他民族群体相区别。但这个文化并非从来就有或一成不变，民族文化在历史的发展变化中产生形成，与民族群体自身的产生发展同步。换言之，民族文化是在民族形成的历史过程中不断生成，或者说被不断建构起来的。从民族文化本身来看，民族文化的形成又依托于一定的文化生态环境（简称“生境”）。文化生境由自然环境与社会环境两大部分构成，还包括特定社会群体的历史积淀。民族文化的建构没有完成时，特别是在文化生境发生大的改变时，民族文化的建构会脱离原有的方向，某些原有的性质发生变化，形成具有新的特质的民族文化。这一过程也可称为民族文化的重构。本书就聚焦于少数民族文化发展中这一具有典型意义的事例，深入梳理其传统不断被解构和重新创造的过程，并力图揭示其中所蕴含的民族文化传承发展的一种基本形态——“重构”的规律。作者的创新之处是：

一、对文献资料的梳理较为深入细致，同时能结合对当事者的访谈，使《阿诗玛》这一文本的变化过程有一个比较清晰的呈现；

二、依据文化生态学和建构主义的理论，提出《阿诗玛》在当代的两次重构，着重分析了两次重构的不同文化生境，两次重构的不同主体和驱动力，从而使两次重构呈现出不同的结果；

三、把重构作为传统民族文化在当代传承发展的基本形态，并对之做了初步的理论说明。

在取得初步成果的同时，本书还存在着一些遗憾。由于资料的缺乏，对阿诗玛这一文化符号的建构研究还比较简单，对其重构过程的复杂性也还可再深入等，但这并不抹杀本书已取得的成绩。任何学术问题都没有止境，相信作者在今后的研究中会有更大的作为。

是为序。

施惟达

2016年11月于云南大学东陆书院

（施惟达：云南大学教授，博士生导师。）

CONTENTS

目录

第一章　绪　论

一、问题的缘起

《阿诗玛》是彝族撒尼人的一部叙事长诗。尽管我的家乡广西与云南毗邻，但我原本对《阿诗玛》的了解并不多。仅有的认识，一是我还在读初中时听到的电影《阿诗玛》里的那首著名的《马铃儿响来玉鸟唱》。那时还是20世纪80年代初，我在广西东部的一个小县城里上初中。那时能听到的歌曲非常有限，因而少数的几首歌曲总是被反反复复地播放，以致后来虽然没人教，我已经基本上能哼下来了。二是我在一种香烟的盒子上看到的阿诗玛的头像和"阿诗玛"三个字，从此知道，阿诗玛是个少数民族姑娘。三是上大学后，在大学的图书馆里第一次翻看了《阿诗玛》，大致地了解了这个故事。那时我对《阿诗玛》的印象也仅限于此，客观地说，应该是没有留下很深的印象，因为那时，作为广西人，我们为之疯狂的是《刘三姐》。后来到了云南工作，在云南感受到了与广西完全不一样的看待《阿诗玛》的氛围。在云南，人们不仅普遍熟悉《阿诗玛》，喜欢《阿诗玛》，还以《阿诗玛》为骄傲。更让我惊奇的是，《阿诗玛》的故乡离我所在的昆明竟这么近，我周边竟然就有不少撒尼人。所有这些，都促使着我想要去深入地了解这部撒尼人的叙事长诗。

一般认为，《阿诗玛》产生于明朝中后期。此后，在撒尼人中世代相传。20世纪50年代，一批文化人深入撒尼人居住区，在搜集到二十多种民间口头流传的异文的基础上，进行整理加工，然后以《阿诗玛》为题在报刊上公开发表，引起轰动，《阿诗玛》从此享誉天下。之后，《阿诗玛》又出了单行本，还改编成了同名电影。从此，《阿诗玛》更是变得家喻户晓。

但另一方面，时至今日，尽管撒尼人依然自豪地声称《阿诗玛》是他们的《阿诗玛》，还特别强调他们的每个姑娘都是阿诗玛，每个小伙子都是阿黑，然而，随着撒尼社会的变迁，《阿诗玛》也在不断地发生变化。其中，大的变化至少有两次，第一次发生在20世纪50年代，当时正是新中国成立的初期；第二次发生在80年代，这时正是整个中国开始进行改革开放的时候。是什么力量在推动着《阿诗玛》发生变化？《阿诗玛》如何变化？对于中国少数民族文化而言，这种变化又意味着什么？这些都是我感兴趣的问题。正是对这些问题的兴趣，让我最终选择了这项研究。

二、研究的现状

1954年2月20日，《云南日报》“文艺生活”栏目发表杨知勇的文章《撒尼叙事诗〈阿诗玛〉整理经过》，这是《阿诗玛》研究的开始。这篇文章的发表到现在，已过去了60多年。在这60多年间，《阿诗玛》的研究走过了从文学、民间文学到文化的研究之路，显示出《阿诗玛》的研究正一步步走向深入。

（一）文学视角下的《阿诗玛》研究

1954年1月末到2月初，《云南日报》发表了黄铁等人搜集整理的撒尼民间叙事长诗《阿诗玛》，在文艺界引起了轰动，产生了巨大的反响，不久，多家刊物、出版社又或转载或出版了这部作品，《阿诗玛》研究也由此而拉开了序幕。当然，这种研究主要是针对整理本《阿诗玛》的。

对整理本《阿诗玛》的研究，首先是对搜集整理工作所进行的研究和评价。

黄铁等搜集整理者在《〈阿诗玛〉第一次整理本序言》等多篇文章中介绍了《阿诗玛》的搜集、整理的原则和方法等方面的情况，这些介绍引起了研究者的注意，他们除了肯定搜集整理工作取得的成绩外，也提出了一些批评意见。

孙剑冰在《〈阿诗玛〉试论》[①]一文中就指出：整理人往往用个人的创作代

① 孙剑冰：《〈阿诗玛〉试论》，北京大学文学研究所：《文学研究集刊》（第3册），人民文学出版社1956年版。

替对原作的恢复。即整理人将不少汉族的文化心理、风俗人情楔进原作，代替了反映在作品中的撒尼人民的社会生活；用近代化的个人的创作方法、艺术手法代替了原作的表现方法，甚至还不管撒尼人民乐意不乐意，将自己熟悉的那一套四行诗的形式强加在《阿诗玛》身上。李广田在《〈阿诗玛〉序》①中也认为，黄铁等人整理的《阿诗玛》少了点撒尼劳动人民口头创作的艺术特色，多了点非撒尼劳动人民口头创作的味道。为此，李广田对整理提出了这样的原则，一是对原材料不能随便添补，要尽量忠实于原作。二是要对原作进行深入细致的科学研究。三是要保持原作的风格。此外，不要把汉族的东西强加到兄弟民族的创作上；不要把知识分子的东西强加到劳动人民的创作上；不要把现代化的东西强加到过去的事物上；不要用日常生活中的实际事物去代替、破坏民族民间创作中那些特殊的富有浪漫主义色彩的表现方法；等等。

改革开放后，一些学者继续对《阿诗玛》的搜集整理进行研究。罗希吾戈在《〈阿诗玛〉翻译和整理的几点浅见》②一文中认为黄铁等人的"总和"的整理方法并不妥当。王明贵也认为，因《阿诗玛》的整理者不是彝族人，不懂彝族语言，因而在整理时丢掉了一些彝语中所特有的修辞格，从而损害了《阿诗玛》的民族风格。此外，整理者对《阿诗玛》主题的处理方法也值得商榷。③

对《阿诗玛》搜集整理工作的研究和评价，在很长时间里一直是热点。学者们对这一工作提出了不少的批评意见，主要是认为它不够尊重原作。但仔细地研究也会发现，前后的批评也还是有差别的。差别在于，前期的批评承认整理者新编的权力，而后期的批评者基本不承认这种新编的权力。这种差别体现了人们对《阿诗玛》认识的变化，也体现了研究的外部环境的变化。

其次是对《阿诗玛》的人物形象的研究。

臧克家的《撒尼人民的叙事长诗——〈阿诗玛〉》最早对《阿诗玛》的人物形象进行了研究。文章认为阿诗玛与阿黑这两个人物形象塑造得很成功，同时

① 李广田：《〈阿诗玛〉序》，中国作家协会昆明分会：《阿诗玛——彝族民间叙事诗》，云南人民出版社1960年版。

② 罗希吾戈：《〈阿诗玛〉翻译和整理的几点浅见》，《山茶》1982年第2期。

③ 王明贵：《〈阿诗玛〉三论》，《贵州彝学》1989年创刊号。

对这两个人物形象也进行了概括：阿诗玛“有着动人的外貌，有着爱劳动、爱自由、爱穷苦伙伴的美德，有着灵巧的一双手和响亮的歌喉，更有着优美的内心和性格以及对于生活爱情的高尚理想的追求……”阿黑“他勤劳，然而生活得快乐，他勇敢，然而富有智慧，这样一个‘断得弯不得’的性格，正是劳动人民性格的典型化”。[①]刊登于《人民文学》1954年第7期的段平等人撰写的《优美的歌——〈阿诗玛〉读后感三则》也肯定了阿诗玛和阿黑是两个“美丽可爱的人物形象”，阿诗玛“坚强、勇敢、美丽、可爱”，阿黑“机智勇敢”。[②]晓雪的《〈阿诗玛〉的人物形象和艺术魅力》一文写于1978年，文章较高地评价了《阿诗玛》的人物塑造：阿诗玛与阿黑是两个“比较完美的艺术典型”。[③]此外，陶学良[④]、郭思九[⑤]等也都对阿诗玛和阿黑的人物形象进行了分析，且都给予了肯定。由于阿诗玛与阿黑的人物形象塑造得比较单纯而突出，因而这方面的争议不多。

最后是对《阿诗玛》的主题与艺术特色的研究。

关于《阿诗玛》的主题，整理者在整理时就已经明确了，是“反抗封建统治阶级的婚姻掠夺，争取自由幸福”[⑥]，或者“歌颂了勤劳、勇敢、自由和爱情，歌颂了撒尼人民的高尚品质和面对压迫者英勇不屈的斗争”[⑦]。雪蕾[⑧]、陶学良等肯定了《阿诗玛》的主题。陶学良还认为，“主题鲜明，战斗性强的《阿诗玛》，它在云南的廿二个少数民族中是不可多得的。”[⑨]但王明贵不认同，他说：“‘把反抗封建统治阶级的婚姻掠夺和争取自由幸福’作为《阿诗玛》的主题，从而

① 臧克家：《撒尼人民的叙事长诗——〈阿诗玛〉》，《文艺学习》1954年第4期。
② 《优美的歌——〈阿诗玛〉读后感三则》，《人民文学》1954年第7期。
③ 晓雪：《〈阿诗玛〉的人物形象和艺术魅力》，《边疆文艺》1978年第8期。
④ 陶学良：《茶花一树早桃红》，陶学良：《彝族文学杂俎》，云南民族出版社1986年版，第268-270页。
⑤ 郭思九：《论彝族叙事诗〈阿诗玛〉》，赵德光：《阿诗玛研究论文集》，云南民族出版社2002年版，第469页。
⑥ 黄铁等：《〈阿诗玛〉第二次整理本序言》，《民间文学》1996年第3期。
⑦ 黄铁：《〈阿诗玛〉——“我们民族的歌”》，赵德光：《阿诗玛研究论文集》，云南民族出版社2002年版，第178页。
⑧ 雪蕾：《读〈阿诗玛〉的一些体会》，《西南文艺》1954年9月号。
⑨ 陶学良：《茶花一树早桃红》，陶学良：《彝族文学杂俎》，云南民族出版社1986年版，第266-267页。

排除了其他主题，并因此而删除了大量反映彝族社会历史风俗特征的材料。这样是否是科学的整理方法，值得怀疑。因为民间文学作品具有其本身的特点而不同于文人创作，即使是文人创作也不完全是主题单一的，更何况作为民间长诗的《阿诗玛》原作中主题具有多样性，而不仅仅有‘把反抗封建统治阶级的婚姻掠夺和争取自由幸福’这一主题。”[①]很显然，王明贵是从民间文学的立场来对《阿诗玛》的主题处理提出批评的。

对于《阿诗玛》的艺术特色，学者们也做了深入的分析。臧克家认为，《阿诗玛》“全诗像一座生活的大花园，充满了缤纷的色彩和扑鼻的香气”。此外，它还“有着一般民歌的特点：生活气息浓重，每一个句子都是一朵形象化的花。而这些形象又都是来自亲切的生活经验”。[②]雪蕾则认为，《阿诗玛》“充满着强烈的浪漫的、传奇的色彩”，“富有传奇意味”。[③]晓雪认为，《阿诗玛》的艺术特色，首先是它的语言的朴素美和单纯美。其次是丰富精彩、多种多样的表现手法，尤其是比、兴两种手法。此外就是它的诗句的回环的美。[④]陶学良也认为《阿诗玛》的艺术特色很鲜明，这些特色包括：一是善于布置适合开展人物活动的背景、气氛。二是布局巧妙，有起有伏。三是善于采用比喻、对比、排比等多种艺术手法烘托人物形象。[⑤]王明贵则认为，长诗《阿诗玛》在结构上有两个特点：一是总体结构线索单一，明白清晰，首尾完整，没有纷繁复杂的头绪，也没有几条线索并行的复式结构。二是局部结构的“蒙太奇”式艺术效果，而且这是《阿诗玛》所独有的。[⑥]《阿诗玛》整理本的撒尼特色是鲜明的，学者们的研究较充分地揭示了《阿诗玛》在艺术上的特点。

（二）民间文学视角的《阿诗玛》研究

尽管经过整理，《阿诗玛》毕竟还是撒尼人的民间叙事长诗，这一点，就连

---

① 王明贵：《〈阿诗玛〉三论》，《贵州彝学》1989年创刊号。

② 臧克家：《撒尼人民的叙事长诗——〈阿诗玛〉》，《文艺学习》1954年第4期。

③ 雪蕾：《读〈阿诗玛〉的一些体会》，《西南文艺》1954年9月号。

④ 晓雪：《〈阿诗玛〉的人物形象和艺术魅力》，《边疆文艺》1978年第8期。

⑤ 陶学良：《茶花一树早桃红》，陶学良：《彝族文学杂俎》，云南民族出版社1986年版，第277-295页。

⑥ 王明贵：《〈阿诗玛〉三论》，《贵州彝学》1989年创刊号。

整理者也不否认，因此从民间文学的角度来研究《阿诗玛》是很自然的。当然，从民间文学的角度来研究《阿诗玛》，研究者一般就不再仅仅从整理本《阿诗玛》出发来研究了，他们大多结合在民间流传的不同版本的《阿诗玛》来对长诗进行研究。从民间文学的角度来研究《阿诗玛》，人们主要关注了如下问题。

1.《阿诗玛》产生于何时？

学者们对这个问题颇感兴趣，提出了不少有见地的看法。一种观点认为，《阿诗玛》形成的年代非常久远，如孙剑冰根据撒尼人“阿诗玛是撒尼人中第一个出嫁的姑娘”的说法，认为《阿诗玛》的历史背景应为原始公社解体期。[①]傅光宇从《阿诗玛》的内容——母系制向父系制过渡，对偶婚向一夫一妻制过渡，从《阿诗玛》的艺术特色——阿诗玛的形象具有传奇色彩，阿黑的形象是一个史诗式英雄形象的雏形，长诗对创世史诗成分的挪用，长诗质朴、雄浑、单纯、优美的艺术风格等，以及从撒尼人的历史等方面证明，《阿诗玛》十分古老，应产生于彝族“六祖分支”前的父系制阶段。[②]

另一种观点则认为，《阿诗玛》的产生应是比较晚近的事。如杨知勇认为《阿诗玛》产生于封建社会，理由是圭山区很早就具备了封建社会的基本形态，而据老人回忆，《阿诗玛》约产生于一百年前。[③]陶学良根据撒尼人的历史、长诗中反映的尖锐的阶级矛盾，以及热布巴拉的失势提出《阿诗玛》的形成约在明朝成化年间（1465—1487年）。[④]谢国先则提出，阿诗玛故事的主题是对兄妹二人的乱伦欲望的暴露和惩罚，这样，要研究阿诗玛故事产生的时代就变得很困难，因为只要人类生活的群体所包括的人口数量超过兄妹二人，阿诗玛的故事就可能产生并流传。但从作品中的一些细节，如以竹管喝酒，作品中出现

---

① 孙剑冰：《〈阿诗玛〉试论》，北京大学文学研究所：《文学研究集刊》（第3册），人民文学出版社1956年版。

② 傅光宇：《〈阿诗玛〉原始成分简探》，中国民间文艺研究会云南分会等：《云南民间文艺源流新探》，云南民族出版社1986年版，第124页。

③ 杨知勇：《撒尼叙事诗〈阿诗玛〉整理经过》，《云南日报》“文艺生活”栏目1954年2月20日第3版。

④ 陶学良：《茶花一树早桃红》，陶学良：《彝族文学杂俎》，云南民族出版社1986年版，第274页。

玉米、广西府等用语可以推断，阿诗玛故事开始流行的时代是明代中后期。[①]李德君则提出，《阿诗玛》应是撒尼人进入封建时代以后的作品。原因是："要是《阿诗玛》果真是在撒尼人的祖先与其他支系的彝人的祖先共居在一起的年代就已产生，那么，如此具有魅力的作品，就一定会在共同生活的彝族中传播开，并在后来的迁徙中被带到各地，哪怕是只带到一部分地区。可是，现实的情形却是，在别的彝族支系当中都不见流传。"[②]乌谷依据《阿诗玛》中提到的阿黑射箭，兹莫当媒人的细节，断定"《阿诗玛》所产生的时代，可追溯到'南诏'时期，并延续到'改土归流'的近现代"。[③]毕志光也根据《阿诗玛》中的细节来提出自己对《阿诗玛》产生年代的看法：《阿诗玛》的产生年代为公元1106年左右。[④]刘世生应用历史人类学的方法，通过对《阿诗玛》形成的社会历史背景的分析，提出："《阿诗玛》叙述的历史事件应该发生在明朝政府在成化年间实行'改土设流'政策之前，而《阿诗玛》叙事长诗应形成于'改土设流'之后。"具体地说，《阿诗玛》形成于1481年。[⑤]

民间文学的特点之一是变异性，《阿诗玛》的形成，应该有一个漫长的过程——先是有一个故事的核，然后在后来的岁月中不断地叠加新的内容。这样就能解释《阿诗玛》既有非常古老的内容，但从细节上来判断似乎又只是在晚近才形成的矛盾。从这样的认识出发，我们不难发现两种观点应该说都有局限性。

2. 阿诗玛与阿黑的关系

阿诗玛与阿黑的关系问题很早就被提了出来。从原始资料出发，尽管有点儿怀疑，但一般都认为他们是亲兄妹关系。如杨知勇说，他们在整理之初，就

① 谢国先：《阿诗玛新论》，《云南艺术学院学报》2001年第3期。

② 李德君：《关于〈阿诗玛〉产生年代的思考》，赵德光：《阿诗玛国际学术研讨会论文集》，云南民族出版社2006年版，第33页。

③ 乌谷：《〈阿诗玛〉之我见》，赵德光：《阿诗玛国际学术研讨会论文集》，云南民族出版社2006年版，第41页。

④ 毕志光：《试论〈阿诗玛〉中的地名词释义》，赵德光：《阿诗玛国际学术研讨会论文集》，云南民族出版社2006年版，第222–223页。

⑤ 刘世生：《彝族撒尼民间叙事长诗〈阿诗玛〉的历史人类学研究》，赵德光：《阿诗玛国际学术研讨会论文集》，云南民族出版社2006年版，第378页。

疑虑他们是恋人关系，但最终不得不认同他们是兄妹关系，因为从所有的传说中都找不到他们是恋人的根据，而撒尼人又一致肯定他们是兄妹关系。而且兄妹关系又与撒尼人现在还保存着的一些观点和习惯联系得非常密切。如现在撒尼人中还有“舅舅为大”的说法，据说就是由《阿诗玛》故事中阿黑战胜了热布巴拉家的传说得来的。[①]孙剑冰也认为阿诗玛与阿黑是兄妹关系，他说：“如果阿黑与阿诗玛不是兄妹关系，现有原作品中肯定的阿黑的‘舅舅’身份是哪来的呢？‘舅舅为大’与阿黑结合得这样紧，在作品中有这么大的作用，又怎样解释呢？不能否认，多份‘异文’中的‘舅舅为大’（思想、人物、情节）对于阿黑与阿诗玛的兄妹关系是个很好的说明。”[②]李缵绪也赞同阿诗玛与阿黑是兄妹的说法，他认为，首先，原来搜集到的二十份原始资料都把阿诗玛和阿黑作为兄妹关系来表现。唯有资料“六”中有“黄金十五两，郎来赎妹身”这样两句诗，但从全篇看，这个“郎”字显然是“哥”字的误写。其次，1958年以来所搜集的九种《阿诗玛》作品中，不论是古彝文本还是口头流传本，阿诗玛和阿黑也都是兄妹关系。因此，他们是兄妹关系无疑。[③]

但另一种观点认为，阿诗玛与阿黑是情人关系。如公刘就是这样主张的。他的理由是：“兄妹关系也的确又有值得怀疑的地方，譬如吹奏口弦一事，这就有点出乎常规。大家都知道，在云南的数十种兄弟民族中，以口弦作为男女传情的工具的，总要占据半数以上，包括撒尼人本身在内。”[④]后来，公刘又去圭山住了一个半月，继续对阿诗玛与阿黑的关系进行考察。这次考察，他有了新的发现，即在圭山地区找到了三种阿诗玛与阿黑是情人关系的传说，以此证明阿诗玛与阿黑是情人关系。[⑤]日本学者君岛久子也主张“情人说”。她认为，在民间歌谣中，情人间相互称哥和妹是非常普遍的，《阿诗玛》也不会是例外。此外，

① 杨知勇：《撒尼叙事诗〈阿诗玛〉整理经过》，《云南日报》“文艺生活”栏目1954年2月20日第3版。

② 孙剑冰：《〈阿诗玛〉试论》，北京大学文学研究所：《文学研究集刊》（第3册），人民文学出版社1956年版，第26页。

③ 李缵绪：《〈阿诗玛〉原始资料前言》，李缵绪：《阿诗玛原始资料集》，中国民间文艺出版社1986年版，第6-8页。

④ 公刘：《〈阿诗玛〉的整理工作》，《文艺报》1955年第12期。

⑤ 公刘：《有关〈阿诗玛〉的新材料》，《民间文学》1955年5月号。

“在所有的原始资料中，没有一篇讲述阿黑的出生情况，并且，阿黑都从中途半道登场说明了这一点”。[①]

也有一些学者认为，阿诗玛与阿黑既是兄妹关系，也是情人关系。如毕志峰就提出，阿诗玛与阿黑无论是兄妹关系还是情人关系，都应该允许存在，其理由，首先是民间文学具有变异性，因而就算原来是兄妹关系，后来发展出情人关系，也属正常。其次是撒尼人的一些风俗习惯，如“尼都米赛党”，男女青年结婚双方都请老艺人来唱《阿诗玛》等，都把阿诗玛和阿黑看成情人和夫妻，等等。[②]谢国先在《阿诗玛新论》一文中则提出，阿诗玛由撒尼洪水神话和兄妹婚神话中的阿诗演变而来，阿黑则由这些神话中的阿鲁演变而来。在撒尼洪水神话和兄妹婚神话中，阿鲁和阿诗既是兄妹，也是夫妻。因此，阿诗玛与阿黑就既是兄妹也是情人。[③]

应该说，认为阿诗玛与阿黑是兄妹或是情人都有充分的理由。但若注意到《阿诗玛》是一个经长期发展、累积形成的民间文学作品的事实，那么，谢国先的观点无疑更令人信服。

3. 阿着底的所在地

《阿诗玛》故事的发生地“阿着底”究竟在什么地方，这也是学者们感兴趣的问题之一。

“阿着底”的所在地，撒尼传统的观点认为是在现在的大理，因此1954年发表的《阿诗玛》整理本就据此认为阿着底在现在的大理一带。但段尔煜、黄建明认为，阿着底应该在现在的曲靖一带，理由有三：第一，目前的撒尼语中没有“大理”一词，却有称曲靖为“阿着岁玛”的，而“阿着罗玛”就是阿着底；第二，各地彝族古文献《指路经》也都把今天曲靖一带称为“阿着底”；第三，今天的彝族出自古代东爨乌蛮系统，古代东爨乌蛮的活动中心就在今曲靖一

① ［日］君岛久子：《长篇叙事诗〈阿诗玛〉的形成》，《红河民族语文古籍研究》1988年第2期。

② 毕志峰：《〈阿诗玛〉我们民族的歌——试论撒尼叙事长诗〈阿诗玛〉的几个问题》，《路南文史资料选辑》1986年第1辑。

③ 谢国先：《阿诗玛新论》，《云南艺术学院学报》2001年第3期。

带。[①]赵德光的观点与此相近。[②]傅光宇则经考证后认为："'阿着底'是以沾益为中心的一个大坝子，为白彝阿佐赤部辖地，因而以之命名。""'阿着底'即以阿佐命名之平坝，'阿着'不过是'阿佐'或'阿仲''阿召'之异写而已。"[③]乌谷则认为"阿着底"是一个随着撒尼人不断流动的地名，"'阿着底'原在曲靖坝子，后随着迁徙带到西昌，再到大理，最后落脚在圭山地区"。[④]昂自明提出，撒尼人记忆传承中的"阿着底"指向有三个地方，一是曲靖沾益一带，二是大理，三是罗平或云贵交界处。但《阿诗玛》中的"阿着底"得名于"阿佐赤"家支，因此，"《阿诗玛》中'阿着底'的范围，包括沾益、曲靖和陆良三个相连的坝子"。"'阿着底'是一个区域名，而非一个限定的具体的集落（村庄、城镇）地名。"[⑤]刘世生认为，"阿着底"有广义与狭义之别。广义的阿着底指彝族祖先早先居住的地区，狭义的阿着底则具体指某个彝族支系和集团的聚居区。他通过对《阿诗玛》产生的自然和人文地理环境的分析，认为阿着底乃黑彝人所指的以现在的石林县为中心的彝族文化区，包括"上方"和"下方"两个片区，"上方"片区包括今石林县全部，陆良、宜良、泸西三县的一部分区域。"下方"片区包括今弥勒县的全部、丘北县的一部分彝族居住区。[⑥]

阿着底究竟在何处？因它只是传说中的地名，各种研究观点更多地还只是一种猜测，所以从目前研究的情况看，还很难说有哪一种观点特别令人信服。因此，对于阿着底究竟在何处的问题，可以说目前还是莫衷一是。

4. 阿诗玛名字的含义

阿诗玛的名字是何义？一些研究者也给出了自己的答案。段尔煜、黄建明在《〈阿诗玛〉中的地名、人名评考》一文中认为，"阿诗玛"名字中的"阿"是

① 段尔煜、黄建明：《〈阿诗玛〉中的地名、人名评考》，《云南社会科学》1990年第2期。

② 赵德光：《〈阿诗玛〉文化重构论》，中国社会科学出版社2005年版，第75页。

③ 傅光宇：《阿诗玛的故乡"阿着底"究竟在哪里？》，《山茶》1988年第3期。

④ 乌谷：《〈阿诗玛〉之我见》，赵德光：《阿诗玛国际学术研讨会论文集》，云南民族出版社2006年版，第39页。

⑤ 昂自明：《"阿着底"新考》，赵德光：《阿诗玛国际学术研讨会论文集》，云南民族出版社2006年版，第196页。

⑥ 刘世生：《彝族撒尼民间叙事长诗〈阿诗玛〉的历史人类学研究》，赵德光：《阿诗玛国际学术研讨会论文集》，云南民族出版社2006年版，第370-371页。

前缀，“玛”表示女性，“诗”就是金，“阿诗玛”的名字表示阿诗玛像金子般纯洁美丽，有赞美之意。[①]谢国先则认为，《阿诗玛》中的阿黑、阿诗玛与撒尼人的洪水神话、兄妹婚神话中的阿鲁、阿诗发生了人格与神格的混同——阿黑与阿鲁混同、阿诗玛与阿诗混同。神话中的阿诗是蛇年蛇月蛇日生的，所以叫“阿诗”。“诗”是对彝语中的“蛇”的音译。而阿诗玛故事说，阿诗玛也是蛇年蛇月蛇日生的，所以叫“阿诗玛”。因此，“阿诗玛的得名和阿诗的得名是一样的，只不过阿诗玛这一名称中多了一个表示女性的词尾‘玛’”。[②]可见，阿诗玛的名字源于她蛇年蛇月蛇日生这个事实。谢国先的解释给人留下了更深刻的印象。

（三）文化视角的《阿诗玛》研究

正如一些学者所说的那样，近年来的《阿诗玛》研究已超越了文学文本本身，呈现了无限丰富的可能性。[③]这种情况，主要是通过把《阿诗玛》当作一种文化现象来加以研究而形成的。从只把《阿诗玛》当作文学作品来研究，到把《阿诗玛》当作一种文化现象来研究，表明对《阿诗玛》的研究正在深化。

从文化的角度来对《阿诗玛》进行研究，呈现出了这样一些特点：首先是不再把《阿诗玛》仅仅看作一个文本；其次是多采用新的学科理论、新的研究方法来研究；最后是取得了一批可观的新成果。

对《阿诗玛》这种文化现象，学者们主要从以下几个方面予以关注。

第一，对《阿诗玛》文本的深度解读。

对《阿诗玛》的文本进行深度解读，一是用比较文学的方法对《阿诗玛》进行解读。如韩国的李廷珍，通过把《阿诗玛》与韩国的《春香传》进行对比，加深了对《阿诗玛》在叙事目标、叙事动机、人物类型、叙事结构、审美特点等方面的认识。[④]二是用口头程式理论对《阿诗玛》进行解读，如罗钊就深入分

① 段尔煜、黄建明：《〈阿诗玛〉中的地名、人名评考》，《云南社会科学》1990年第2期。

② 谢国先：《阿诗玛新论》，《云南艺术学院学报》2001年第3期。

③ 龙珊：《超越·创新——文学传播学视阈中的〈阿诗玛〉》，赵德光：《阿诗玛国际学术研讨会论文集》，云南民族出版社2006年版，第393页。

④ 李廷珍：《中国〈阿诗玛〉和韩国〈春香传〉比较研究》，赵德光：《阿诗玛国际学术研讨会论文集》，云南民族出版社2006年版，第329–330页。

析了《阿诗玛》中与人物相关的语词程式，动作、器物和特定场所的语词程式，数字和方位的语词程式，以及具有地域性特色的语词程式等，可以说对《阿诗玛》中的口头程式的认识是比较深入而全面的。[①]

第二，《阿诗玛》的传播与认同。

对《阿诗玛》，学者龙珊不禁提出了这样的疑问：“徜徉在浩如烟海的叙事长诗里，其间不乏与《阿诗玛》有着异曲同工之妙的‘类型化’文本，即文本固定的叙事模式，善恶分明的扁平人物形象和不断重现的语言谱系。为何《阿诗玛》作为冰山的一角能浮出水面？”[②]对于这个问题，她是从文学传播学的角度来探讨的。她注意到，《阿诗玛》的传播历经了三个不同的阶段：口头传播阶段，印刷传播阶段和大众传媒阶段。口头传播以人的自然之躯为载体，特点是点对点传播。在口头传播阶段，《阿诗玛》只能在非常有限的空间里传播，口头传播中的《阿诗玛》文本，是撒尼人“诗意的栖居之地”，阿诗玛是撒尼人的阿诗玛。印刷物传播不同于口头传播，它赋予了文本以严肃性和权威性，因此，印刷物传播阶段的《阿诗玛》成为民族精神多向度的表征，阿诗玛是中国人的阿诗玛。之后，《阿诗玛》被搬上舞台、搬上银幕，从而跨越了民族、地域、国家的限制，让世界上众多的人了解了这部叙事诗，阿诗玛也成为人们记忆中挥之不去的艺术形象，并积淀为世界人民共同的、永恒的记忆。在大众传媒阶段，《阿诗玛》不仅是撒尼人的阿诗玛，更是世界的阿诗玛。日本学者樱井龙彦则从国民文化与地域文化、民族文化的关系上考虑这一问题。他认为，在“国民文化”的根基上，存在有地域和民族这样的个别文化。“地域文化”和“民族文化”在文化构成的框架上处在“国民文化”的下位。但是国民国家面临的课题，正是在于如何将处于文化的下位集合的“地域文化”和“民族文化”作为“国民文化”的构成基础，巧妙地予以提高和升华。而《阿诗玛》正是地方性的“地域文化”和“民族文化”升华成国家性的“国民文化”的最典型最成功的例

① 罗钊：《撒尼民间叙事长诗〈阿诗玛〉语词程式研究》，赵德光：《阿诗玛国际学术研讨会论文集》，云南民族出版社2006年版，第358页。

② 龙珊：《超越·创新——文学传播学视阈中的〈阿诗玛〉》，赵德光：《阿诗玛国际学术研讨会论文集》，云南民族出版社2006年版，第394页。

子。《阿诗玛》之所以能实现这样的升华，关键又在于新中国成立后的民族政策——新中国成立后的民族政策促成了《阿诗玛》的升华。而在这种升华的过程中，50年代对《阿诗玛》所进行的搜集整理工作功不可没。[①]美国学者司佩姬则从《阿诗玛》被广泛应用的角度探讨了它被认同的原因。司佩姬认为，从地理学上来说，阿诗玛来自石林的一个小角落；从文化意义上来讲，阿诗玛来自撒尼人。但实际上，因为不同的群体以不同的方式对阿诗玛的广泛运用，结果石林、云南，乃至全中国都成了阿诗玛的故乡；阿诗玛也不仅是撒尼人的代表，也成了彝族人、中国人，甚至世界人的代表。[②]可以说，龙珊、樱井龙彦、司佩姬等人的研究解开了《阿诗玛》成名的秘密。

第三，《阿诗玛》的传承。

日本学者藤川信夫与中国学者樊秀丽对这个问题进行了专门研究。其撰文指出，《阿诗玛》在传承中是不断地发生变异的，这种变异与传承它的媒体有关：历史上，《阿诗玛》曾由四种不同的媒体进行传承，即民间的声音媒体、毕摩使用的彝文媒体、研究者的印刷媒体和电影媒体。媒体不同，对《阿诗玛》的传承也就不一样，因此《阿诗玛》在传承中是不断地发生变化的。《阿诗玛》被创作出来是有其特定的功用的，它的功用之一是记录撒尼人的迁徙，因为传承它的撒尼人说阿着底这个重要的地方是在今日的大理而非研究者所说的曲靖。但这种功用也可能在传承的过程中丧失不保。然而它的功用若能得以保持，那么这对它的继续传承是极为有利的。在现在的条件下如何才能保持其功用？可以考虑使用最新的媒体，但这种做法又有导致其发生变异的危险。[③]《阿诗玛》的传承是一个重要的问题，也是一个目前国内还较少人关注的问题，日本学者的研究，对国内的《阿诗玛》研究者来说，是极富启发意义的。

第四，《阿诗玛》的价值，尤其是经济价值。

---

① ［日］樱井龙彦：《“阿诗玛文化”的意义和活用》，赵德光：《阿诗玛国际学术研讨会论文集》，云南民族出版社2006年版，第424页。

② ［美］司佩姬：《阿诗玛从哪里来、撒尼人、彝族文化和世界主义》，赵德光：《阿诗玛国际学术研讨会论文集》，云南民族出版社2006年版，第459页。

③ ［日］藤川信夫、樊秀丽：《〈阿诗玛〉与〈指路经〉——文化的创造性传承与媒体》，赵德光：《阿诗玛国际学术研讨会论文集》，云南民族出版社2006年版，第343页。

《阿诗玛》的价值，也是学者们关注的一个焦点。

有的学者关注《阿诗玛》的认识价值。如王向方在研究中发现，《阿诗玛》反映了撒尼人的取名、“咂酒”、服饰、婚姻和祖灵崇拜等方面的习俗，具有民俗学价值。[①]沈茜也认为，《阿诗玛》相当可靠地记载了古代彝族婚俗。[②]张海英、李艳兰等从《阿诗玛》中看到了撒尼人的传统服饰的特点。[③]日本学者武内刚从《阿诗玛》中看到了历史上石林县境内民族集团的居住状况及这些民族集团之间的关系。[④]德国学者安雅·森茨等则通过电影《阿诗玛》了解了20世纪五六十年代中国电影中的少数民族形象。[⑤]

而《阿诗玛》的经济价值无疑也引起了人们，尤其是阿诗玛的家乡人的关注，因此不少文章专门探讨《阿诗玛》的经济价值及其实现方式。如毕宏志就认为，《阿诗玛》具有文化产业功能。[⑥]在当下的商品经济社会中如何让《阿诗玛》发挥经济效益无疑也是许多人所关心的。赵德光撰文提出，石林县要“打造一批以《阿诗玛》为代表的精品力作，办好一批以火把节为主的节庆，建设一批以阿诗玛文化广场为主的标志性文化建筑，命名一批以月湖为代表的民族文化生态村，保护一批以鹿阜古城为代表的古建筑和少数民族建筑，组建一批以阿诗玛艺术团为代表的面向市场的艺术团队”，[⑦]从而促进石林县经济社会的发展。

---

① 王向方：《试论长诗〈阿诗玛〉的民俗学意义》，赵德光：《阿诗玛国际学术研讨会论文集》，云南民族出版社2006年版，第405页。

② 沈茜：《从民间叙事长诗〈阿诗玛〉看古代彝族婚俗》，《贵州大学学报》（哲社版）2008年第2期。

③ 张海英：《从〈阿诗玛〉看彝族撒尼妇女服饰的变迁》，李艳兰：《阿诗玛传统服饰的变迁》，赵德光：《阿诗玛国际学术研讨会论文集》，云南民族出版社2006年版，第278、289页。

④ 武内刚：《从〈阿诗玛〉看到的民族集团关系》，赵德光：《阿诗玛国际学术研讨会论文集》，云南民族出版社2006年版，第440页。

⑤ ［德］安雅·森茨、朱易：《从〈阿诗玛〉到彝族“Rap”：以彝族为例论中国媒体中的少数民族》，赵德光主编《阿诗玛国际学术研讨会论文集》，云南民族出版社2006年版，第448页。

⑥ 毕宏志：《〈阿诗玛〉社会功能论》，赵德光：《阿诗玛国际学术研讨会论文集》，云南民族出版社2006年版，第572页。

⑦ 赵德光：《阿诗玛文化是石林旅游发展之魂》，赵德光：《阿诗玛国际学术研讨会论文集》，云南民族出版社2006年版，第468页。

到现在为止，《阿诗玛》的研究已走过了60年。这60年，是中国社会剧烈变迁的60年。看得出来，60年的《阿诗玛》研究所取得的成绩是非常显著的。更重要的是，研究者的研究方法真正做到了与时俱进，不断创新。有这样的研究基础，这样的研究取向，相信在不久的将来，新的更深入、更显著的研究成果一定会源源不断地涌现出来。

三、概念界定

（一）传承

当前，尽管传承是个使用频率很高的词，但在汉语中，它实际上是个新词汇。中国历史上也曾使用“传承”这个词，但是是分开来使用的。“传”，指知识的传授，如《论语·学而》：“传不习乎。”“承”，指接续、继承，如《诗·小雅·天保》：“如松柏之茂，无不尔或承。”但由于没有连起来使用，因此，至今在《辞海》《辞源》《汉语大词典》等大型语词工具书中都找不到“传承”一词，只有商务印书馆的《现代汉语词典》中收录有这个词，对它的解释是：传授和继承。

在日本和韩国，“传承”这个词在民俗学中用得比较普遍，也许正是这个原因，“传承”这个词在中国也是首先被用在民俗学上的。如民俗学家乌丙安在其《中国民俗学》一书中就用到了传承这个词：“传承性是民俗发展过程中显示出的具有运动规律性的特征。这个特征对民俗事象的存在和发展来说，应当说是一个主要特征，它具有普遍性。”[①]民俗学家张紫晨在他的《中国民俗与民俗学》一书中也使用了“传承”这个词。在他主编的《中外民俗学词典》一书中，他甚至解释了“传承文化”一词：“又称传统文化，是指在一种文化类型中保持并不断延伸的文化因素。它有狭义和广义之分。从狭义上说，传承文化的核心传承，即指民俗，它包括物质民俗、精神民俗与语言民俗三个方面的传承。在文化进化的历史上，传承作为代代相传的文化元素，是经过选择并被赋予‘传统’的地位与资格的，通常受到人们的珍视，因此，一种传承常常是一种行为方式

① 乌丙安：《中国民俗学》，辽宁大学出版社1985年版，第36页。

或标准，是人类群体的产物，用以加强群体的意识与团结。把传承与文化联系起来，便使传承获得了广义的意义。它不仅代表着传承着的事象本身，而且代表着一种文化过程，正像美国民俗学者P. 菲里普斯与C. 韦雷所说，传承'乃是一种主体的、大规模的时空文化的连续体，它限于指一种技术或整个文化中的持久形貌，它占有一段相当长的时间，以及一种在量上面不等，但在环境上却有其意义的空间。'"[①]可见，传承是最先用于民俗学研究中的一个基本概念，指的是民间知识特别是口承民俗文化的传授和继承。但文化传承现象并不仅仅局限于民俗学范畴，传承是传统文化的根本性特征，它的本质就是文化的延续，因而它也是人类学、民族学、考古学、社会学、文化学等学科研究中的重要概念。[②]

（二）《阿诗玛》

《阿诗玛》是云南省石林彝族自治县彝族撒尼支系民间流传的一部叙事长诗，这部长诗能以撒尼语演唱。该诗叙述一个叫阿诗玛的撒尼女子的婚姻故事。20世纪50年代前，《阿诗玛》有众多的异文，这些异文，从主题思想到人物、情节都表现出明显的差异，但由于它们所叙述的都是阿诗玛的故事，所以这些作品都统称为《阿诗玛》。50年代初期，云南省文艺工作者深入撒尼地区，搜集到了二十一个《阿诗玛》的异文，并在此基础上进行了整理，整理出了一个新的关于阿诗玛的故事的文本，这个文本也叫《阿诗玛》。60年代初，一些文艺工作者根据整理本的《阿诗玛》改编拍摄了一部同名电影，于是《阿诗玛》又是一部电影的名字。改革开放后，随着石林县旅游经济的发展，有关阿诗玛的故事再次得到人们的关注。与此同时，人们还在原来的阿诗玛故事的基础上创作了许多新的阿诗玛故事，这些故事也都称为《阿诗玛》。因此，在当下，《阿诗玛》实为相互关联的一组作品，当人们使用"阿诗玛"的概念的时候，其实际所指并不明确。本文在用"阿诗玛"这一概念的时候，专指50年代前撒尼人传

① 张紫晨：《中外民俗学词典》，浙江人民出版社1991年版，第224–225页。

② 参见祁庆富：《论非物质文化遗产保护中的传承及传承人》，《西北民族研究》2006年第3期。

承的有关阿诗玛的叙事诗或口头故事，它是这类作品的总称，而不具体指哪一个异文文本。若具体指哪一异文文本，则在文中具体说明。有时本文也以“传统的《阿诗玛》”这样的称谓来指称此类作品。对于20世纪50年代初期黄铁等人整理出来的也叫《阿诗玛》的文本，本文将用“整理本《阿诗玛》”或“新《阿诗玛》”来称谓，以示区别。本文所说的“电影《阿诗玛》”专指20世纪60年代初期所拍的以“阿诗玛”为名的电影。改革开放后新出现的有关阿诗玛的文本，本文全部以其出处加在“《阿诗玛》”的前面，以示区别。

（三）建构

所谓“建构”，据商务印书馆出版的《应用汉语词典》，即建造、构建之意[①]。当然，这只是一般意义上的解释。实际上，关于建构，我们还有必要作更深入的了解。按照建构主义的观点，人们关于世界的信念，即主观现实，是社会地建构成的，它们虽然独立于我们的意志，但都是在社会情景中发展、传输和保持的。[②]建构主义的这种观点，源于当代杰出的儿童心理学家、日内瓦学派的创始人、建构主义认知理论的先驱让·皮亚杰。皮亚杰认为，人的认识既不来源于主体，也不来源于客体。他说：“认识既不能看作是在主体内部结构中预先决定了的——它们起因于有效的和不断的建构；也不能看作是在客体的预先存在着的特性中预先决定了的，因为客体只是通过这些内部结构的中介作用才被认识的……”[③]皮亚杰认为，认识是主客体双重建构的产物。首先，客体的建构是通过同化来实现的。同化就是刺激输入的过滤或改变，同化的过程就是主体利用原有认知结构对外来刺激进行选择、加工的过程。没有主体的同化，就不会有认识客体的产生，也不会有认识的形成。其次，主体自身的建构是通过顺应来实现的。当主体利用自己原有的认知结构同化外界时，若遇到不符合自身结构的新特性，主体就会利用自身的调节功能对结构进行调节，从而改变原结

① 商务印书馆辞书研究中心：《应用汉语词典》（大字本），商务印书馆2005年版，第602页。

② 李三虎：《当代西方建构主义研究述评》，《国外社会科学》1997年第5期。

③ ［瑞士］让·皮亚杰：《发生认识论原理》，王宪钿等译，商务印书馆1985年版，第16页。

构，创造新结构，并实现对外界的同化，这个过程就是顺应的过程。主体的认知结构是在主体顺应外界的过程中不断积淀和发展的。因而，顺应的过程，就是主体调节自身结构以适应外界的过程，也是主体实现自身建构的过程。没有主体的顺应与调节，就没有主体认知结构的发展，也没有认识的发展。而同化与顺应的交替作用则推动着主客体的连续建构和无限发展：主体依靠自身的选择功能同化外界，建构客体；当主体格局与外界特性不相符时，主体又借助自身的自我调节功能，顺应外界，创建新的结构，从而建构自身。此后主体又会用新的认知结构去同化外界、建构客体……正是主客体的这种连续不断的交替建构推动着人的认识无限发展。也正是因为客体是被建构起来的，因此客体代表着一个它本身永远也不会达到的极限："客体首先只是通过主体的活动才被认识的，因此客体本身一定是被主体建构成的。因为这个缘故，客体就具有永远被接近，但又永远不能达到的极限性质，因此，客观性的第二个要求就是通过逐步接近而这样地建构客体。"①

皮亚杰的建构理论给人们以巨大的启发。但皮亚杰的理论侧重于关注个体的认识与知识如何通过个体与环境刺激的相互作用而形成，没有更多地关注社会性的认识或知识是如何形成的，以及社会性知识形成过程中的话语权问题，尤其是话语对个体心理、自我及社会现实的建构作用等问题。

福科受尼采的影响，采用考古学和谱系学的方法，对疯癫、监狱、医疗和性等不同的社会设置进行了深入细致的分析，发现现代性实质上是一种控制和统治的形式，主体和知识等都是被它构造出来的，即主体和知识都是它的构造物。知识、理性、社会制度和主体性的现代形式，这些看似自然的东西实际上是在一定社会和历史条件下的特定产物，而且具有权力和控制的结构。在社会上，没有"原初自由的空间"，权力无所不在。权力是多元取向的和离散的，而且它总是处于不断地自组织的过程之中，在各个历史时期，这些离散的权力会自我整合成某一规范机制，对话语进行规范。在任何社会中，话语都具有权力机制，话语规则决定了什么样的说话和实践方式是合理的和正当的，而与之

① [瑞士]让·皮亚杰：《发生认识论原理》，王宪钿等译，商务印书馆1985年版，第93页。

唱反调的话语实践则不是被拒绝，就是被边缘化。历史只是权力意志的自由流变，在特定的社会历史条件下，形成一定的社会规范和控制结构；而后在一定条件下，权力意志又会打破这些结构，重建新的规范和结构。解构与重构是它的双刃。福科对建构中的权力的分析，揭示了社会对建构的影响，在建构的研究上同样具有重要的价值和意义。

在本研究中，建构特指20世纪50年代前撒尼人的《阿诗玛》创造、创作。50年代前，《阿诗玛》是撒尼人的一部民间口头作品，是由不同年代的撒尼人在不同的年代里集体创作完成的，因此它不可能像文人创作的作品那样有一个具体的完成时间，并且在完成之后就固定下来。实际的情形是，它一直处于演变的过程中。但是，与1949年新中国成立后的创造、创作不同，50年代前撒尼人对《阿诗玛》的创造、创作都是在无意中完成的，而与1949年新中国成立后的有意识地去创造、创作并不一样，因此，本文把50年代前由撒尼人完成的《阿诗玛》的创造、创作称为建构，1949年新中国成立后即便是由撒尼人完成的《阿诗玛》的创造、创作也不再称为建构，而只称为重构。

（四）重构

重构，简单地说，就是在原有基础或条件下的再建构。“重构”一词最早是用于计算机软件设计的，Martin Fowler在《重构》一书中是这样定义“重构”的：重构是这样一个过程，在不改变代码外在行为的前提下，对代码作出修改，以改进程序的内部结构。重构是一种有条不紊的程序整理方法，可以将整理过程中不小心引入错误的概率降到最低。本质上说，重构就是在代码写好之后改进它的设计。[①]这个词后被广泛应用到社会科学研究之中，并且在不同的学科领域给出了不同的解释和定义。在民族学领域，罗康隆曾这样定义文化重构：“文化重构是指在族际文化制衡中一种文化受到来自异种文化的一组文化因子持续作用后，将这组作用作为外部生境的构成要素去进行加工改造，从而将其中有用的内容有机地置入固有文化之中，导致了该种文化的结构重组和运

① ［美］Martin Fowler：《重构》，侯捷、熊节译，中国电力出版社2003年版，第53–55页。

作功能的革新，这种文化的适应性更替就是文化重构。”[①]显然，罗康隆认为文化重构是一种文化变迁，这种变迁的特别之处是，它是一种有意识的变迁，由特定社会群体的主观意识主导或参与。另外，这种变迁的结果是该种文化的结构被重组，其运作功能也得到革新。本研究赞同罗康隆的观点，也以此种含义来使用“重构”一词。

（五）意识形态

意识形态是学界公认的比较复杂的一个概念。这个概念最初是由法国思想家特拉西于1796年正式提出来的。此后，这一概念经过许多理论家的演绎，含义非常复杂，在不同的理论背景下，其要义和实质存在明显差异。撒姆纳曾经归纳出10种意识形态定义：①指基于虚假意识的信仰体系，虚假意识的根源在于阶级利益。②指基于乌托邦幻想而形成的思想体系，乌托邦幻想的根源在于个人旨趣。③指根据事物的表象而形成的错误观念。④指任何系统化、体系化、标准化、制度化的思想体系。⑤指基于特定的生产方式和经济结构而形成的思想意识。⑥指排斥理论探寻而一味追求实用性的不科学的信念（如民间迷信）。⑦指人们在其无意识中幻想出来的与现实世界的种种关系。⑧指思想领域中的各种阶级斗争活动。⑨指具有政治意味和政治效果的社会实践活动。⑩指一种独特的社会实践活动，个人凭此生存于社会整体之中，并切身感受自己与整体之间的关系和社会的“真实”状况。[②]无独有偶，伊格尔顿也归纳总结了意识形态的6种流行定义：①一个社会的信仰和价值；②特定集团或阶级的“世界观”；③一集团从其他集团谋取利益的合法化工具；④把人民统一在一个统治强权下的方法；⑤维护统治集团的欺骗性话语；⑥由社会自身滋生出来的虚假性或欺骗性信仰。[③]上述诸种对意识形态的定义，相互间充满了对立、矛盾和歧异，真可谓“仁者见仁，智者见智”。因此，要确切地界定什么是意识形态，不是一件容易的事情。

---

① 罗康隆：《文化适应与文化制衡》，民族出版社2007年版，第178页。

② 季广茂：《意识形态》，广西师范大学出版社2005年版，第8–9页。

③ 季广茂：《意识形态》，广西师范大学出版社2005年版，第10页。

这种情况的产生，与意识形态本身的复杂性有关，与研究者对它的不同侧面的关注有关，甚至也与研究者不同的研究情境有关。如马克思与列宁对意识形态的看法有很大的不同，在马克思那里，意识形态始终是一个贬义词。在马克思看来，意识形态即虚假意识。在《德意志意识形态》中，他说："人们迄今总是为自己造出关于自己本身、关于自己是何物或应该成为何物的种种虚假观念。他们按照自己关于神、关于模范人等等概念来建立自己的关系，他们头脑的产物就统治他们，他们这些创造者就屈从于自己的创造物。"[①]但在列宁那里，意识形态具有了褒义的色彩，意识形态"成了阶级斗争和阶级对抗的盛大典礼，成了每个阶级用以武装自己的思想武器；资产阶级有资产阶级的意识形态，无产阶级有无产阶级的意识形态；资产阶级的意识形态是卑劣的谎言，无产阶级的意识形态是客观的真理"。[②]显然，列宁特别强调意识形态的阶级性，这种认识特点的形成，据季广茂的研究，是源于列宁对西方的影响的焦虑。因此，正是研究情境的差异导致了马克思与列宁在意识形态方面的分歧。

尽管在意识形态的定义上有如此重大的分歧，但毫无疑问，意识形态首先是一种社会意识，而且是一种高级形态的社会意识，它是社会存在的反映，根源于人类社会的物质生产实践，根源于现实的经济基础。正因为如此，本文所谓的意识形态，是从一般意义上理解的意识形态，它是中性的，指一个阶级、民族或国家的思想观念体系。

四、研究意义

1949年新中国成立后，特别是自改革开放以来，我国的社会和文化都经历了急剧的发展变迁，许多传统文化要么消失，要么变得面目全非，在这种情况下，全社会都意识到了保护我们的传统文化的重要性。国家也采取了一系列的措施来应对这种情况，一方面启动了"中国民族民间文化保护工程"，积极加入世界《保护非物质文化遗产公约》，发布了《关于加强我国非物质文化遗产保

① 马克思、恩格斯：《德意志意识形态》，《马克思恩格斯全集》（第3卷），人民出版社1960年版，第15页。

② 季广茂：《意识形态》，广西师范大学出版社2005年版，第36页。

护工作的意见》；另一方面，还准备立法对传统文化，特别是我们的非物质文化遗产进行保护。可见，保护传统文化，特别是非物质文化遗产在全社会已达成了共识，而且这项工作时间紧，任务重。传统文化，特别是非物质文化遗产的保护，关键在传承，然而，目前人们对传统文化如何才能得到更好的保护和传承认识还不够深入，还基本停留在仅仅要求政府积极干预上。政府如何进行干预？若对文化的生存方式和传承机制没有清晰明了的认识就对文化进行盲目的干预，其结果，不仅效果可能不理想，还可能适得其反。本选题拟通过对《阿诗玛》在当代重构的情况加以深入的考察研究，在理论上阐明各种社会因素对传统文化特别是非物质文化在生存与传承上的影响，揭示传统文化在新中国成立以来的基本传承方式，从而对我国的传统文化在当代的急剧变迁作出理论解释，同时也为传统文化特别是非物质文化遗产的保护提供理论的依据。

五、研究思路和方法

文化生态理论是一种在最近十多年才被引进到国内并得到重视的解释文化的产生和生存等问题的有效的理论。本研究的研究思路是，以文化生态理论为指导，通过对1949年新中国成立后《阿诗玛》的生态环境的变化的考察，从而厘清《阿诗玛》变迁的根本原因和传承的情况。具体地，就是从1949年新中国成立以后中国社会的总体变迁出发，研究撒尼社会在不同的历史时期，在政治、生产方式、教育、宗教、生活习俗等方面所发生的变迁，来找寻《阿诗玛》变迁的原因，分析《阿诗玛》在当代传承的情况。

在研究方法上，主要采用田野调查的方法。研究者深入传承《阿诗玛》的撒尼人社区，主要是石林县的圭山、维则等乡镇的乡村，对撒尼人在1949年新中国成立以后的生活的变化进行实地考察，同时也对不同时期《阿诗玛》传承的情况加以考察。在调查对象的选取上，注意选择不同年龄层次的人，不同文化程度的人，不同职业的人。在调查的项目上，注意对不同时期撒尼人在政治、生产方式、教育、宗教、生活习俗等方面的情况，以及他们传承的《阿诗玛》的内容构成、讲述及演述的方式等进行调查。由于过去的生活已经逝去，因此也使用相关的文献资料，以对所讨论的问题有更加深入的了解。

六、研究样例的选定

本研究选定云南省石林彝族自治县圭山镇的大糯黑村、矣维哨村和石林县长湖镇宜政行政村的阿着底自然村作为研究《阿诗玛》在当代传承情况的研究样本。选择这三个村子主要基于以下考虑。

第一，这三个村子都在传统的撒尼人聚居区圭山一带，传统上均由圭山行政区管辖。历史上传承《阿诗玛》叙事长诗的是彝族撒尼人，而彝族撒尼人主要聚居在石林县，此外，昆明市的宜良县，曲靖市的陆良县，红河州的泸西县、弥勒县，文山州的丘北县等也有少量撒尼人散居。而在石林县，圭山一带又是撒尼人世代居住的核心区域，因此，本研究选择石林县圭山一带的三个撒尼人村子作为研究的样本。要特别说明的是，这里说的圭山，不是指现在行政区划上的圭山镇。圭山作为一个行政区划，历史上不断地有调整，它所辖的范围也不断地变动。据《圭山乡志》记载，1948年至1949年年初，圭山乡驻地在维则，辖12保：老挖、雨胜村、宜政、西能村、戈西、和合、普拉河、尾乍黑、法块、维则、戈衣黑、下卜草。此后，几经调整，到1987年再次调整时，圭山设镇，镇政府驻海邑，辖10个办事处：海邑、小圭山、额冲衣、糯黑、海宜、和合、乍龙、尾乍黑、普拉河、当甸。而原本属于圭山乡的一大块区域，则成立了一个新的镇——长湖镇。鉴于这种情况，本研究所说的圭山，取圭山一带撒尼人聚居区之意，非指行政区划的圭山镇。若要专门指圭山镇时，则特别指明。

第二，最早向世人展示《阿诗玛》叙事长诗的杨放、朱德普等人，他们收集《阿诗玛》的地点就在圭山，所以杨放整理的发表在《新华月报》1950年11月号25日第三卷第一期的《阿诗玛》，标题是《圭山撒尼人的叙事诗〈阿斯玛〉——献给撒尼人的兄弟姐妹》，朱德普整理的发表在《西南文艺》1953年10月号的《阿诗玛》，标题是《美丽的阿斯玛——云南圭山彝族传说叙事诗》。

第三，20世纪50年代初，云南省人民文艺工作团组成的对《阿诗玛》的传说进行搜集的小组，所深入的地区也是石林县的圭山。

第四，现在能看到的关于《阿诗玛》的原始材料，收集地基本上都是石林县圭山一带的乡村。

第五，阿着底村原来叫干塘子村。2005年，中国西南民族研究学会会长、云南省社科院研究员何耀华等专家学者齐聚石林，认为《阿诗玛》中所说的“阿着底”实际上就是现在的干塘子村。2005年10月，昆明市政府在专家论证的基础上，根据国家地名管理的有关规定，正式批复同意该村恢复历史彝语地名“阿着底村”。目前，该村被视为《阿诗玛》重要的传承地之一，因此笔者把该村选为调查点。而大糯黑村则于2003年被云南大学选为云南少数民族调查研究基地之一；2009年7月27日至31日，国际人类学与民族学联合会第十六届世界大会在昆明召开，大糯黑村与云南民族博物馆、红河哈尼族彝族自治州弥勒县可邑村、玉溪市通海县纳古镇、玉溪市红塔区大营街镇等5个单位被大会确定为学术考察点，设立分会场。到目前为止，该村还是云南大学的撒尼田野调查基地。因此，该村在传承撒尼文化方面具有较高的典型性，这是笔者选择该村作为调查点的原因。

第六，长湖镇的阿着底村和圭山镇的大糯黑村都在发展旅游业——主要是乡村文化旅游项目，村中常有旅游者到来，而圭山镇矣维哨村则没有发展旅游业，村中没有旅游者到来。把它们选为调查点，可以把它们进行对比，从而使结论更可靠。

基于上述原因，本研究选择上述三个村作为研究的样本。

第二章　在现实情境中建构的文化

如前所述，“建构”一词的含义，商务印书馆出版的《应用汉语词典》的解释是：建造、构建。就文化而言，建构包含有文化的产生、起源和传承、发展之义。由于那个时代已经过去，现在想要详细完整地了解20世纪50年代前《阿诗玛》产生和传承发展的情况，几乎是不可能的。好在我们还能找到一些相关的资料，凭借这些资料，对《阿诗玛》在50年代前传承发展的基本情形我们还是能获得一个大致的认识的。

一、现实的需要与文化建构的发生

我们不妨先了解20世纪50年代前的撒尼社会。

撒尼地区属高原山区，50年代前此地相当偏僻。

撒尼人集中生活的圭山地区属于高原山区，位于云南省昆明市东南部的石林县境内，在石林县的东南。这里是滇东高原的核心部分，平均海拔在1900米以上，地面起伏缓和，切割轻微，山脉河流近似南北展布。圭山在石林县的东南部，海拔2601.4米，面积约6万亩，为石林县内最高的山。

圭山地区是典型的岩溶地貌，漏斗、溶洞遍布，洼地、地下河、溶洞等自然景观随处可见。

气候方面，圭山地区属低纬度高原季风气候，冬无严寒，夏无酷暑，四季如春，干湿分明。夏、秋半年为雨季，冬、春半年为干季。全年降雨量为900~980毫米。

土壤多为红土，比较贫瘠，干燥不易保水，而且流失现象严重。[①]

---

① 此处参考了圭山乡人民政府编《圭山乡志》，云南大学出版社1993年版。苏夏：《路南圭山区彝族撒尼支社会历史调查》，云南省编辑组：《中国少数民族社会历史调查资料丛刊·云南彝族社会历史调查》，云南人民出版社1986年10月版。

20世纪50年代前，圭山撒尼地区森林密布，大树参天，遍地葱绿。据《圭山乡志》记载："森林主要分布在中山和低山区，全乡除普拉河办事处外，其余9个办事处35个自然村都有森林分布，其中主要分布在圭山和乍龙山脉的大圭山、小圭山、雷打山、大圭尖山、青松山、密枝山、者高山、阿稿山坡、文靶坡、号得罗坡、我泥杜如坡、乃木冲坡、吓得坡、说紫作江坡、培检资坡、哧秩坡、乍龙山、米志杜坡、日嘎杜坡、傲波江山、石板山、老黑山、米女江山、山诗坡、龙树山、硝土山、烧人山、大锅山、梭山等地。在林木中除成片的松林、柏林、东瓜林、麻栗外，还有零星的椿树、核桃、山樟、黄椰木等名贵树种。农舍房前屋后有不少的竹林、果树，农户掩映翠竹绿林之中。1949年全乡实有森林面积128441亩，森林覆盖率为60%以上。"①

因是高原山区，交通不便，因此，20世纪50年代前的撒尼地区是一个比较偏僻的地方。它的偏僻，可从施蛰存先生写于1938年的《路南游踪》略见一斑：

先看从昆明到路南县城，即今天的石林县城的描写：

……原来从狗街到路南县城足足有四十里路，而这四十里路几乎全是很高峻的山路。我们一走出枣树林子，就一步一步地在上坡了。大约走了五六里路，在一个小村子里歇息了一下，喝了一杯茶，便开始上一个大山，旅客们分做两个行列，滑竿从北面的那条山腰间的小路上走，驮马从南边的山腰间走，于是我和吴君昆仲分了路。但是远远地可以看得见马背的倾斜度甚大，吴君紧抓着马几次三番有溜下来的危险。至于我的滑竿呢，佚役一步一步地挣扎上山去，绳兜也就一颠一簸的震荡，我害怕这绳兜万一断了时，我就得坠下到万丈深谷里去。

沿路看见有荷枪实弹的警察。据佚役告诉我，说这条路上有土匪，所以每天早晨十点至下午三点这一段时候，有警察在山顶上保护行旅。然而即使有警察，行人还必须结队同行才好。因为你如果单身独行，土匪会得在一个山坳里劫了你的财物，而不让那站在山顶上的警察看见。即使看见了，等他赶到时，那土匪早已翻过一个山头跑了。

下山的时候，因为坡度陡绝的缘故，骑马的人似乎更辛苦。现在，我看见吴

① 圭山乡人民政府：《圭山乡志》，云南大学出版社1993年8月版，第216页。

君昆仲已经不是骑着马，而是坐着马了。他们侧坐在马臀上，手拉着马背后的串珠索。若不是这样，万一马失了蹄，人会比马先滚下山去的。

下了第一个大山坡，路旁有人搭了茅亭卖茶水及糯米饭。我们在那儿休息了一刻，抽了一支烟重新上路。绕出一个山谷，渐渐地又在往山上走了。于是我们遇到了第二个大山坡，全程四十里，整整地被四个大山坡分割了。在走下第四个山坡的时候，我们已经可以在苍茫的暮色中看见那小小的路南城。[1]

路南县城严格说来还不是我们所说的撒尼人聚居区，但要到撒尼人聚居区则要先到路南县城，路南县城离昆明目前是一个小时的车程，应该不算远，但那时到那里竟要这么长的时间，还要历经凶险，其偏僻就可想而知了。

再看从石林县城到维则的描写：

今天我们行走的山路比前两天的更为荒野。一路上简直可以说没有看见一个村庄，也没有看见一亩平坦的稻田。除了一些可以种玉蜀黍的坡地外，尽是横堆了乱石的高岗。马蹄在峻岩枯草中踯躅而过，夕阳中鹰隼盘旋，四野无人，但闻风吹树枝和石罅之声，使我们大家噤不发言，默默地各自被胯下的倮罗马驮到我们所想象不到的夷人村里去。

从路南城到尾则村足足有四十里，又是山路，走不快。所以从六点三十分以后，我们便在月光中行进了。七点钟，天色已经黑尽，一轮将盈的明月，照耀在空中，把每一个山峰都映成银色。这时气候甚冷。我们各人都加了衣裳，随着那识路的山马缘着一缕发白光的小径走去。那时间的情调真有无法描写的壮美，我至今还忆念着，希望此生能再有一次这样的旅行。

八点钟，听见犬吠声，我们知道已进了村子。因为在夜间，看不见村子的形势，只觉得仿佛在一片高原上。我们的马停在一排七八株高的棕榈树下。那树顶上的棕榈叶被月光在青空中勾描了一个剪影，仿佛一排蓬头的山鬼。

维则即现在的石林县长湖镇，20世纪50年代前长期是撒尼地区的行政中心，因此是撒尼人聚居区里一个比较重要的地方，距石林县城仅17公里，但当时到这里竟也要这么长的时间，这么艰难，其偏僻的程度也就可想而知了。

① 施蛰存：《路南游踪》，云南人民出版社2008年版，第38-41页。

这样的社会，它的内部是如何管理并使其有序的呢？中国传统的农村社会，目前学界普遍认为是一个自治的社会，即中央政府的管理只及于县一级，县以下的乡村社会，实际上由乡民自治。如于建嵘在其《岳村政治》一书中说：“长期以来，学术界有关传统乡村社会政治特征的主要观点有三个，即皇权政治、宗族政治和乡绅政治。‘皇权政治’认为，中国传统乡村社会从来都是在封建王朝的科举制度、官僚体系以及正统思想的控制之下，乡村组织和地方精英只是国家政权的附属，皇权控制清末乡村社会的一切。‘乡绅政治’认为，中国传统乡村社会存在着国家、士绅和村庄的三角结构，各村庄是由士绅形成的乡村领袖管理的。‘宗族政治’则认为，中国传统的乡村社会主要在宗族统治控制下，国家只不过是个放大的宗族组织。我们的考察则表明，1840年至1905年，在中国逐渐沦为半殖民地和半封建社会的历史过程中，五县县政作为清王朝最基层政权却保持着相对稳定状态，国家行政权力的边陲是县级，县以下实行以代表皇权的保甲制度为载体，以体现族权的宗族组织为基础，以拥有绅权的士绅为纽带而建立起来的乡村自治政治。”[①]那么，在这种自治的乡村中，它是如何自治的呢？于建嵘认为：“在这种乡村自治政治中，存在皇权、族权和绅权这三种相互联系又相互区别的权力。其中，皇权是一种体制性强制力，族权是家族组织内部的支配力，绅权则是社会内生的影响力。”“如果从体制方面来分析，保甲制度是一种与皇权相联系的体制内制度，而宗族组织和士绅统治则是与族权和绅权相联系的乡村社会内生性规则。事实上，在治理古代乡村社会的权力体系中，除一开始就包含有自上而下的行政因素之外，还具有乡村社会成员自我管理内部事务、寓于社会之中的自治权因素。古代乡村权力体系从来就具有行政权与自治权并存的二元性特征。也就是说，在传统中国，国家与基层乡村社会是相隔离的。自上而下的国家权力没有也不可能全面介入以小农经济为基础的分散性日常社会生活。具有自组织功能的家族社会也只能在一个较有限的地域社区里形成自治共同体。而国家和社会从来都不会也不可能决然分离开。基层社区需要国家解决社区自身难以解决的冲突和问题，特别是将众多分

① 于建嵘：《岳村政治》，商务印书馆2001年版，第105-106页。

散的小农组织起来兴修水利公共工程，抵御外敌；国家更需要通过统治各个基层乡村社区，获得其生存基础。因此，中国‘乡村地方政府是无形的’。‘是由长者凭借自己的年岁从精神上予以领导，也由绅士们凭借自己对法律及历史的知识从精神上予以指导。从根本上讲，它是用习俗和惯例这些没有文字记录的法律进行统治的’。也就是说，在常态下，皇权、族权和绅权以及他们所代表的制度体制，相互交叉配合，其权力大小在不同时期互有消长。”[①]这就说明，中国传统的乡村社会治理，有三种权力——皇权、族权、绅权在起作用，这三种权力不靠写明的法律进行统治，而是靠“习俗和惯例”这些没有文字记录的法律进行统治。所谓习俗和惯例，也就是我们常说的习惯法。

实际上，尽管撒尼人是地处国家边陲的少数民族，但撒尼社会也与此相近。

20世纪50年代前圭山地区社会组织的情况，大致情形如下：

据《路南县志》及其他有关史籍记录，早在明代成化年间，路南及泸西等地已经“改土归流”（此处所指可能是坝区，非指少数民族聚居的圭山）。截至清代，圭山撒尼地区属于附近路南、泸西、弥勒、陆良四县的黑彝土司所管辖，整个圭山的土地都是土司的，每年撒尼等族人民都要根据地租的数量向土司缴纳定量的贡赋。除此之外，山区的人民即不再向清政府另缴税赋。所有圭山的人民，都是一定土司的佃民。

近陆良的圭山地区，包括糯衣、糯黑、亩竹箐、委黑、格渣、十字场、西街口；直至圭山中心区老圭山附近的立马洞等大片地区均属于陆良的资土司。据说资土司因为击败了撒尼人的少年英雄，有战功，皇帝封其跑一天马所能及之地和人民归他，世袭占有。据糯衣老人昂黄林谈，他年轻时，在山上打到猎物，还要交给资家后腿大胯一只，资土司来自己的科庄，佃民要出迎五里，并且还要叩头；下马时有“下马鸡”，上马时有“上马鸡”，必须杀鸡进行招待。

在整个圭山区，每个独立村寨都有在土司制基础上设立的政治组织，每寨有一个或几个“伙头”，专司送信、传话及杂役，为土司的来人办伙食等。这种人

① 于建嵘：《岳村政治》，商务印书馆2001年版，第106、107–108页。

每年一换，用挨门户或抽签的办法来轮换。每寨有一个“管事”，负责调解纠纷和诉讼，接迎土司，给土司收派粮赋，管理寨内的行政事宜。这种人由群众选举，并且由土司认可后就职，任职年限不一，也可以终身为“管事”。据74岁老人昂黄林谈，这里在他30岁时，建立了保甲制，“管事”就不存在了，糯衣下寨最后一个“管事”是昂先三。老人说，过去只给土司上租子，没有杂派，没有高利贷，也没有买卖土地。自国民党来了以后，又收杂派，又抽壮丁，土地也买卖，地主也有了。

民国以后，国民党的保甲制度代替了土司的“管事”“伙头”制，土司的统治被缩小到经济方面。后来土司又将土地的所有权出卖给科庄的佃民或汉族以及撒尼人的地主阶级，于是圭山区最终结束了土司的统治。

20世纪50年代前，乡长是国民党政府委任的，保长大多数也是委任的，也有少数保长是挨门户轮流担任，甲长均为每年挨门挨户轮流。①

另外，据《路南彝族自治县志》记载，国民党路南县地方组织于1930年12月开始筹建，1931年1月1日正式成立。据《圭山乡志》记载，1934年，圭山废除原来的联保制而实行乡保制，成立乡公所，乡公所驻圭山维则省立小学内。②同年，圭山还成立了国民党的党组织，称路南县第二十二区分部，区分部也设在维则省立小学内，共有党员28人。一般加入国民党的人员多为教师、公职人员、保长（当时规定国民党党员才能当任保长）等。③

国民党及其政府对农村地区的控制比较薄弱。据俞可平、徐秀丽的《中国农村治理的历史与现状》：在中国，自近代起，治理农村的公共权威结构主要由政府、政党和民间三部分组成。其中，政府和政党属于官方的权威机构，它们在中国农村治理中起着决定性的作用。民国时期的乡村治理权威是一种典型的官—民二元结构，除了政府和民间组织外，政党只在宏观层面对国家治理起作用，在基层的乡村治理中，因国民党在农村中的党员人数很少，党在农村的基

① 苏夏：《路南圭山区彝族撒尼支社会历史调查》，云南省编辑组：《中国少数民族社会历史调查资料丛刊·云南彝族社会历史调查》，云南人民出版社1986年10月版，第294页。

② 圭山乡人民政府：《圭山乡志》，云南大学出版社1993年8月版，第136页。

③ 圭山乡人民政府：《圭山乡志》，云南大学出版社1993年8月版，第124页。

层组织为区分部，无村级组织，于是，作为执政党的国民党组织几乎没有什么影响力，党治在地方层级几乎处于虚拟状态。另外，民国时期国民党政府的政治整合能力非常差，中央与地方、地方与地方之间缺乏有效的整合。一些军阀把持地方政权，不少地方势力强大到可以对抗中央政府，政令极不统一，中央权力的触角几乎到达不了广大的农村。[①]王奇生的《党政关系：国民党党治在地方层级的运作（1927—1937）》也谈到了类似的情况：由于党力不足，南京政府一方面只能将政权的组织触角囿于上层和城市，县以下农村基层社会任由土豪劣绅和地痞流氓打着其旗号胡作非为。[②]此外，刘文瑞的《内战和建设——抗战以前的国民党统治状况评述》也介绍了这方面的情况：要弄清这一问题，必须弄清中国农村社会的基本管理机制。直到大革命前，中国的基层社会基本上是一个由乡绅自治的社会，政府所能起的作用微乎其微。大革命对地方土豪劣绅的惩治，农民运动的兴起，使得乡绅的政治地位发生了严重动摇，乡绅原来千百年形成的在地方上超人一等的光环被打破了，湖南农民对乡绅的游街、戴高帽子等行为，一方面是对土豪劣绅长期称霸地方的一种反抗，另一方面也是对几千年来农村权威的一种否定。在经过大革命洗礼的这种地方，乡绅的地位一落千丈，土豪劣绅被镇压的镇压，被赶跑的赶跑，即使是“正绅”，也不免受到连带冲击。因此，在农民运动广泛发展的省份，旧有的农村权威不复存在，而国民党政权又不许在农民运动中涌现出来的农会新秀在农村政治中起主导作用，重组农村社会，成为南京政府的一大难题。由于南京政府对地方基层组织任职者的“恒产”要求和“热心公益”的要求，新的基层组织，仍然离不开乡绅。但经过农运冲击的乡绅，要么更加谨慎小心，当一个挂名不干事的“好好先生”，免得在动荡不安的社会里再受冲击；要么就是把在革命中失去的东西捞回来，变成变本加厉、反攻倒算的土豪恶霸。至于没有受到农运冲击的地区，旧有的农村社会结构没有被革命浪潮打破，世代主宰乡里的乡绅族长依然按旧

① 俞可平、徐秀丽：《中国农村治理的历史与现状》，《经济社会体制比较》2004年第2期。

② 王奇生：《党政关系：国民党党治在地方层级的运作（1927—1937）》，《中国社会科学》2001年第3期。

有方式管理着农村。①云南当时虽在地方实力派的控制之下，但农村的情形应与此相近。据商务印书馆出版于1936年由行政院农村复兴委员会编的《云南省农村调查》记载，云南全省有124个县，完成自治者只有48个县，而路南县不在这48个县之内。由此可见，当时路南县还是在实行乡村自治问题上比较落后的一个县。因此当时的撒尼社会还是一个比较传统、独立的社会，官方对撒尼地区的影响还比较小，撒尼社会基本上处于一种自治的状态。

自治的乡村社会靠习惯法来维持社会秩序。所谓习惯法，据《牛津法律大辞典》："当一些习惯、惯例和通行的做法在相当一部分地区已经确定，被人们所公认并被视为具有法律约束力，像建立在成文的立法规则之上一样时，它们就理所当然可称为习惯法。"②国内研究习惯法的专家高其才也认为："习惯法是独立于国家制定法之外，依据某种社会权威和社会组织，具有一定的强制性的行为规范的总和。"③习惯法的表现形式，龙大轩认为："习惯法的发展似乎与文明进步程度成反比。文明程度愈低的民族，习惯法的运用频率愈高；文明程度愈高的民族往往已建立国家，便逐渐抛弃其旧有习惯法。因而历史上各地区、各民族的习惯法多数是以不成文的形式表现出来的，靠口耳相传的方式传承，这是习惯法在表现形式上的初级阶段。当然，也有部分地区或民族因有民族自身的语言文字，或借用其他民族文字，便将其用文字固定下来，这是习惯法在表现形式上的高级阶段。"④因此，对于比较原始又没有文字的民族，习惯法的基本形式就是口头语言，并靠口耳相传的方式传承。而就算是那些有文字的民族，因文字的应用在乡民的日常生活中并不普遍，因此习惯法也常常以口头语言的形式存在。这种承载习惯法的口头语言，又常常表现为神话、史诗和传说故事。龙大轩在论述获取研究羌族习惯法的资料时，即强调可从羌族的

① 刘文瑞：《内战和建设——抗战以前的国民党统治状况评述》，http://blog.sina.com.cn/s/articlelist_1228718523_3_1.html。

② ［美］戴维·M.沃克，北京社会与科技发展研究所组织翻译，《牛津法律大辞典》，光明日报出版社1989年版，第236页。

③ 高其才：《中国习惯法论》，中国法制出版社2008年版，第3页。

④ 龙大轩：《乡土秩序与民间法律——羌族习惯法探析》，中国政法大学出版社2010年版，第6-7页。

神话、传说故事、史诗中获取。他说："任何民族都有相关本民族历史的神话、传说、诗歌，用各种文学形式来承接民族的来源，彪炳伟大的历史，赞颂英雄人物，如藏族的《格萨尔王》、裕固族的《老熬尔来自西至哈至》等，羌族也不例外。史学家往往从其严谨的治学态度考虑将这些作品所反映的历史视为非信史，'疑古'倾向明显。但是对于研究羌族这种自身没有文字的民族的历史而言，谨守这种学风会使我们的研究变得一筹莫展。事实上，不单是羌族，其他民族的许多历史传说在很大程度上都是可信的，诸如苗族的'佳'歌，是苗民用来订立乡规民约和调处纷争的古歌，虽然流传于各个不同地区，但各地传唱的内容大体一致，这就增强了传说的准确性和可信度。因而对待传说、史诗不能一概否定，但亦不能一味肯定。"①而石伶亚也强调，"我国西部大多数少数民族没有本族文字，传承习惯法的文化因子大量是以口述神话史诗为载体，使民族习惯法呈现出外部形式的原生态特征和内部结构的诗性智慧特征，因此，民族习惯法就成为散落在神话史诗中的原生态诗性文化。"②因此，毫无疑问，神话、史诗、传说故事常常是习惯法的表现形式，用以维持社会秩序的习惯法，常常在神话、史诗、传说故事中得到阐述，并且得到传承。或者说，神话、史诗、传说故事在乡村社会承担着一项重要的职能，就是传承习惯法。正是这一职能，推动了《阿诗玛》这一文化形式在撒尼社会的产生。考察《阿诗玛》在撒尼社会中的作用与功能我们就会对此有清晰的认识了。《阿诗玛》在撒尼社会中有多种功能，概括而言，应该包括如下四项。

第一，是解释与教育的功能。马林诺夫斯基说："神话不是为了满足某种科学兴趣的解释，而是为了满足深切的信仰需求、道德渴望、社会服从、社会主张甚至实际需要而经由叙事加以再现的原始现实。神话在原始文化中具有不可或缺的功能：它表达、增强并理顺了信仰；它捍卫并加强了道德观念；它保证了仪

① 龙大轩：《乡土秩序与民间法律——羌族习惯法探析》，中国政法大学出版社2010年版，第12-13页。

② 石伶亚：《民族习惯法民间文本与原生态诗性文化——以西部神话史诗为例》，《中南民族大学学报》(人文社会科学版)2011年第4期。

式的效用并且提供引导人的实践准则。”[①]马林诺夫斯基在此深刻地阐述了神话在原始人类社会生活中的作用。实际上，《阿诗玛》在撒尼人的生活中也承担着这样的功用。许多学者为此指出，民间文学作品在民间社会中除了具有娱乐功能外，同时还具有多种其他的价值和功能。这些价值与功能之一就是对某些社会现象做出解释，从而使它在民间社会中具有教育与规范的价值和功能。《阿诗玛》的研究有两个问题令人困惑不解，一是阿诗玛与阿黑的关系问题，二是阿黑为什么找不到祭神用的白色的祭祀用品，并最终导致阿诗玛回不了家。针对这两个问题，很多学者都提出了自己的见解，但往往不能让人满意。但谢国先的观点却颇有启发性。谢国先在他的《阿诗玛新论》一文中提出，从世界的范围来看，人类童年期的神话有一类是洪水神话，这种洪水神话除了叙述人类遭遇洪水之外，就是叙述幸存的人类兄妹结婚，重新繁衍人类。谢国先由此认为，神话是在赞美神的兄妹结婚。神话的这一主题对后世有深远的影响，以至在现实生活中仍有人想像神一样兄妹结婚。但在现实情境中，兄妹结婚被认为是乱伦，显然是不被允许的。在《阿诗玛》中，本是兄妹的阿黑与阿诗玛，两人的关系超出了兄妹关系，而具有情人关系的性质。正因如此，所以阿黑才找不到白色的祭祀用品——在撒尼人中，只有重罪需要救赎时才用白色的牺牲。阿黑找不到白色的牺牲，说明此罪不可赎。这就是阿诗玛最终不能回到家中的原因。也就是说，《阿诗玛》的故事是在告诫人们姑娘要外嫁，兄妹不能结婚。[②]谢国先的观点是颇有见地的。我在研究中也发现，撒尼民间也确有类似或相近的观点。如由李缵绪主编的《阿诗玛原始资料集》之资料十七后有一个简短的后记，该后记记的是资料十七的讲述者李发贵的一段话：“阿诗回到半路又长在石岩上，主要是她不该结了婚又跑回家，因此老天不容许，始终不得回家。”[③]显然，这是一个普通的撒尼人对《阿诗玛》这个故事的朴素的理解，他的看法与谢国先的看法可谓不谋而合。于是我们可以得出结论——《阿诗玛》

① ［英］马林诺夫斯基：《神话在生活中的作用》，［美］阿兰·邓迪斯：《西方神话学读本》，朝戈金等译，广西师范大学出版社2006年版，第244页。

② 谢国先：《阿诗玛新论》，《云南艺术学院学报》2001年第3期，第17页。

③ 李缵绪：《阿诗玛原始资料集》，中国民间文艺出版社1986年版，第159页。

在撒尼社会中承担着一项功用，即教育人们，姑娘长大了就要出嫁，而非留在家里和她的兄弟结婚。

第二，是抒发情感的功能。音乐长于抒情。过去南方的各少数民族都喜爱唱歌，以歌声来抒发内心的情感，撒尼人也不例外。撒尼人的歌很多，他们最常唱的是《阿诗玛》。对《阿诗玛》的演唱，据赵德光介绍，涵盖了他们生活的方方面面。即撒尼人在他们的一生中，在他们一生中的不同场合、不同情境，都以演唱《阿诗玛》的曲调或片段来抒情。如女子长大了，就唱《阿诗玛》中的绣花调；女子出嫁时，就唱《阿诗玛》中的苦嫁歌，如此等等。[①]人有喜怒哀乐等多种不同的情感，一部《阿诗玛》如何就能满足人们抒情的需要？据彝族学者毕志峰介绍，《阿诗玛》的曲调繁多，且调中有调。整首歌当然是叙事调，而若就内容来看，又可分为“喜调”“老人调”“悲调”“哭调”“骂调”等不同的曲调。[②]学者金仁祥更指出，《阿诗玛》演唱所涉及的调子多达十余种。[③]正因如此，撒尼人才能以演唱《阿诗玛》来抒情，也才喜欢以演唱《阿诗玛》来抒情。

第三，是娱乐功能。过去，撒尼人常常在各种场合以演唱《阿诗玛》来娱乐，尤以在婚礼上、节日里的演唱为盛。原来，过去撒尼人的婚礼分两个部分——献小酒和吃大酒。献小酒的仪式比较简单，但吃大酒的仪式则很隆重。当新郎带队挑着东西到女方家门口时，女方家要故意闭门拒进。这时新郎的队伍就要与女家请来的歌手对歌。不仅如此，对歌时新郎的队伍还不得放下肩上的担子。年轻的姑娘们这时则趁机用白泥、锅黑等在“新姑爷”们的脸上涂抹，表示打上记号，方便以后认“新姑爷”。另外也表示祛邪，保证清洁，有祈求吉祥和幸福之意。等新郎的队伍唱赢对手了，女家这才开门迎客。新郎进门后要马上动手烧火办酒席，要用八大碗好菜来招待女家的宾客。吃过晚饭后，男女双方还要继续对歌，直到把婚礼的氛围推向高潮。双方在婚礼上演唱的歌，最受

① 赵德光：《阿诗玛文化重构论》，中国社会科学出版社2005年版，第83页。

② 毕志峰：《〈阿诗玛〉我们民族的歌》，《路南文史资料选辑》第1辑（内刊），第184页。

③ 金仁祥：《浅谈彝族撒尼剧〈阿诗玛〉》，赵德光：《阿诗玛国际学术研讨会论文集》，云南民族出版社2006年版，第260页。

欢迎的当然也是《阿诗玛》。[1]人们不仅在婚礼上唱《阿诗玛》，在节日里也唱《阿诗玛》。在节日里唱《阿诗玛》又分两种情形：一是老歌手们借节日搞对歌比赛，二是年轻人借节日对歌找对象。在节日里以对歌来娱乐尤以在火把节中盛行。在节日里对歌，所唱的歌中当然也包括了《阿诗玛》。[2]

第四，是礼俗功能。20世纪50年代前，《阿诗玛》还具有礼俗功能，即撒尼人的婚嫁、祭祀、祈福、丧葬等仪式都要由毕摩来主持，而毕摩在主持这些仪式时往往要唱歌，尤其是唱《阿诗玛》。文化部首批公布的国家级非物质文化遗产口传文学《阿诗玛》的两位代表性传承人之一毕摩毕华玉说："我们生孩子满月唱《阿诗玛》，娶媳妇嫁女儿唱《阿诗玛》，老人过世也唱《阿诗玛》，《阿诗玛》已经成为我们撒尼人日常生活、婚丧礼节以及其他风俗习惯的一部分。"[3]

这四项功能，第一项应该说是最重要，也是它最本质的功能。因为人是一种物质性存在，人必须首先解决衣、食、住、行等物质需要，然后才谈得上其他的一切。在这四项功能中，唯有第一项功能着眼于社会整体，着眼于社会秩序这样实际的紧迫的需要。20世纪50年代前的撒尼社会是一个自治的社会，它需要习惯法来维持其社会秩序，因此，正是这种社会需要，才推动了它的产生。

二、传统文化在文化建构中的作用

《阿诗玛》是如何产生的？具体的产生经过现在恐怕已经很难讲得清楚，就如艺术的起源一样，我们现在能做的只是猜测。有学者尝试弄清《阿诗玛》产生的年代，并提出了多种观点，但事实证明，这种用文中提到的一些事物，或者文中描述的一两个事件来断定《阿诗玛》的产生年代的做法是不可靠的，因为民间口头作品不是固定的文本，讲述的人随时都可根据自己的理解、自己的爱好，甚至自己的需要对它进行改动。因此，不管是原始社会说还是明末说，

① 圭山乡人民政府《圭山乡志》，云南大学出版社1993年版，第93–95页。

② 路南彝族自治县志编纂委员会：《路南彝族自治县志》，云南民族出版社1996年版，第124页。

③ 王珍：《阿诗玛：流淌在血液的歌》，《中国民族报》2007年7月20日第12版。

都缺少证据。但认为《阿诗玛》是长期不断演变的结果的观点则是值得重视的，因为民间口头文学作品具有变异性。《阿诗玛》产生的最可能的情形，应该是先有一个故事核，然后在后来的演变中，一步一步地演变成现在我们看到的《阿诗玛》。那么，它的这个内核是什么呢？谢国先认为，《阿诗玛》故事中的阿黑、阿诗玛与撒尼洪水神话中的阿鲁、阿诗有密切的联系，甚至可以说，阿黑就是阿鲁，阿诗玛就是阿诗。因为洪水神话中的阿鲁是龙年龙月龙日生，鲁就是撒尼语龙的意思，阿鲁就是龙神。而根据撒尼祭祀词《鲁资楠道》，龙神有黄、白、红、灰、黑之分，而只有黑龙才是好龙，能保人间风调雨顺，生产丰收。因此这个阿鲁就是阿黑。至于阿诗玛，《阿诗玛》故事中明确地说她是蛇年蛇月蛇日生，而洪水神话中的阿诗也是蛇年蛇月蛇日生，诗是蛇的意思；此外，阿诗玛名字中的“玛”，是撒尼语中表示女性的词尾，没有实际意义，因此阿诗玛就是阿诗。由此可见，《阿诗玛》故事与洪水神话有着密切的联系，可以说，洪水神话正是《阿诗玛》故事的最早的内核。《阿诗玛》故事中阿诗玛与阿黑的悲剧，也正源于洪水神话中阿鲁与阿诗的兄妹结婚。从这个分析中我们不难发现，《阿诗玛》与撒尼人的传统文化密切相关。

三、现实情境对文化建构的影响

我们考察的是20世纪50年代前的《阿诗玛》的产生与传承、发展的情况，然而令人感到遗憾的是，50年代前极少有人对撒尼民间中流传的《阿诗玛》有过采录。据彝族学者黄建明考证，传教士邓保禄记录的一个故事应该是《阿诗玛》，但这个故事仅有与《阿诗玛》相似的故事情节，其中并没有说其主人公就是阿诗玛，因此，说这就是《阿诗玛》应属推测。[①]1953年云南省文艺工作者在圭山撒尼地区采录的《阿诗玛》的多种异文是目前我们能看到同时也可信的极难得的文本。考虑到这个采录的时间点（1953年）离50年代前在时间上比较接近，尽管当时撒尼社会已开始发生变迁，但变迁仅仅开始，真正的大规模的变

① 黄建明：《19世纪国外学者介绍的彝族无名叙事诗应为〈阿诗玛〉》，《民族文学研究》2001年第2期。

迁还没有到来，加上在自然的状态下，被采访者给采录者提供的只是他们所熟知的文本，而没有刻意地去创新，因此我们考虑把这些文本作为我们考察50年代前《阿诗玛》的基本形态所依据的文本。这种做法尽管有局限性，但我们认为，其误差尚在可容忍的范围之内，而且这也是目前我们所能找到的解决问题的最好办法。

50年代初期撒尼社会中流传的《阿诗玛》有这样的特点：异文很多。

50年代初期，撒尼社会传承的《阿诗玛》具有多样性和不确定性的特点，各个版本之间的出入还很大。现在我们能看到的当时流传的《阿诗玛》，是1953年云南省文工团圭山工作组深入撒尼人居住区搜集起来的21份资料（实际上云南省文工团圭山工作组只搜集到20份，有一份是中央民族学院文艺工作团搜集的，这在该资料的文后有明确的记述。1953年，中央民族学院文艺工作团与云南省文工团圭山工作组同时在圭山从事《阿诗玛》的搜集工作）。这21份资料当然不可能是当时撒尼社会传承的全部的《阿诗玛》的版本，在后来，又有别的一些学者加入了搜集工作，如李缵绪在出版《阿诗玛原始资料集》时，他已经找到了41份资料。由于后来找到的那些版本在时间上并不能证明它们在50年代前就按现在看到的面目流传，因此姑且先把它们排除在外。另外，当时搜集到的21份资料中的第21号资料是《阿诗玛爹妈年轻时谈情的经过》，一般认为，这份资料“与《阿诗玛》只有间接的关系，不是作品本身”，[①]因此也舍弃不论，其余的20份资料，是我们今天能够看到的确切的当时撒尼社会传承的《阿诗玛》的基本版本。

在研究这20份原始资料时，我们发现，它们相互之间的差距还是很大的。首先，从长短来看，有的作品长，最长的是资料本一，有644行，有的则比较短，最短的如资料本八，才74行，在长度上是参差不齐的。其次，从形式来看，有的是诗，有的是散文故事，这也显出不同来。但更大的不同还不在于此。彝族撒尼人学者黄建明曾对《阿诗玛》原始资料本一一做过对比分析研究，在研究中，

① 李缵绪：《阿诗玛原始资料集前言》，《阿诗玛原始资料集》，中国民间文艺出版社1986年2月版，第2页。

他发现，这些原始资料本存在极大的差异，具体如下：

(1)主题的差异。如“五号资料本的主题和内容与整理本截然相反，也是在民间流传本中很少见的另一种主题与内容。首先这一本子的主题是‘阿诗玛’被热布巴拉家娶走是合法的‘明媒正娶’，通过媒人海热的撮合，喝了喜酒，举行了婚礼。阿黑追赶‘阿诗玛’到热布巴拉家后，没有要求将‘阿诗玛’带回去，也没有与热布巴拉家进行对歌、砍树等比赛，没有主动射箭威慑热布巴拉家。虽然‘阿诗玛’吹着口弦把热布巴拉家要放三只老虎害阿黑的阴谋传递了出去，阿黑也吹起笛子回答，不用担心，身上带有弓箭。但是热布巴拉家没有放虎，因而也没有射虎、剥虎皮赛的情节。可见‘阿诗玛’是经父母同意嫁给了热布巴拉家。开始阿黑不同意这门婚事，才追到热布巴拉家，但是看到‘自己家无山无树，热布巴拉家有山有林，可以安定下来’(P298)，于是阿黑没有带走‘阿诗玛’，而是独自一人回去了。当时‘阿诗玛’并没有提出与阿黑一道离开热布巴拉家，回到自己的故乡。‘哥哥回去了，妹妹又懊悔了。热布巴拉家说，你要回去，叫你哥哥找白猪白羊来还我’。(P298)结果阿黑没有找到白猪，‘妹妹在热布巴拉家，就这样在下去了’。(P298)”[①]在研究中，黄建明还发现，小圭山本(李缵绪《阿诗玛原始资料集》第一部分第一篇，赵德光主编《阿诗玛原始资料汇编》之《〈阿诗玛〉古彝文翻译稿》第二篇)的主题也与众不同：“在说媒中‘阿诗玛’之母说：‘要办这样大的事情，酒要蒸十坛子，丝罗缎九十疋，用来陪嫁阿诗玛；要九双手镯，九双戒指，用来陪嫁阿诗玛。’(P21)这明显是索要彩礼，这与《阿诗玛》反封建买卖婚姻的主题格格不入。父母答应了‘阿诗玛’的婚事后，‘阿诗玛’似乎也不反对这门婚姻，所以才有了‘决定了的话，阿诗玛要约姑娘伴，大伙来送送’。(P21)这样的内容与句式其他译本中是没有的。”[②]与众不同的还有十二号资料本：“作品对反封建、反买卖婚姻的观点不明显。阿黑与热布巴拉家只有斗智，没有力量的较量。阿黑没有把‘阿诗玛’救回，反而劝‘阿诗玛’安心留下。‘好妹妹，不怕，人家咋个说，你就咋个回答。哥哥回去

① 黄建明：《阿诗玛论析》，云南民族出版社2004年版，第176-177页。

② 黄建明：《阿诗玛论析》，云南民族出版社2004年版，第216页。

了。’”（P356）[①]

（2）人物的名字的差别：“其他译本中‘阿诗玛’哥哥的名字叫‘阿黑’，唯有四号本中‘阿诗玛’的哥哥叫‘阿爷’。”[②]“七号资料本整篇没有涉及人物的名字。既没有提‘阿诗玛’、阿黑、热布巴拉的名，也没有提格路日明、海热、阿支的名，更没有涉及故事发生地——阿着底。整篇用‘女儿’‘哥哥’‘父亲’‘母亲’‘媒人’的称法来代替作品中的人物及其关系。”[③]而十八号资料本则“全诗只有‘阿诗玛’一个人物的名字。在叙述与有关人物的关系时，用父、母、哥哥的称谓来指代”。[④]

（3）人物形象的差别：“其他译本对阿支这一人物是进行丑化的，唯有四号本‘热布巴拉家，儿子生得有本事，有儿子没有媳妇，养着家虎家豹子。’（P290）对阿支进行美化。”[⑤]“在其他译本中阿黑的形象是浑身是胆的英雄，从来没有怕过热布巴拉家。而十六号本是：‘看看姑爷家的供桌花花绿绿，不敢进去。’（P397）阿黑如此胆小是其他译本中没有的。”[⑥]

（4）结局的差异：“四号资料译本中，‘阿诗玛’不是被崖神所害，似乎是自己心甘情愿住在崖洞中。‘我们兄妹两个，只能在一村，不能在一家，我就在这里住了，哥哥要来赎我，要一对白猪羊。’（P293）与其他译本一样，阿黑只找到白羊，没有找到白猪，结果救不了‘阿诗玛’，于是‘阿诗玛’与应声歌姑娘结为了姐妹。这一情节也是其他译本中没有的。”[⑦]“八号本中，‘阿诗玛’的结局不是被崖神害，没有用白猪白羊去赎，也没有变成‘回声’，而是‘阿诗玛和父母说：把我赎回来，我在那边受苦。父母说：即使我家的金银有马蹄大，也赎不回你来。牛马有九十九群，也赎不回你来。能爱阿诗玛，不得不过这种日子，只有望着儿女过一辈子。’（P324）八号译本中这种‘阿诗玛’婚前已有男朋友，

① 黄建明：《阿诗玛论析》，云南民族出版社2004年版，第178–179页。
② 黄建明：《阿诗玛论析》，云南民族出版社2004年版，第212页。
③ 黄建明：《阿诗玛论析》，云南民族出版社2004年版，第227页。
④ 黄建明：《阿诗玛论析》，云南民族出版社2004年版，第256页。
⑤ 黄建明：《阿诗玛论析》，云南民族出版社2004年版，第212页。
⑥ 黄建明：《阿诗玛论析》，云南民族出版社2004年版，第236页。
⑦ 黄建明：《阿诗玛论析》，云南民族出版社2004年版，第213页。

被迫而不得不嫁给另一个不喜欢的人，婚后三年受公公婆婆的虐待，意外地怀了孕。请求父母帮忙早日脱离苦海，父母不仅不赎‘阿诗玛’，还劝‘阿诗玛’安心留下过日子，‘阿诗玛’只有望着儿女苦度一生的说法是其他译本中没有的。”[①]“其他译本的‘阿诗玛’变‘回声’时，多为‘小蜜蜂’或‘洪水’所害，而十二号本是狂风把‘阿诗玛’吹到崖子上才变成回声的。”[②]“十四号本的‘阿诗玛’没有被人虐待，没有死，也没有变成‘回声’，而是相安无事地留在了热布巴拉家生活。”[③]“十二号本和十三号本的结局是一阵旋风把‘阿诗玛’吹到崖子上，‘阿诗玛’变成了‘回声’。十五号本的结局是阿黑救回‘阿诗玛’后，半路上躲暴雨，崖子倒塌，兄妹二人双双被压死。”[④]“十八号本有点像豆黑村李正兴的收藏本，尚未送到‘新郎’家全诗就结束。”[⑤]

（5）情节的差异：“十六号译本不像其他译本从‘阿诗玛’的出生与成长一直描写到出嫁，而是开头部分‘阿诗玛’就已成人，并到了谈婚论嫁的年龄。”[⑥]

（6）细节的差异：“十号资料本与整理本《阿诗玛》的主题、内容、情节差不多，只是细节上差异大一些。”[⑦]

（7）描写手法的差异：“十二号本的描写手法与其他作品也有所不同。这一作品从‘阿诗玛’的成长，到说媒上半段都是以第一人称的‘我’来叙述的，自阿黑回家后，下半段改为旁叙。”[⑧]

如此等等。

我也对这些差异做了分析，我发现，抛开其中的细节的差异不论，20世纪50年代初期流传的《阿诗玛》，在大的方面就有很大的区别。

① 黄建明：《阿诗玛论析》，云南民族出版社2004年版，第232–233页。
② 黄建明：《阿诗玛论析》，云南民族出版社2004年版，第179页。
③ 黄建明：《阿诗玛论析》，云南民族出版社2004年版，第211页。
④ 黄建明：《阿诗玛论析》，云南民族出版社2004年版，第184页。
⑤ 黄建明：《阿诗玛论析》，云南民族出版社2004年版，第256页。
⑥ 黄建明：《阿诗玛论析》，云南民族出版社2004年版，第233页。
⑦ 黄建明：《阿诗玛论析》，云南民族出版社2004年版，第193页。
⑧ 黄建明：《阿诗玛论析》，云南民族出版社2004年版，第178页。

（一）人物形象的差别

解放初期撒尼社会中传承的《阿诗玛》的人物形象也具有多样性的特点。

首先，是阿诗玛的形象。

在多数资料本中，阿诗玛这一人物形象最突出的特性是美丽、聪明、勤劳，这从这些资料本对她的出生、成长等方面的描写表现出来。

如资料本一："尼米阿着底，阿着底的上边，那个地方没有人，只有一家人——给路日明家。花开蜜蜂采，嗡嗡的叫嚷，日日来采花，不见蜂子长。给路日明家，有四棵树如同桂花样，生下姑娘如桂花。""生囡三个月，就会一纵一纵的笑嘻嘻，妈妈喜欢了二场。生囡七个月，囡会坐着团团转了，妈妈喜欢了三场。生囡八个月，囡会象耙齿一样的爬了，妈妈喜欢了四场。生囡九个月，囡就会说话了，说话象蜜蜂叫，说话象弹月琴一样的清楚，妈妈喜欢了五场。生囡有五年，囡会挂线帮妈苦，妈妈喜欢了六场。生囡满七岁，囡会织纬线，囡苦得衣裳给爹爹穿了，妈妈喜欢了七场。生囡满九岁，囡会帮妈煮饭了，妈妈喜欢了八场。生囡满十五岁，名马厩里关，名誉世上传，有名的阿诗玛在家里，名誉世上扬。"[①]大多数的资料本都对阿诗玛的出生与成长进行了描写，而凡对阿诗玛的出生与成长进行的描写，都与此相类似，由此我们不难体会到，阿诗玛是一个美丽、聪明、勤劳的撒尼姑娘。

也有少数的版本这一特性不明显。这主要是因为这些本子缺少了对阿诗玛的出生与成长的描写，作品一开篇，阿诗玛就已经长大了，这样一来，阿诗玛的形象就不鲜明了。资料本五、十一、十四、十七、十八、十九等都具有这样的情况。

但在大多数的资料本中阿诗玛都没有表现出强烈的反抗性，这与后来的《阿诗玛》整理本有较大的差异，只有少数的资料本讲到了阿诗玛的反抗。这种反抗主要表现为她坚决要离开热布巴拉家，寻找自己的幸福。比较突出的如资料本六："黄金十五两，郎来赎妹身，妹身赎得出，宜良大河水，路南小河水，深浅都不管，我们一起过。这样赎妹身，妹身赎出来，棒棒手上拄，'少麻'肩上扛，葫芦腰间挂，去讨饭吃，也想得过了。条锄扛肩上，去挖野土瓜，也想得过了。镰刀别腰杆，去掏山茅野菜，也想得过了。"[②]这段演唱很鲜明地表现出了

① 李缵绪：《阿诗玛原始资料集》，中国民间文艺出版社1986年版，第3，4-5页。
② 李缵绪：《阿诗玛原始资料集》，中国民间文艺出版社1986年版，第78页。

阿诗玛的反抗性，但在所有的资料本中这是比较少见的。

此外，资料本十二有这样的一段附记："阿诗玛喜欢跳、唱、笑。后来有的耳朵聋、耳朵响，认为是阿诗玛害着了。山里喊时有回声，也认为是阿诗玛答应。青年男女，跳的跳、唱的唱、吹的吹，做成一个泥人，披着鸡皮，在火旁边跳、唱、吹，说是把阿诗玛从耳朵里哄出来，耳朵就不响了。"①资料本十七也有一段附记："李发贵（讲述者——本文作者注）：'阿诗回到半路又长在石岩上，主要是她不该结了婚又跑回家，因此老天不容许，始终不得回家。''阿诗生前是个好人，死后便成抽牌神，会害人便不好了。'"②尽管前一则附记没有说明是谁说的，但可以肯定，它应该像后一则附记那样，是讲述者说的。这两则附记说明，在当时的撒尼人中，对阿诗玛的形象还有不同的认识和理解，甚至是负面的认识和理解。

其次，是阿黑的形象特点。

在大多数的资料本中，阿黑的形象都是聪明、英勇、坚强、敢作敢为的，这从他一得到妹妹出嫁的消息便立刻单身匹马前去追赶，赶上后智斗热布巴拉，包括杀虎豹、射箭，有的还有对歌、开荒种地、用计杀死阿支等方面表现出来。

但资料本二十中的阿黑的形象与此有异。在资料本二十中，阿黑不是在外梦见妹妹出嫁，然后去追赶娶亲的队伍，而直接地是送妹妹出嫁。结果，"走到十二条路，见着官了，哥哥送妹子不敢走：'妹婿快来接舅舅家，不来接就不敢走。'妹婿来接了，就敢走了。走过十三州县，又遇着官，舅舅不敢走。看见官审案，听见差役用板板敲桌子的声音：'妹婿快来接舅舅家，不来接就不敢走。'走过十二个大箐，老虎豺子叫，舅舅又不敢走：'妹婿快来接舅舅家。'就接着了，接到交界地方，看见妹婿家的包谷、麦子、荞、谷子，舅舅家喜欢了一场。接到村子头，有十二个大场，堆着包谷、麦子、荞、谷子，舅舅家又喜欢了第二场。"③显然，这个阿黑就既不聪明、勇敢、坚强，也不敢作敢为，而显得贪财猥琐了。与此相类似的还有资料本四。在这个本子中，阿黑说："我可以回到爹妈跟前，妹妹是不能了。想什么办法才能安定妹妹的心？自己家无山无村，热布把

① 李缵绪：《阿诗玛原始资料集》，中国民间文艺出版社1986年版，第117页。

② 李缵绪：《阿诗玛原始资料集》，中国民间文艺出版社1986年版，第159页。

③ 李缵绪：《阿诗玛原始资料集》，中国民间文艺出版社1986年版，第172–173页。

拉家有山有村，可以安定下来。”[①]以及资料本十七。在资料本十七中，阿黑追上了阿诗玛，但却想：“我的独妹子，追是追着了，但是，我一个人单身匹马，热布把拉家人又多，不敢抢回来。”到了热布巴拉家，阿黑“看看姑爷家的供桌花花绿绿，不敢进去。”[②]这些阿黑的形象，都与一般的阿黑的形象有差异。

再次，是格路日明夫妻的形象特点。

格路日明夫妻的形象，在大多数的资料本中都首先是慈爱，这从阿诗玛的出生与成长中表现出来。如资料本六：“父亲身上三个月的血，母亲身上七个月的血，父亲身上藏着三个月，母亲身上藏着七个月，姑娘就生下地了。没有割脐带的，陆良的白犁铧，割断了脐带，没有盆来洗，去到泸西城。盆边用银子镶，盆底用金子镶，用这个盆来洗小姑娘，洗小姑娘的盆也有了，没有洗小姑娘的水，舀水舀三瓢。一瓢拿来洗脸，脸洗得月亮白，手洗得萝卜白。一瓢拿来洗身上，身上洗得鸡蛋白。一瓢拿来洗脚，脚洗得白菜白。生下三天，父亲喜欢了一场，母亲喜欢了一场，想找件衣裳给小姑娘穿，小姑娘的衣裳还没有，波西棉花长，路南麻线长，澄江金梭子，昆明的金梳子，宜良的金线梳子，陆良的银机架，路南的铜踏板，曲靖的踏板索，圭山的裹棒，织出一截布，缝给小姑娘穿，准备裹起小姑娘来，没有裹布带，阿戈养蚕丝，昆明抽蚕丝，织成一股来，拿来做裹布带。”[③]这样的描写，在各资料本中也是比较普遍的。

格路日明夫妻的慈爱，还从他们嫁阿诗玛时的悲伤中表现出来，如资料本六：“父亲来嫁囡，嫁囡一罐酒，一罐酒吃不得一辈子，伤心一辈子。母亲来嫁囡，嫁囡一卜箩饭，一卜箩饭吃不得一辈子，伤心一辈子。”[④]在大多数的资料本中，都有这样的关于格路日明夫妻为嫁阿诗玛而伤感的吟唱，因此，格路日明夫妻形象慈爱的一面是很鲜明的。

格路日明夫妻的形象还有懦弱的特点，这从他们被媒人说动，把阿诗玛许给热布巴拉家看得出来。大多数的资料本都有说媒的情节，而且这些资料本都叙述格路日明夫妇起初都不愿给，但经说媒的人说女儿当嫁不嫁，过后就嫁不

① 李缵绪：《阿诗玛原始资料集》，中国民间文艺出版社1986年版，第58页。
② 李缵绪：《阿诗玛原始资料集》，中国民间文艺出版社1986年版，第153–154页。
③ 李缵绪：《阿诗玛原始资料集》，中国民间文艺出版社1986年版，第63–64页。
④ 李缵绪：《阿诗玛原始资料集》，中国民间文艺出版社1986年版，第74页。

出去之类的话后就给了。如资料本二："热海就动身做媒人去了，没有到过的地方也到了，在阿着底的下边，到了给路日明家，海热说出一句来：'热布把拉家，门上挂金线，门上有龙像，你家的好姑娘要嫁给他家。'给路日明说：'不嫁！不嫁是我的囡，嫁了是人家的囡。'海热又说一句，反复说了两次：'商量商量着做，要和父亲商量。'父亲说出一句来：'父亲来嫁囡，嫁得一瓶酒，一瓶酒吃不得一辈子，伤心一辈子；不嫁是我的囡，嫁了是人家的囡，我不嫁她。'海热又说：'商量商量着做，要和母亲商量。'母亲说出一句来：'母亲来嫁囡，嫁得一卜箩饭，一卜箩饭吃不得一辈子，伤心一辈子；不嫁是我的囡，嫁了是人家的囡，我不嫁她。'热海又说：'商量商量着做，要和哥哥商量。'哥哥说出一句来：'哥哥来嫁妹，嫁得一条牛，一条牛使不得一辈子，伤心一辈子；不嫁是我的妹，嫁了是人家的妹，我不嫁她。'海热又说：'商量商量着做，要和姐姐商量。'姐姐说出一句来：'姐姐来嫁妹，嫁得一则麻，一则麻齐不得一辈子，伤心一辈子；不嫁是我的妹，嫁了是人家的妹，我不嫁她。'海热又说：'牛马在一处，马留下来，牛应该走开。山羊绵羊在一处，绵羊留下来，山羊应该走开。猪鸡在一处，猪留下来，鸡应该走开。儿女在一处，儿子留下来，姑娘应该走开。五岁的姑娘，二十岁的姑娘，要想嫁人，人家也不要。独囡换独牛，独牛在圈里，独牛好意思在圈里。好女在房里，好女不好意思在房里，村中人要耻笑她，耻笑她年纪老。'给路日明说：'你这样说，我要嫁了。我嫁囡那天，九十九桌客，不够，增加到一百二十桌。九十九甑饭，不够，增加到一百二十甑。九十九罈酒，不够，增加到一百二十罈。九十九条猪，不够，增加到一百二十条。九十九盆面疙瘩饭，不够，增加到一百二十盆。'能爱阿诗玛，不愿嫁也嫁了，嫁去三天三夜了。"[①]本不愿嫁女儿，最终还是嫁了，体现了格路日明夫妇性格软弱的一面。

此外，在有的资料本，格路日明夫妻还显得狠心。如资料本七叙述阿诗玛在夫家遭虐待，想要回家，作品写道："父母说：'即使是我家的金银有马蹄大，也赎不回来你。牛马九十九群，也赎不回来你。'能爱阿诗玛，不得不过这种日子，只有望着儿女过一辈子。"[②]

最后，是热布巴拉的形象特点。

① 李缵绪：《阿诗玛原始资料集》，中国民间文艺出版社1986年版，第31–35页。
② 李缵绪：《阿诗玛原始资料集》，中国民间文艺出版社1986年版，第83页。

热布巴拉的形象是有钱有势，凶狠残暴但无能。有钱有势主要表现在他们家看中了阿诗玛后，或是请，或是逼媒人——哥敌海热，或布前日子老人，去为他家说媒。而媒人去到阿诗玛家说媒，几乎都强调了热布巴拉家的富有。如资料本一："哥敌海热说出一句来：'热布把拉家，银子做门抱柱，金子做门枕头，门扇上用金子银子做成龙，门槛用铜做，金银过斗量，牛羊关满四房子，放牛站九山，放绵羊站七坡，放山羊站九山，这些都是把拉家的牲口，这些都是把拉家的房子，他家有那么多的东西。"[①]而阿黑、阿诗玛来到热布巴拉家前的对话，也表现出了热布巴拉家的富有，如资料本十七："'热布把拉家的地方，没见过的地方也见了，见着十二连大山，见着十二个大森林，见着十二个大岩洞。这是哪样森林？这是哪样岩洞？没有见过的地方也见了，见着十二个大海，这些大海是做什么用的？''那十二连大山，是姑爷家薅庄稼的山，是姑爷家的耕地；那十二大森林，是热布把拉家，烧火煮饭的山；那十二个大岩洞，是热布把拉家，祭祖宗的地方；那十二个大海，是热布把拉家，洗衣裳的海子。'"[②]热布巴拉有势，一则表现在阿诗玛不愿嫁他家，他便派人去抢，二则表现在，他甚至能让神为他服务，资料本一、四、十四、十九都或直接叙述或间接暗示热布巴拉请神——如应山歌，把阿诗玛拦在河的这边，或挂在石岩上，变成回声，或直接就得留在热布巴拉家里，回不了家，造成阿诗玛的悲剧。热布巴拉的凶狠残暴主要表现在他强抢阿诗玛，以及放虎豹到阿黑睡觉的房间吃掉阿黑。很多本子都说到了热布巴拉虐待阿诗玛，有的本子，如资料本十，还说热布巴拉打死了阿诗玛。热布巴拉的无能，主要表现在他阴谋暗害阿黑，以及与阿黑比赛总以失败告终。

上述情况表明，20世纪50年代前撒尼社会传承的《阿诗玛》的人物具有多元化的特点。

（二）故事情节的差别

20世纪50年代前撒尼社会传承的《阿诗玛》，在情节上显得比较多样。

第一，《阿诗玛》以这样的情节为最典型：阿诗玛的出生与成长；热布巴拉家派媒人到阿诗玛家求婚；阿黑追赶接亲或抢亲队伍；阿黑在热布巴拉家与

① 李缵绪：《阿诗玛原始资料集》，中国民间文艺出版社1986年版，第6–7页。
② 李缵绪：《阿诗玛原始资料集》，中国民间文艺出版社1986年版，第153–154页。

热布巴拉斗争，并取得胜利；阿黑与阿诗玛在回家的途中，遇上困难，求白猪、白羊不得，阿诗玛化作回声。资料本一、二、三、四、五、十、十二、十三、十四、十五、十六、十七、十八、十九的情节都大致如此。而如果细致地考察上述资料本，则不难发现，尽管它们在大的方面相同，但在小的方面也存在着不少差异。如资料本一的情节是阿诗玛出生并长成出众的姑娘；热布巴拉与毕摩商量，派媒人哥敌海热到阿诗玛家求婚，阿诗玛出嫁；在外放羊的阿黑梦见家中有异，回家后得知妹妹出嫁，便追赶接亲的队伍，追到热布巴拉家；热布巴拉放虎咬阿黑，虎被阿黑射死，阿黑与热布巴拉比赛剥虎皮，热布巴拉失败，放阿诗玛兄妹回家，但暗地里请应山歌阻拦他们；应山歌截住了阿诗玛，要阿黑拿白猪、白羊来赎，阿黑找不到白猪，以白纸糊黑猪冒充，被识破，阿诗玛遂化作回声。

资料本二的情节前面部分与资料本一相同，但多了阿黑为热布巴拉家干三年活的情节。干活时双方比赛劳动（砍山、撒米），热布巴拉千方百计为难阿黑，但被阿黑一一化解。用虎咬阿黑的计谋也没得逞，最后放阿黑、阿诗玛兄妹回家。兄妹回到半路，过河时，阿诗玛被水冲去，抽牌神将其救起，但要阿黑用白牛、白猪、白羊来赎，阿黑找不到白猪，阿诗玛便不见了。

资料本三与资料本一前面部分基本相同，只是在兄妹回家的路上，阿诗玛自己提出他们兄妹只能在一村，不能在一家，然后就住在一个山洞里，让阿黑用白猪、白羊来赎她，但阿黑找不到白猪，阿诗玛遂隐身石洞中。

资料本四与资料本一基本相同，不同之处在于，阿黑觉得热布巴拉家好，让阿诗玛留在热布巴拉家，但阿诗玛却想回家，结果热布巴拉让阿黑找白猪、白羊还他，阿黑找不到白猪，结果阿诗玛只好留在了热布巴拉家。

资料本五与资料本一的区别也在于资料本五与资料本二一样有劳动比赛（砍山、撒米）的情节。

资料本十与资料本一前面部分相同，后面则为阿黑回去后热布巴拉家虐待阿诗玛，阿诗玛要回家，结果被热布巴拉家打死，成了崖神。

资料本十二与资料本一前面部分基本相同，但阿黑剥了虎皮后，情节有差异：阿黑出主意，引阿支披上鸡皮逗阿诗玛笑，然后把阿支打死。阿黑回去后，阿诗玛遭热布巴拉家虐待。婆婆让阿诗玛晒粮食时，阿诗玛被大风吹到崖上。

资料本十三与资料本十二基本相同，但多了阿黑到了热布巴拉家后与一个大脖子人对歌并取得胜利的情节。后面也有阿支披上鸡皮逗阿诗玛笑被打死、阿诗玛在热布巴拉家遭虐待的情节。不同之处在于，阿诗玛得以回到家中，晒粮食时，被旋风吹到石岩上，下不来。众人须用白猪、白羊来赎，但找不到白猪，结果阿诗玛永远留在了石岩上。

资料本十四没有阿诗玛出生与成长的部分，其余的与资料本一大致相同。不同的地方是，阿黑领阿诗玛回家，热布巴拉要阿黑送他白猪、白羊，阿黑用白泥糊白猪，回家了。回到半路，被大风刮到了石岩上。

资料本十五与资料本一前面部分也基本相同，不同之处是，剥虎皮比赛后，阿黑回家前，往热布巴拉的堂屋射了一箭，并告诉阿诗玛说："人家不骂你，不打你，把你当作人看待，你就把箭拔下。"热布巴拉家由此不敢欺负阿诗玛，阿黑把箭轻轻拔掉，没有找白猪、白羊，阿诗玛被吹到石岩上等情节。

资料本十六与资料本一基本相同，不同之处是：阿黑剥虎皮获胜后，回了家，阿诗玛在热布巴拉家受虐待，写信让白狗带回家给哥哥，信被白狗弄丢。阿诗玛又让人带鞋子给哥哥，哥哥知道阿诗玛受苦，于是去接阿诗玛回家。半路上下大雨，兄妹俩在崖下躲雨并睡着，岩石倒下来，把兄妹俩压死了。

与资料本一相比，资料本十七有许多不同。首先，资料本十七没有关于阿诗玛出生与成长的描写。其次，来说阿诗玛的不是媒人，而是一只蜜蜂。再次，阿黑剥了虎皮后，要带阿诗玛回去，热布巴拉家不让阿诗玛走，于是阿黑连射两箭，热布巴拉家才让阿诗玛离开。最后，在回家的路上，阿诗玛靠在岩石上休息，结果耳朵贴在了岩石上。阿黑去找白猪、白羊来祭岩石，但找不到白猪，最后阿诗玛变成了石头，变成了抽牌神。

资料本十八也和资料本十七一样，没有关于阿诗玛出生与成长的描写，来说媒的也是一只蜜蜂。与资料本十七相比，资料本十八还多了一个阿黑进热布巴拉家前与一个丫头对歌的情节。阿黑杀了虎后要回家，回家前要见阿诗玛，热布巴拉家不让，阿黑于是连射三支箭，分别射到热布巴拉家的房门上、祖先桌上、大门上，热布巴拉从此不敢得罪阿诗玛。没有阿诗玛变成回声等情节。

资料本十九更从阿诗玛被热布巴拉抢去开始说起。一个有趣的情节是，阿黑射了一支箭，射穿了热布巴拉家的五道门，热布巴拉家的人被关在里头，出不来，求阿诗玛把箭拔了，才出得来。热布巴拉家与阿黑比本事，也都失败，只好让阿诗玛兄妹离去，但在半路上把阿诗玛挂在了石岩上。

第二，除了上述的情节模式外，《阿诗玛》还有这样的情节模式：阿诗玛出生并长成出众的好姑娘；热布巴拉家派媒人来阿诗玛家求婚，阿诗玛出嫁；受到热布巴拉家虐待；最后，资料本六是阿诗玛被“郎”赎了出来，过着艰苦但却幸福的生活。资料本七阿诗玛求父母把她赎回来，但遭到父母的拒绝，阿诗玛只好留在热布巴拉家过着痛苦而绝望的生活。资料本八、九和十一没有结局。与前一情节模式比，这种模式少了阿黑追赶抢亲队伍，阿黑与热布巴拉家比赛并取得胜利，阿黑与阿诗玛回家遇到困难，找白猪、白羊不得，阿诗玛化成回声等情节。

此外，资料本二十的情节与上述情节都不同，应单列一种，它的情节模式是：阿诗玛出生并成长；媒人来说媒，阿诗玛出嫁；哥哥送阿诗玛出嫁，被夫家的财富所倾倒。这种模式既没有阿诗玛被迫出嫁的情节，也没有阿黑追赶抢亲队伍，阿黑与热布巴拉家比赛并取得胜利，阿黑与阿诗玛回家遇到困难，找白猪、白羊不得，阿诗玛化成回声等情节，更没有阿诗玛在夫家受虐待的情节，这个资料本，应该就是那种在结婚喜庆的场合中唱的本子。

由此可见，解放初期撒尼社会传承的《阿诗玛》在情节上差异是很大的，具有多元化的特点。

（三）主题的差别

20世纪50年代前撒尼社会传承的《阿诗玛》的主题是什么呢？此前人们也作过一些相关的研究。他们都对当时流传于撒尼民间的《阿诗玛》的主题进行了探讨。

杨知勇：“我认为，这一诗篇的生命是对阶级压迫顽强反抗的意志。阿诗玛和阿黑的可爱在于他们是劳动人民，不屈于剥削阶级的压迫；热布把拉的可恨在于他是剥削阶级，他压迫劳动人民。从传说的演变过程中，我们也可以看出人民在不断地增强对热布把拉的仇恨。”[①]

公刘：“长篇叙事诗《阿诗玛》歌颂了劳动、勇敢、自由与反抗，体现了撒尼人民善于悲叹自己的奴隶命运，善于梦想自由和平等，善于反抗压迫的民族性

① 杨知勇：《撒尼叙事诗〈阿诗玛〉整理经过》，《云南日报》“文艺生活”栏目1954年2月20日第3版。

格，充满了对未来胜利的乐观信念。”①

孙剑冰：“私有财产与少数人的幸福建筑在多数人的痛苦上并行；女性被男性所奴役；阶级对立与夫妻对抗的发展、阶级压迫与男性对女性的奴役相一致。这是当时的历史，是既成的事实。反抗这种压迫、奴役，抗议不劳而获的剥削，蔑视与诅咒那种不义的财富，呼吁并坚持妇女做人的权利，这是《阿诗玛》全部生活冲突的思想基础，是这部作品通过艺术形象所反映出来的基本思想。”②

黄铁等人：“二十份异文中就有这样几种主题思想：①控诉媳妇被公婆和丈夫虐待的痛苦；②反抗统治阶级的婚姻掠夺，追求幸福自由；③维护传统习俗；④显示女方亲人的威力，使公婆丈夫不敢虐待；⑤羡慕热布把拉家的富有，阿诗玛安心地在他家生活（如第四号材料阿黑对阿诗玛说：‘自己家无山无树，热布把拉家有山有树，可以安定下来。’）；⑥阿诗玛变成抽牌神，群众耳鸣是因为阿诗玛作怪，责备她死后不应该变成恶神。”③

谢国先：“阿诗玛故事的主题是对兄妹二人的乱伦欲望的暴露和惩罚。”④

这些观点无疑都是极有见地的，但对问题，我们还可进一步深究。

在前面对这些文本的情节进行分析的时候，我们把这些文本分成了三类，这样的分类，是有利于对其主题的了解与认识的。

我们不妨先易后难，首先讨论第三类情节的作品即资料本二十的主题。这个文本，正如前面所说，既没有阿诗玛被迫出嫁的情节，也没有阿黑追赶抢亲队伍，阿黑与热布巴拉家比赛并取得胜利，阿黑与阿诗玛回家遇到困难，找白猪白羊不得阿诗玛化成回声等情节，更没有阿诗玛在夫家受虐待的情节，当时的撒尼人在不同的场合唱的《阿诗玛》是有别的，他们还有在婚礼上唱《阿诗玛》的习俗，因此可以大致断定，这个资料本是那种在结婚喜庆的场合中唱的本子。这个本子的主题把它大致地概括为歌颂婚姻的美好应该是没有问题的。

① 公刘：《〈阿诗玛〉的整理工作》，《文艺报》1955年第12期。

② 孙剑冰：《〈阿诗玛〉试论》，北京大学文学研究所：《文学研究集刊》（第3册），人民文学出版社1956年版，第36页。

③ 黄铁等：《〈阿诗玛〉第二次整理本序言》，《民间文学》1996年第3期。

④ 谢国先：《阿诗玛新论》，《云南艺术学院学报》2001年第3期，第17页。

其次是第二类情节的作品，这个类型的作品主要有五个，即资料本六、七、八、九和十一。这五个本子在情节上的特点是都突出地叙述了阿诗玛在夫家遭到了虐待，而没有阿黑追赶抢亲队伍，阿黑与热布巴拉家比赛并取得胜利，阿黑与阿诗玛回家遇到困难找白猪、白羊不得阿诗玛化成回声等情节。这个情节类型的文本，主题因此也比较明显，即表达女性婚姻的不幸，抒发女性对不幸婚姻的痛苦之情。

难度最大的自然是第一类情节的作品。这类作品数量最多，情节也最复杂，因此要弄清楚这类作品的主题难度是很大的。

从文本的内容来看，不管是人类社会还是神的意志，都主张女性要出嫁。在这些文本中，基本上都有这样的内容，即热布巴拉派人到阿诗玛家说亲，阿诗玛的父母都不愿给，但在媒人说了姑娘长大了就要嫁出去的话后，阿诗玛的父母就愿意给了。其中资料本一是相当值得解读的文本。一方面，它说出了阿诗玛父母不愿给的原因：一者“不给是我的囡，给了就是他家的囡”；二者也担心阿诗玛出嫁后受虐待，这样的心情是很容易理解的。另一方面，也是更重要的，我们从这里可以看出，他们最后选择给的原因，是“山上的老树好意思站着，姑娘大了不好意思在父母旁边了”，而这个理由，阿诗玛的家人是认可的，由此可知，在人的社会里，姑娘是必须出嫁的。

读《阿诗玛》，我们不难发现，其实神也是主张姑娘在成年后是要嫁出去的，这从阿黑找不到白猪，阿诗玛回不了家这个情节中可以看出来。在这些文本中，资料本一、四、十四、十九是说热布巴拉让阿诗玛回不了家，而资料本二、三、五、十二、十三、十六、十七则没有明确的交代。如果说，热布巴拉让神阻止阿诗玛回家，说明的只是热布巴拉有势力的话，那么，没有明确交代神为什么要阻止阿诗玛回家则让我们联想到，这是神的意志，是神让阿诗玛回不了家。而这一点，当时的人也已经意识到了，如资料本十七的讲述者李发贵说：“阿诗回到半路又长在石岩上，主要是她不该结了婚又跑回家，因此老天不容许，始终不得回家。”（P159）因此，说这类作品的主题是表现女子长成人后要出嫁，应该是没有问题的。

然而，我们也应该看到，如果从人物形象来看，这类作品里的主要人物都可以分为两类，以阿诗玛、阿黑、格路日明夫妻为一类，以热布巴拉、媒人哥敌海热、阿支等为一类。前一类人物是正面人物，他们具有正面的品质，如勤劳、聪明、善良、英勇等。后一类人物为反面人物，这些人具有负面的品质，如凶狠、虚伪、狡诈等。在这些文本中，人物泾渭分明地分成两类，娘家一方的人都是好人，夫家一方的人都是坏人，这说明，从人物设置看，这些文本就已经预设了苦嫁的主题。不仅如此，就像前面说的那样，在文本中，有的地方已经明确地说明了，阿诗玛的父母之所以不应允热布巴拉家的求婚，是担心阿诗玛出嫁到热布巴拉家后受虐待，因此，在这类作品中包含有苦嫁的主题是很显然的。

这就是20世纪50年代前撒尼社会传承的《阿诗玛》。

50年代前撒尼人传承的《阿诗玛》有这样的形态，应该与当时的撒尼社会中多种因素参与对它的塑造有关。

50年代前，《阿诗玛》与撒尼社会高度融合，不同的主体，不同的需要，不同的情境都参与对《阿诗玛》的塑造，于是，《阿诗玛》就自然而然地表现出了多样性和复杂性。

首先是不同主体对《阿诗玛》的塑造。

20世纪50年代前，撒尼人普遍喜爱《阿诗玛》，因此，在撒尼社会中，《阿诗玛》拥有众多的传承人，毕摩、歌手、普通人，儿童、年轻人、老年人，男性、女性等都参与到《阿诗玛》的传承中。我们知道，因不同的人在天赋、学识、修养、爱好等方面的差异，他们在讲述或演唱同一民间口头作品时会表现出很大的差异。如毕摩，毕摩是撒尼社会中的祭师与文化人，他们不仅掌握彝文，而且艺术修养也比较高，加上他们在举行宗教仪式时要唱《阿诗玛》，因此，他们平时就注意收集记录在民间流传的《阿诗玛》，如赵德光就说："优秀的撒尼叙事长诗《阿诗玛》在彝族撒尼人和其他支系间流传很广，影响极大。它在人们口中传唱一辈又一辈，它被懂彝文的经师毕摩们抄在棉质的纸上，珍藏起来。"①不仅收集记录，他们还发挥自己的特长，对《阿诗玛》进行加工与锤炼："与加工其他作品一样，毕摩在《阿诗玛》的加工与传播上也做出了很大的贡献。《阿诗玛》同样经历了从无到有，从不完善到完善的过程。经过历代撒尼人民加工、锤炼，尤其是经过作为撒尼文化传承者的毕摩的精心琢磨，以及毕摩的精心记录、世代传承，《阿诗玛》才得以完整地保存，并流传到今日。毕摩在《阿诗

① 赵德光：《阿诗玛文化重构论》，中国社会科学出版社2005年7月版，第178页。

玛》的加工上付出了比常人更多的心血。”[1]于是，毕摩唱的《阿诗玛》较长，也较规范。[2]而普通人由于缺少这样的条件，所唱的《阿诗玛》就要简略得多。

其次是不同需要对《阿诗玛》的塑造。人们在演唱《阿诗玛》时，因需要的不同，他们会对自己的演唱进行调整，最典型的，如豆黑村的李正新（兴）收藏的《阿诗玛》，全文共360行，叙述到阿诗玛和阿黑到了热布巴拉家就结束了，而没有后面的情节。收集记录者认为这是一个残本，但李正新却认为他收藏的不是残本，撒尼学者黄建明关注过这个问题，黄建明说：“他（李正兴）说《阿诗玛》用在不同的地方时有不同的本子。普通唱本唱完全诗，要唱到把‘阿诗玛’要回，变成‘回声’，但用在结婚场合的本子只能唱到阿黑追赶上‘阿诗玛’就行了。大喜的日子说新娘家与新郎家打打闹闹，并把新娘‘阿诗玛’从新郎家带回，这样对新郎家不礼貌，也不吉利。所以结婚用的唱本到阿黑追赶上‘阿诗玛’为止，他的藏本是用在结婚场合的，因而不是残本。”[3]这种情况表明，的确存在着不同的需要对《阿诗玛》进行不同的塑造的情况。

最后是不同的情境对《阿诗玛》的塑造。民间口头文学作品具体讲述或演唱的情境对讲述或演唱有具体的影响，这种影响目前已被人们广泛注意到。口头程式理论、民族志诗学和表演理论，都将这种具体情境作为关键要素进行重点考察研究。帕里和洛德在调查南斯拉夫的史诗歌手的时候，特别强调必须注意歌手表演和创作的情境。他们曾经描述了一系列史诗表演的具体情境，如：“在南斯拉夫，口头史诗的演唱是在各种场合进行的。这种演唱目前是村中和小镇里成年男子们主要的娱乐形式。在乡村房舍之间分布稀疏，人们在田间劳作之余，可以在某个房舍搞一个集会。从各家各户来的男人们会聚集在一起，其中有一位可能会演唱史诗。由于房舍之间的距离不同，有人可能比别人早到，当然也意味着有的人要早点离开。……歌手必须迎合来去的观众，与新到的人打招呼，和离去的人道声再见，新来的人会传些消息或说点瞎话，这会干扰片

① 赵德光：《阿诗玛文化重构论》，中国社会科学出版社2005年7月版，第65页。

② 黄兴：《论少数民族地区非物质文化遗产的抢救保护——以石林彝族撒尼语口传叙事长诗〈阿诗玛〉为例》，云南省文化厅：《云南省首届非物质文化遗产学术研讨会论文集》，云南科技出版社2008年版，第222页。

③ 黄建明：《阿诗玛论析》，云南民族出版社2004年版，第222页。

刻的演唱。”[①]国内学者刘晓春认为：“表演情境既具有即时性，也具有惯常性。即时性表明传承人的每一次表演都是一个具有独特性的表演事件，是人际互动的特殊的、艺术的交流方式；惯常性表明在一个社区文化体系的表演语境中，存在着结构性的、标准化的表演体系。也就是说，传承人的表演充分遵循既成的传统表演形式、表演风格、表演内容等，符合听众固有的接受习惯，使表演得以流畅地进行，这就是惯常性；同时，每一次表演又是特殊情景下的人际互动，表演期间千变万化的即时情景，促使传承人的表演适应具体的情景和听众的要求，根据听众的反应、传承人自己的情绪、时间的限度以及其他随时可能出现的非常因素等，灵活地采取应变措施。总之，在具体的表演过程中，传承人既尊重传统，又根据即时情境有所创新，即传承人在表演中创作。”[②]因此，讲述或表演对民间口头叙事作品的影响还是很大的。

20世纪50年代前，撒尼人演唱《阿诗玛》有多种情境，而大致说来，则不外乎以下数种。

一是生产劳动的场合，生产劳动的场合是《阿诗玛》的一个重要传承场。50年代前，撒尼人常以家庭为单位进行生产劳动：“彝族家庭既是生活单位，又是生产单位，作为农业社会的一个细胞发生着作用。”[③]以家庭为单位的生产劳动繁重、寂寞。于是撒尼人常常在劳动中唱歌，以歌声来减轻劳动的疲劳，以歌声来冲淡劳动中的孤独和寂寞。很多人都注意到了撒尼人劳动的这一特点，而撒尼学者赵德光还对此做了具体的形象的描述：“春天的风里，牛拉着犁铧翻开红土，扶犁的男人亮开嗓子唱：‘得得往前走呀!洋洋转过来’，一甩树枝，喊：‘洋得、得！’在犁垄沟里撒种的女人接着唱：‘春天的花开了，布谷声声唱哩！’接着也喜悦地喊：‘包勒、勒！’这是撒尼人的犁地歌。仿佛它就藏在红土里，被犁铧刚刚翻出来，一片新鲜的土腥味儿。‘青山谁做伴？山鸟来做伴；阿妹谁做伴？阿哥来做伴；姑娘我去放羊，谁能来做伴？羊儿多可爱，是我

① ［美］阿尔伯特·贝茨·洛德：《故事的歌手》，尹虎彬译，中华书局2004年版，第18–19页。

② 刘晓春：《从“民俗”到“语境中的民俗”——中国民俗学研究的范式转换》，《民俗研究》2009年第2期。

③ 路南县情调查组：《中国国情丛书——百县市经济社会调查·路南卷》，中国大百科全书出版社1996年版，第469页。

的好伙伴。’这是放羊的撒尼姑娘在石芽和荒草间寂寞时唱出的歌谣；在撒尼的村寨，没有不能入歌的东西。”[①]

二是青年人的恋爱场合，青年人恋爱的场合也是《阿诗玛》的一个传承场。20世纪50年代前，撒尼地区有一种专供青年人集体居住的公房，青年人白天各自在家里劳动，晚上则聚拢到公房里，一起弹琴唱歌谈恋爱。对此，撒尼学者黄建明有过形象的描述：“每当夜幕降临，男女青年们吃过晚饭后，各自匆匆赶往‘公房’。在‘公房’之间的交往中，一般是男青年到‘女公房’中拜访，女青年们则在‘女公房’中等待男青年们的到来。到女公房后，男青年们弹起月琴、小三弦，吹起竹笛，拉起二胡，女青年们则吹起树叶，共奏一支支和谐的乐曲。尽兴时，男女青年们则跳起‘三弦舞’，乐奏够了，舞跳够了，则转入唱歌的阶段。‘公房’里唱的歌大概可以分为两类：一类是情歌，一类是歌谣和叙事诗。首先唱的是歌谣和叙事长诗，唱到尽兴时才转入情歌阶段。所以有学者把‘公房’喻为撒尼俱乐部。‘公房’中唱的叙事诗包括《阿诗玛》在内，所以《阿诗玛》是千万个撒尼人在不同的场合一代又一代地传下来的，其中‘公房’也是传唱《阿诗玛》的一个重要平台。”[②]

三是各种人生礼仪的场合。50年代前，撒尼人的孩子满月、娶媳妇嫁女儿、婚礼葬礼等都请毕摩来唱《阿诗玛》，有时还进行比赛。

四是节日的场合，节日的场合也是《阿诗玛》的传承场。50年代前，撒尼人的节日较多，不少节日都有唱歌对歌的内容。如三月三，男女青年相约到老圭山共度三天三夜的节日。在这三天三夜里，他们一起唱歌跳舞，谈情说爱。[③]如火把节，火把节在每年阴历的六月二十四日，这也是撒尼人的一个大节日。节日的这天，青年人抬着火把，尽情地唱歌跳舞，寻找对偶。[④]还有密枝节，密枝节在每年的12月10日前后，也是撒尼人的大节日。节日期间人们要集体祭神，祭

① 赵德光：《阿诗玛文化重构论》，中国社会科学出版社2005年版，第78页。

② 黄建明：《阿诗玛论析》，云南民族出版社2004年版，第8–9页。

③ 赵德光：《阿诗玛文化重构论》，中国社会科学出版社2005年版，第71页。

④ 苏夏：《路南圭山区彝族撒尼支社会历史调查》，云南省编辑组：《中国少数民族社会历史调查资料丛刊·云南彝族社会历史调查》，云南人民出版社1986年版，第297页。

神之后全村人都在山上赶雀一天，而青年人则趁机在山上唱歌谈恋爱。[①]

上述这些场合构成了《阿诗玛》独特的演唱情境，不同的情境，自然也就塑造了不同的《阿诗玛》。如赵德光说："《阿诗玛》影响到撒尼人生活的方方面面，至今，我们依然能够在撒尼人的每一人生阶段听到传统的《阿诗玛》曲调和传统的《阿诗玛》片段，人们经常就用这部优秀的撒尼民间叙事长诗代表作来表达自己的内心感情。当女子长大，她们会唱起《阿诗玛》中的绣花调；当女子出嫁，她们会唱起《阿诗玛》中的苦嫁歌。撒尼人就在《阿诗玛》的世界里世世代代繁衍下去。"[②]撒尼学者黄兴也说："用彝语咏唱的《阿诗玛》真正成了民族自己的歌，每一位撒尼人都是歌手，在劳动中传唱，在生活中传唱，采用'喜调''老人调''热调''哭调''骂调'等叙调传唱，因而形成多种大同小异的口述《阿诗玛》。《阿诗玛》的曲调有多种，不同年龄，不同性别的人在演唱不同的唱段时选用相应的唱腔唱调。用彝语传唱《阿诗玛》，已经形成了诗乐一体的模式，有些丰富微妙的情语是靠语言的节奏、韵律和音乐要素来表达的。""彝族叙事长诗《阿诗玛》在长期的口头流传过程中，既可以全体唱，也可以按环境气氛的不同改变唱腔、唱调及选段。青年人在'公房'里唱，老年人在火塘边唱，毕摩在祭祀祈福时唱，中年人下地耕作时唱，生活中的彝族撒尼人能歌善舞。"[③]

总之，受现实环境的多重塑造，《阿诗玛》最终形成了20世纪50年代初期的基本形态。

① 苏夏：《路南圭山区彝族撒尼支社会历史调查》，云南省编辑组：《中国少数民族社会历史调查资料丛刊·云南彝族社会历史调查》，云南人民出版社1986年版，第297页。

② 赵德光：《阿诗玛文化重构论》，中国社会科学出版社2005年版，第83页。

③ 黄兴：《论少数民族地区非物质文化遗产的抢救保护——以石林彝族撒尼语口传叙事长诗〈阿诗玛〉为例》，云南省文化厅：《云南省首届非物质文化遗产学术研讨会论文集》，云南科技出版社2008年版，第222页。

第三章　一次由政治主导的文化重构

20世纪50年代初期，《阿诗玛》经历了一次较大规模的重构，充分解剖这次重构，对我们了解文化的变迁，特别是民间口头文本的重构和传承是非常有意义的。

一、20世纪50年代初期的民间文学搜集整理

20世纪50年代初期，国内曾有过一个非常重视挖掘整理少数民族民间文学的时期，这从以下的标致性事件中可见一斑。

首先是1950年3月29日，中国民间文艺研究会在北京成立，郭沫若任理事长，老舍、钟敬文任副理事长。成立大会上通过了“中国民间文艺研究会章程”和“征集民间文艺资料办法”。章程确定它的宗旨是：“本会宗旨，在搜集、整理和研究中国民间的文学、艺术，增进对人民文学艺术遗产的尊重和了解，并吸收和发扬它的优秀部分，批判和抛弃它的落后部分，使有助于新民主主义文化的建设。”中国民间文艺研究会是全国性的机构，它成立后不久，各省市也相继成立了同性质的协会。中国民间文艺研究会成立以后，广泛发动会员搜集我国民间的一切文艺资料，包括民间文学、民间绘画、图案、雕塑和建筑艺术、民间音乐、民间戏剧和民间舞蹈。同时，创办了不定期刊物《民间文艺集刊》，发表民间文学和艺术的各种资料及研究、评论、介绍、调查等文章，还有少量翻译作品和理论。中国民间文艺研究会的成立，有力地推动了全国性的民间文学与文艺的搜集整理。

其次是1956年，全国人民代表大会民族事务委员会制定的“关于少数民族地区调查研究各民族社会历史情况的初步规划”，实际上也推动了民间文学的

搜集整理。这个规划制定后，1956年8月，内蒙古、新疆、西藏、四川、云南、贵州、广东、广西8个少数民族调查小组相继组成，并分赴各地开展调查工作。受此影响，1956年8月，中国科学院文学研究所和中国民间文艺研究会共同组成联合调查采风组，由毛星带队，文学研究所有孙剑冰、青林，民间文艺研究会有李星华、陶阳和刘超参加，到云南少数民族地区进行调查。

最后是1958年的新民歌运动。因生产“大跃进”的激发及党中央的号召，全国掀起了一个搜集新民歌的运动。这个运动最早在云南兴起，随后全国很多地方都开始跟进。1958年4月14日，《人民日报》发表了《大规模地收集全国民歌》的社论，社论指出，这些社会主义的民歌生动地反映了我国人民生产建设中波澜壮阔的气势，表现了劳动群众社会主义热情的高涨，表达了群众建设社会主义的高尚志向和豪迈气魄，是现实主义和浪漫主义相结合的好诗。社论同时指出，大规模地收集全国民歌是绝不可少的一项工作。不仅如此，社论还特别指出：“我们还要注意发掘尚有踪迹可寻的历代口传至今的歌谣宝藏，使它们不致再消失。”社论发表之后，全国迅速掀起了搜集民歌的热潮，并出版了大量民歌集。除《红旗歌谣》《民歌一百首》《工矿大跃进民歌选》《农村大跃进民歌选》《部队跃进民歌选》等影响较大者外，据统计，仅全国各省市一级以上铅印出版的民歌单行本，就有近800种之多，印数达数千万册以上。

搜集整理民间文学热潮在这个时期产生有其内在的原因。有学者提出，这个热潮的出现与20世纪50年代初期国家所进行的民族国家的构建的努力紧密相关。①其实，早在1942年，毛泽东在《在延安文艺座谈会上的讲话》中就提出，革命的文艺工作者要站在无产阶级的立场上，以自己的创作为人民服务。为此，革命的文艺工作者必须转变思想感情，认真学习工农兵大众的语言，在思想感情上和工农兵大众打成一片，并且还必须到群众中去，必须长期无条件地全心全意地到工农兵群众中去，到火热的斗争中去，了解和熟悉工农兵大众的生活，了解和熟悉工农兵大众的思想感情，只有这样才能更好地为人民服务。在这篇讲话中，毛泽东已经非常明确地表现出了要创造一种从思想内容到艺术形式都区别于过去时代的旧文艺的新文艺的思想倾向，并且，这种新文艺

① 李晓峰：《论中国当代少数民族文学话语的发生》，《民族文学研究》2007年第1期。

在内容上是人民的、革命的，在艺术形式上是广大人民群众喜闻乐见的。毛泽东的讲话极大地改变了中国文艺的发展方向，客观上也推动了人们对民间文艺的重视，因为民间文艺天然地具有群众喜闻乐见的形式，在内容上，也区别于传统的由文人所创造的文艺，天然地具有人民性。实际上，正是受此影响，主张民间文学是文学的源头的"民间文学源头论"才得以出现，并成为20世纪五六十年代中期文学史的基本理论，对民间文艺的挖掘与利用也才得到空前的重视。

不仅如此，由于这个热潮是在毛泽东《在延安文艺座谈会上的讲话》的指引下产生的，是国家构建新的民族国家的努力的一部分，因此，民族国家不仅直接参与了这个热潮，而且，这个热潮，以及在这个热潮中对民间文艺，包括少数民族民间文艺的搜集与整理，就具有特别强烈的民族国家的意识形态色彩。这一点，已被很多学者所注意到，并且有学者，如李晓峰、毛巧晖等，专门撰文予以阐述。[①]可以说，民族国家直接参与、搜集整理都具有浓厚的民族国家的意识形态的色彩，这也是这个热潮的一个突出特点。

二、由政治主导的一次搜集

20世纪50年代初期《阿诗玛》的搜集整理是在国家意识形态的推动下进行的。

（一）意识形态与搜集《阿诗玛》想法的提出

在今天看来，对撒尼人的叙事长诗《阿诗玛》进行搜集整理，这样的想法在当时出现，看似偶然，实际上有着必然性。对出于何种原因和目的去搜集整理《阿诗玛》，当时的搜集整理者们曾有过回答——他们是因为这个撒尼人的作品美但又有不足而去搜集整理它，"它来自和活在群众之中，并在群众的思想和日常生活、风俗习惯之中，产生了巨大的影响。故事经过长久的历史的累积，

① 李晓峰：《论中国当代少数民族文学话语的发生》，《民族文学研究》2007年第1期；毛巧晖：《国家话语与少数民族民间文学资料搜集整理——以1949 年至1966 年为例》，《广西民族师范学院学报》2012年第2期。

又在阶级斗争及撒尼人民生活之中逐渐得到发展，并渐趋于完整，把它整理出来并流传下去，是非常必要的”。[①]“一方面是由于《阿诗玛》的强烈诱惑力，它就像高尔基所形容的，像‘一股股清新的甘泉’；一方面也由于《阿诗玛》本身还未完全定型，它在流传中存在着捉摸不定，甚至混乱和不够完整、健康、优美的地方，也迫使我们做一些去芜存菁、去伪存真的工作。”[②]“整理的目的，是指导那些变异性的材料写定下来，作为一个艺术品再与群众见面，使娓娓动听的《阿诗玛》更趋完美。”[③]当然还有更直接的原因，黄铁说：“当时我们也还有一个想法，是想将《阿诗玛》大致固定后，把它作为一个文学胚胎，提供文艺工作者向民族民间文学学习和借鉴参考，并使他们在创作或将《阿诗玛》改编成其他文学样式时，有了足够的养料和根据。”[④]公刘说：“起初，目的是创作一部歌剧，作为继京剧《阿诗玛》以后的再一次试验。因此，参加工作组的十位同志中间，包含了文学、音乐、舞蹈各方面的专门人才。”[⑤]这些说法当然是可信的，但仔细思考之后，又让人感觉这些搜集整理者并没有把真正的原因或想法讲出来。

这里有两个问题，其一是，这些搜集整理者为什么选中《阿诗玛》？其二是，这种搜集整理为什么是20世纪50年代初期？这两个问题看似偶然，实际上并不偶然。

首先是第一个问题。正如搜集整理者所说，《阿诗玛》这个作品在他们搜集整理前已得到了一定程度的发掘：“这首诗，以前就经个别同志片断翻译介绍过。引起云南领导注意，并嘱咐必须认真严肃地对待此一发掘整理工作，是在军区京剧团《阿诗玛》彩排演出后，当即由云南省人民文艺工作团组成一个小

① 黄铁：《〈阿诗玛〉第一次整理本序言》，赵德光：《阿诗玛研究论文集》，云南民族出版社2002年12月版，第2页。

② 黄铁：《〈阿诗玛〉——“我们民族的歌”》，赵德光：《阿诗玛研究论文集》，云南民族出版社2002年12月版，第172页。

③ 黄铁：《〈阿诗玛〉——“我们民族的歌”》，赵德光：《阿诗玛研究论文集》，云南民族出版社2002年12月版，第176页。

④ 黄铁：《〈阿诗玛〉——“我们民族的歌”》，赵德光：《阿诗玛研究论文集》，云南民族出版社2002年版，第172页。

⑤ 公刘：《被遗忘了的平反——〈阿诗玛〉琐忆》，《战地》1981年第2期。

组，共有十人，其中包括文学、音乐、舞蹈、资料等人员，到撒尼人聚居区——路南县圭山区进行发掘工作，时间是1953年5月。”[①]但为什么云南领导同志在看过军区京剧团的彩排后立刻就能注意并决定要组织人员去进一步发掘呢？这肯定与《阿诗玛》这一作品本身的特点是分不开的。因手头资料的缺乏，我们现在只能通过一些间接的资料来了解当时云南领导同志所看的军区京剧团彩排的《阿诗玛》的基本情况。据《中国戏剧》1958年第8期所刊登的徐沙的《有意义的尝试——评京剧“阿黑与阿诗玛”和“三座山”的演出》一文可知，云南军区国防京剧团所演出的京剧《阿黑与阿诗玛》，基本情节仍是热布巴拉的抢婚：“裘世戎扮演的热布拜（撒尼的地主和获治者）采用了一些京剧‘黑头’的表演技巧，变化运用在这个人物身上，看来干净、有鲜明的节奏，人物性格突出。当阿诗玛再三不愿意嫁给他的儿子时，他在音乐声中，心中发怒，然而外表平静地缓缓地走出台来。这样的出场是合乎身份的，因为在热布拜看来，这就是他的王国，他对阿诗玛这样一个弱女子，何需张牙舞爪龇牙咧嘴。他只用这种含而不露的气势去说服、争取、恐吓阿诗玛。可是他一发现这种方法无效时，就出人不意地在阿诗玛背上猛烈一击，阿诗玛被击倒地。热布拜的这一击，配上音乐，获得了强烈的效果，使观众震惊。就这个动作，表现了这个憨霸地主的阴毒凶狠。他仍然很冷静，并没有从此暴跳如雷，似乎在告诉阿诗玛，我不过拿你‘试手’，你若不从，厉害的还在后面。作为一个演‘黑头’的京戏演员，创造这样一个角色，并不是轻而易举的。原有的技术必然要加以变化和发展，以适合于人物性格的需要，使人看到一个具体的撒尼地主。这一点他是做到了的。”“金素秋扮演阿诗玛的长处在于朴素自然。她特别在传统表演技巧和生活动作的衔接方面，比较用了功夫，动作比较有生活味。道白上采用了半韵白，说有韵吧，不像京戏的念白那样夸张；说没有韵吧，又比生活中的语言鲜明、洗练。这种念白，一方面使语言和生活更接近，另一方面又和舞蹈动作相调和。有几处她表演得很有层次，比如海惹抢亲那一场，当她看见四个打手来抢她时，她先还克制不了少女的惊恐和羞恼，不自觉地躲在父母的身后，当海惹逼得

① 黄铁：《〈阿诗玛〉第一次整理本序言》，赵德光：《阿诗玛研究论文集》，云南民族出版社2002年版，第1-2页。

更紧的时候，阿诗玛很自然地从父母身后转了出来，这个动作造成一个静止，使这场戏达到了高潮，凶恶的海惹在她的目光下，不自觉地退后几步，在勇敢起来的阿诗玛面前变成了一个胆怯和渺小的人。不过这个人物的创造还使人感到朴素有余，加工不足，缺乏少女应有的光彩。我们从原诗中体会到，这个人物是个天真的少女，纯洁、热情而富有智慧。目前的处理，稍嫌成熟了些。她应当看起来比阿黑还要小，是生活在母爱和姐妹们中间的一朵鲜嫩的花，这样一个女孩能够在敌人面前站立起来，就会更引人同情。”[①]因此，地主阶级对农民的迫害——抢婚，是这个作品的基本内容。这样的内容显然是有极强的意识形态性的。打动云南领导同志的，应该就是这一点。由此可见，《阿诗玛》被选为发掘的对象不是偶然的，它与当时的意识形态有着密切的联系。

其次是第二个问题。中华人民共和国成立后，旧的国家意识形态与新的国家体制显然是不相适应的，不适合新的国家的需要。为了从思想上实现对全国的领导，建立一种新的国家意识形态势在必行。新的国家意识形态的建构，先要解决的是有的问题，接着是如何让国民接受的问题。马克思主义、毛泽东思想无疑是新中国意识形态的核心。这种意识形态，中国共产党早已有之，因此，问题只在于如何让国民都接受这种意识形态。过去，有学者认为，中国共产党的新的国家意识形态建构主要是通过对电影《武训传》的批判，对俞平伯《红楼梦》研究唯心论思想的批判，对“胡适派”唯心论的批判，以及对胡风文艺思想的批判来实现的。这种认识是不正确的。上述事件充其量只是中国共产党在新的国家意识形态建设中出现的插曲，是个别性的事件。实际上，对于新的国家意识形态的建构，中国共产党成竹在胸，有一整套系统完整的策略。因为接受一种新的意识形态是思想问题，因此，中国共产党也主要以思想教育的方式来完成新的国家意识形态的建构。

一是知识分子的思想改造。

知识分子的思想改造运动从1951年下半年开始。1951年9月下旬，北京、天

① 徐沙：《有意义的尝试——评京剧“阿黑与阿诗玛”和“三座山” 的演出》，《中国戏剧》1958年第8期。

津地区20所高等院校教师3000人，自觉地开展了一场马列主义毛泽东思想的学习运动。同时开展批评和自我批评，达到改造世界观、改造高等教育的目的。这一学习运动的发起，成为全国知识分子思想改造运动的起点。知识分子的这一自觉改造思想的行动得到了毛泽东的充分肯定，同年冬，全国各级各类学校普遍开始了知识分子的思想改造工作。

全国知识分子的思想改造工作一般由学习动员、开展批评和自我批评、（组织）清理和总结三个阶段组成。在“学习动员”阶段，大家主要是学习马克思列宁主义、毛泽东思想的基本理论，此外也学习时事政策、《共同纲领》和中共中央、各大行政区的重要文件。在“开展批评和自我批评”阶段，主要是用批评和自我批评的方法克服错误思想，清除帝国主义、封建主义的反动思想残余，划清敌我界限，树立为人民服务的思想。在“（组织）清理和总结”阶段，则根据中共中央《关于在高等学校进行思想改造与清理“中层”的指示》，依靠一批刚培养出来的骨干和积极分子进行系统的组织清理，并开展忠诚老实运动，号召个人向党组织和政府老实交代自己的历史，检举自己知道的反革命分子，以达到从政治上、组织上分清敌我、纯洁队伍的目的。

1952年夏，知识分子的思想改造运动进入尾声。1952年秋天，全国范围的知识分子思想改造运动基本结束。

二是农民、职工的政治思想教育。

20世纪50年代初期，国家重视对农民、职工进行政治思想教育。这种教育，往往以业余的形式，与文化学习相结合。对农民的教育起步于1949年年底，主要以冬学的形式进行。1949年12月，教育部发出《关于1949年冬学工作的指示》，要求全国各地普遍推行冬学，随后各地农村即积极开展了冬学运动。冬学教育的内容包括政治教育和文化教育两个方面。“政治教育主要是对农民群众进行时事政策教育和思想政治教育，其内容随着国内外政治形势的变化而变化。1949年冬学政治教育的基本内容是向农民群众宣传新中国诞生的伟大意义，解释人民政协的共同纲领；1950年、1951年冬学政治教育的基本内容是向农民群众进行抗美援朝爱国主义的教育，同时进行关于土地改革、民主改革、生产互助等政策教育；1953年则是宣传国家过渡时期的总路线和总任务；1954年则主要是宣传新宪法和粮食统购统销政策。”[①]参加冬学的农民很多，据统计，从1950年起，各年参加冬学的农民人数分别达到2500万、3500万、4885万、1900万人。[②]

对职工的教育也起步于1949年年底，主要以业余教育、补习教育的方式进行。1949年12月召开的第一次全国教育工作会议即强调要大办工人补习教育。1950年6月政务院又专门发出《关于开展职工业余教育的指示》，要求各工厂企业采取多种多样并能经常保持的方式开展职工业余教育。职工业余教育、补习教育也在学习文化的同时学习政治和时事。“建国初期在对职工群众进行文化教育的同时，也加以政治时事教育。当时大多以政治启蒙教育为主，例如‘劳动创造世界’的道理，‘一边倒’的外交政策，‘工农联盟当家作主人’的思想。从1951年起，还在工人群众中进行了系统的共产主义与共产党的政治理论学习。1953年过渡时期总路线公布后，又在广大职工群众中开展了以社会主义为主题的政治学习。”[③]据统计，1950年9月第一次全国工农教育会议时，全国参加业余文化学习的职工有764199人，1951年9月增至1718246人，而到1952年9月时达到了3020299人。[④]

三是以国民教育的方式进行国家意识形态建构。

学校是青年受教育的场所，而青年又是国家的未来和希望，因此，对青年进行政治思想教育是20世纪50年代初期国家进行新的意识形态建构的一个重要领域。国家对这块工作非常重视。首先，中共中央于1951年11月下发了《关于在学校中进行思想改造和组织清理工作的指示》，对各级学校及教育机关中的国民党党团组织予以取缔，对旧学校中的训导制度予以取消，对国民党的政治课程予以废除。其次，中共中央又于1952年5月发出《关于在高等学校中进行批判资产阶级思想运动和准备进行清理“中层”工作的指示》，要求在所有大中小学校的教职员和高中以上的学生中开展“思想改造工作”，并以此为基础，在这些人当中组织“忠诚老实交清历史”的运动，清理其中的“反革命分子”，从

① 吴敏先、方海兴：《论建国初期的工农教育》，《当代中国史研究》1998年第3期。
② 《中国教育年鉴（1949—1981）》，中国大百科全书出版社1984年版，第603页。
③ 吴敏先、方海兴：《论建国初期的工农教育》，《当代中国史研究》1998年第3期。
④ 林汉达：《三年来的工农业余教育》，《人民教育》1953年1月号。

思想上、政治上和组织上清除学校中的“反动遗迹”。最后，国家教育部于1952年10月发出了《关于全国高等学校开设马列主义、毛泽东思想课程的指示》，规定各高等院校要开设“新民主主义论”“辩证唯物主义与历史唯物主义”等课程。此后，全国各级各类学校也相应地开设了此类课程。经过这些努力，全国的各级各类学校普遍建立了负责对青年学生进行政治思想教育的党、团组织，开设了如“新民主主义论”“马列主义基础”“政治经济学”等马列主义政治理论课程，建立了政治工作制度，新的国家意识形态于是在各级各类学校中得到了普遍的认同与接受。

20世纪50年代初期，新的国家意识形态的建构引发了中国社会的深刻变迁，这种变迁，浅层的是对共产党及领袖毛主席的崇敬，对社会主义制度的热爱。深层的则是人民思想意识的深刻变化，包括对唯物主义的信仰和对传统宗教信仰的放弃。

对共产党及领袖毛主席的崇敬，对社会主义制度的热爱，可从人民发自内心的肺腑之言中看出来。如土改后武昌农村流行的小调：“你说呀什么花，开花像太阳？什么人离不了爹和娘？什么人拥护了共产党？我说葵花像太阳，小孩子离开不了爹娘，老百姓拥护共产党。你说呀什么花，开花穿在身？什么是天空放光明？什么说话记在心？我说呀，棉花开花穿在身，太阳空中放光明，毛主席说话记在心。你说呀什么花，开花铺满山？什么人领导除封建？什么人团结把身翻？松树开花铺满山，农会领导除封建，中贫农团结把身翻。”[①]又如湖南零陵株山乡农民蒋德先说：“人民政府真是我们的政府，毛主席真是我们的大救星。今年搭帮毛主席、共产党领导我们翻了身，搞生产，才得了大丰收。大家为巩固自己的翻身，争取更大的幸福，要踊跃缴纳爱国公粮。”伍宗元红光满面地说：“我香也不烧了，神也不供了。我新分的堂屋里，要挂一张毛主席的像。早晨起来看看他，晚上睡觉也看看他。”[②]

对唯物主义的信仰和对传统宗教信仰的放弃则体现在人们的宗教意识

① 彭枫：《武昌农村的新气象》，《大公报》1950年8月3日。

② 龙先礼、王守仁等：《一切都变了样——记土地改革后的零陵株山乡》，《新湖南报》1951年9月28日第2版。

观念的淡薄以至消失。这种现象不难理解，因为民间信仰包括三个层面：物质层面——包括庙宇、寺院、道观、祠堂等进行信仰活动的场所，信仰组织赖以生存、信仰活动赖以进行的财产，如庙田、祠堂公田等；制度层面——包括香会、庙会、灯会等信仰组织，以及近于制度化的各种信仰活动等；意识观念层面——如佛教、道教及多神信仰等。人们的传统宗教信仰属于意识观念层面。土地改革运动后，民间信仰的物质层面的东西，包括庙宇、寺院、道观、祠堂、庙田、祠堂公田等已经锐减。而制度层面的香会、庙会、灯会等因其浓厚的迷信色彩而在破除封建迷信的过程中被取缔。民间信仰作为一种文化现象是一个整体，缺少了物质层面和制度层面的文化表征，意识观念层面的文化自然就走向衰微、淡薄乃至消失。

在这种大背景下，在1953年5月的时候，云南领导同志决定对《阿诗玛》进行搜集整理，这不是巧合，也绝非一时的心血来潮，是经过深思熟虑的。

由此可以断定，当年云南省决定进一步搜集整理《阿诗玛》，真正的用意是为国家的意识形态建构服务。

（二）由政府主导的搜集

《阿诗玛》的搜集，亲历者有比较详细的记述，这让我们能得以了解当时的情况。如杨知勇的回忆：

工作组成员大多数参加过中共地下党领导的农村革命武装斗争和土地改革，长期在少数民族地区生活，对少数民族的生活比较熟悉，也比较有感情，因而工作队来到撒尼人聚居的额冲衣村很快就和当地群众打成一片，建立了比较深的感情。相隔50年之后回想起当年与他们相处的情景。那热情相处，真诚相待的场面和细节依然萦绕于心。在我们由额冲衣村转移到另一个撒尼村寨哑巴山的时候。全村群众聚集村口给我们送行。一群青年则陪我们走了二三里路，经我们反复劝阻，他们才停下来，但却爬上一个较高的山头，目送我们远去。后来得知，直到看不到我们的背影，他们才依依离去。很可惜，这些场景，有的没有拍下来，有的已经丢失。

由于我们与撒尼群众相处感情甚深，所以搜集的资料比较丰富，两个半月时间，共搜集到关于《阿诗玛》的不同传说20份，三百来首民歌和许多民间故事。

对于传说的搜集，我们确定了这样一个方针，尽可能做到全面搜集。我们所说的全面，包括两个方面：首先，争取将《阿诗玛》的传说尽可能全面搜集，不管其内容是否健康，主题思想是否矛盾，情节差别是否大，凡是能搜集到的都要搜集起来。其次，凡是与《阿诗玛》传说有关联的东西，如政治经济情况、宗教信仰、婚姻制度、风俗习惯，《阿诗玛》与群众的关系，以及其他民间传说、山歌、民谣、音乐舞蹈等，要尽可能地搜集起来。因为任何一个民间传说不可能孤立存在，它必然与该民族的社会形态、宗教信仰、人生礼仪和婚姻制度密不可分，离开了这些，就无法理解《阿诗玛》当中的一些问题，无法理解它何以会这样被撒尼人民所热爱。因此，我们对这些方面也作了调查。[①]

又如刘绮的回忆：

我们遵循“一切有出息的文艺工作者必须到生活中去”的教导，与撒尼人民同劳动、同生活、同学习，从学撒尼语言开始，清晨赶着牛羊上山，在贫瘠的土地上种玉米、撒荞子，吃疙瘩饭，喝山泉水。晚上围坐在火塘边，学习党的政策，月光下和撒尼青年一起唱歌跳舞，这样，我们逐渐对撒尼人民的社会形态，经济状况，风俗习惯有了初步的了解，并深深地爱上勤劳勇敢的撒尼人民，更为他们优秀的《阿诗玛》所吸引。[②]

如今考察《阿诗玛》的搜集过程，让人印象特别深刻的地方还有这次搜集工作的政府色彩。浓厚的政府色彩给这次搜集工作打上了深深的烙印。

首先，这个由十人组成的搜集小组是由党委政府方面派遣的。正如黄铁在《〈阿诗玛〉第一次整理本序言》中说的那样，这个小组的派遣是由云南省领导决定的，又由云南省人民文艺工作团组建。云南省人民文艺工作团尽管只是一个文艺单位，但新中国的这些艺术社团都有强烈的官方背景，是政府领导下的一个工作部门，它的政府色彩是不言而喻的。

其次，搜集者也具有政府的身份背景。黄铁在《〈阿诗玛〉第一次整理本序言》中说，由云南省人民文艺工作团组成的一个小组共有10人，但没有列出这10

① 杨知勇：《〈阿诗玛〉的诞生——搜集整理〈阿诗玛〉50年来的回顾》，赵德光：《阿诗玛国际学术研讨会论文集》，云南民族出版社2006年版，第9-10页。

② 刘绮：《50年后再忆〈阿诗玛〉长诗的搜集整理》，赵德光：《阿诗玛国际学术研讨会论文集》，云南民族出版社2006年版，第19页。

人的名字。公刘完成于1954年8月的《〈阿诗玛〉的整理工作》一文，10人的小组的名单如下：杨知勇、刘绮、杨瑞冰、马绍云、朱虹、徐守廉、杨放、杨戈、杨素华。但却只有9人。[①]在完成于1979年的第二次整理本的序言里（杨知勇执笔），这个名单的后面多了陈士雄[②]，应该说这是10人小组的完整的名单了。但当年的搜集整理者们对这个小组的人数似乎也不大确定，如黄铁在完成于1978年10月的《〈阿诗玛〉——"我们民族的歌"》一文中说，圭山工作组有9人。[③]刘绮在一篇完成于2004年的文章中也说："当时给我们圭山工作组的任务是创作歌剧《阿诗玛》，因此我们组成了包括文学、音乐、舞蹈、资料共9人的创作组。"[④]当年这个小组到底是9人还是10人，现无法考证，但这些人都有政府背景则是无疑的。如黄铁任云南省委宣传部文艺处处长，杨知勇为省文工团副团长，其余的人尽管无法一一考证他们的身份，但都是省文工团的人无疑。因此，搜集者是具有政府的身份背景的。

最后，在党委政府的指导下搜集。《阿诗玛》搜集小组不仅是政府派出的，成员都具有政府方面的背景，在具体的搜集工作中，还得到了政府的具体指导。搜集小组的组长刘绮在回忆当年的搜集工作时曾说："我们当时住在额冲衣村，又到哑巴山（今月湖村）、和合、哥冲里、糯黑、亩竹箐、板田、西山、小圭山9处进行工作，共搜集到20份口述材料，以及小圭山毕老师收藏在夹墙里的彝文本，当我们向云南省委宣传部汇报后，嘱咐我们先将文学部分发掘整理定稿。"[⑤]

三、由政治主导的整理

《阿诗玛》的整理是在国家意识形态的指导下进行的，其成果也就打上了

① 公刘：《〈阿诗玛〉的整理工作》，《文艺报》1955年第12期。

② 黄铁、杨知勇、刘绮、公刘（杨知勇执笔）：《〈阿诗玛〉第二次整理本序言》，《民间文学》1996年第3期。

③ 黄铁：《〈阿诗玛〉——"我们民族的歌"》，赵德光：《阿诗玛研究论文集》，云南民族出版社2002年12月版，第173页。

④ 刘绮：《50年后再忆〈阿诗玛〉长诗的搜集整理》，赵德光：《阿诗玛国际学术研讨会论文集》，云南民族出版社2006年7月版，第19页。

⑤ 刘绮：《50年后再忆〈阿诗玛〉长诗的搜集整理》，赵德光：《阿诗玛国际学术研讨会论文集》，云南民族出版社2006年7月版，第20页。

非常鲜明的国家意识形态的烙印。

（一）整理的标准和方法——具有鲜明时代色彩的整理

关于《阿诗玛》的整理，直接参与的同志有过这样的介绍。

“在圭山区经过两个半月的深入生活，并与群众建立感情和全面搜集、了解材料的过程，共收集到《阿诗玛》传说二十份及其他民间故事三十八个，民歌三百多首。同时并对撒尼人的政治、经济、文化生活、风俗习惯、婚姻制度、民族性格等方面，也作了一些调查，才开始进入第二个阶段，就是对《阿诗玛》原始材料的研究和讨论阶段。这个时期大约有半个月的样子，除了仔细地将其资料分成六类，详加分析外，其中着重地讨论了七个问题：如对故事的主题思想、传说特点、历史的演变发展过程以及人物、语言、形象、结构、表现方法和那些属于人民性、封建性的部分，都作了研究。最后集中讨论了如何整理加工的问题，在对整理的态度、方法、要求、目的四个基本原则有了统一的认识后，才开始进入第三个阶段——综合整理的阶段。经过两个月的工作，大改三次，才将原稿拿出来。到1953年10月，由云南省文联创作委员会及有关领导召开了两次座谈会，经过云南省党、政部门的许多负责同志及文艺界同志们的指导与帮助，特别是省人民政府郭影秋副主席亲自修改作为样板以后，才进入初稿修改的阶段，即第四个阶段，临时，军区文化部公刘同志也参加了这一工作。最后，经省委宣传部袁勃副部长及军区文化部冯牧副部长校正后，才算定稿。这样，《阿诗玛》长诗经过发掘、分析研究、综合整理，直至最后修改定稿四个阶段，共费时半年，才算最后告一段落。”①

这是黄铁在《〈阿诗玛〉第一次整理本序言》中说的。黄铁等人后来对《阿诗玛》还有第二次的整理，在第二个整理本的序言中，对当年他们的整理有更详细的介绍：

尽管我们毫无经验，但我们并没有在整理《阿诗玛》这一困难、复杂的事物面前畏缩不前，毛主席的教导给我们指明了方向：“中国的长期封建社会中，创造了灿

① 黄铁：《〈阿诗玛〉第一次整理本序言》，赵德光：《阿诗玛研究论文集》，云南民族出版社2002年版，第1–2页。

烂的古代文化。清理古代文化的发展过程，剔除封建性的糟粕，吸收其民主性的精华，是发展民族新文化提高民族自信心的必要条件，但是绝不能无批判地兼收并蓄”。这就是我们当时整理工作中唯一的指导思想。①

在动手进行整理之前，我们先根据二十份异文和有关材料就下述几个问题进行了研究讨论：(1) 故事的演变过程（包括时代背景）；(2) 故事的主题思想；(3) 人物形象；(4) 传说特点；(5) 哪些是人民性部分，哪些是封建性部分；(6) 语言、文字、表现方法、结构、风格；(7) 如何使整理工作做到既不违反撒尼人民的愿望，离开其文字传统和生活真实，而以我们的偏好去取而代之，又能做到使撒尼人民真正的思想在保持民族特色的基础上得到出色的艺术再现。对上述问题进行逐项讨论反复明确之后，即将二十份异文全部打散、拆开，按故事情节分门别类归纳，剔除其不健康的部分，集中其精华部分，再根据突出主题思想，丰富人物形象，增强故事结构等的需要进行加工、润饰、删却和补足。②

这些介绍在今天看来弥足珍贵，因为它传达了许多当年整理这个作品的信息。从这些介绍里，我们至少知道：

第一，云南的领导同志对整理工作的重视。这从云南省文联创作委员会及有关领导召开了两次座谈会讨论，云南省党、政部门的许多负责同志及文艺界的同志们积极参与，特别是云南省人民政府副主席郭影秋亲自修改，云南省委宣传部袁勃副部长及军区文化部冯牧副部长亲自校正等看出来。

第二，整理的指导思想。按亲历者的介绍，整理的唯一指导思想是毛泽东同志关于如何发展民族新文化的思想。

第三，整理的方法。按亲历者的介绍，整理采用的是一种“总和”的方法，即将各种异文打散、拆开，再根据需要重新加工、润饰、删却和补足的方法。

最后还有一点，就是他们按照他们的标准，保留、突出了原作中精华部分，而把原作中的不健康的部分予以剔除。现在的问题是，原作中的哪些部分是精华部分？哪些部分是不健康的部分？他们的判断标准是什么？他们判断精华与

① 黄铁、杨知勇、刘绮、公刘（杨知勇执笔）：《〈阿诗玛〉第二次整理本序言》，《民间文学》1996年第3期。

② 黄铁、杨知勇、刘绮、公刘（杨知勇执笔）：《〈阿诗玛〉第二次整理本序言》，《民间文学》1996年第3期。

糟粕的标准无疑就是毛泽东所说的民主性的东西是精华，封建性的东西是糟粕的标准。具体到《阿诗玛》这个作品中精华和糟粕又各是什么呢？在第二个整理本的序言中，整理者们有如下的叙述：

二十份异文中就有这样几种主题思想：（1）控诉媳妇被公婆和丈夫虐待的痛苦；（2）反抗统治阶级的婚姻掠夺，追求幸福自由；（3）维护传统习俗；（4）显示女方亲人的威力，使公婆、丈夫不敢虐待；（5）羡慕热布巴拉家的富有，阿诗玛安心地在他家生活（如第四号材料阿黑对阿诗玛说："自己家无山无树，热布巴拉家有山有树，可以安定下来。"）；（6）阿诗玛变成抽牌神，群众耳鸣是因为阿诗玛作怪，责备她死后不应该变成恶神。别林斯基把民间创作看作人民的世界观的体现，他说："人民性已经成为一切诗歌作品及诗的荣誉的试金石和最高的准绳。"《阿诗玛》这部民间文学的人民性表现在哪里？撒尼人民通过它表现的世界观是什么？也就是说：整理者应该怎样根据原始材料反映的不同观点来确定他的主题思想？这是必须首先解决的问题。整理一部民间文学，必须用历史唯物主义的观点，从差异很大甚至完全对立的观点中分析出哪种观点在当时的历史条件下体现了人民的世界观，表达了该族人民的爱和憎，并据此确定它的主题思想，绝不能按原始材料的比例数字或单纯依靠学究式的考证来确定主题思想。经过反复的分析研究，以及和撒尼群众共同探讨，我们认识到，撒尼人民对于"种着山地住着房"的格路日明夫妇（阿诗玛父母）洋溢着本阶级的自豪和赞赏：

格路日明家，
花开蜜蜂来，
嗡嗡的叫嚷，
忙着把蜜采。

对于"金银马蹄大，牛羊遍九山"的敌对阶级代表人物热布巴拉则充满鄙弃和仇恨：

热布巴拉家，
有势有钱财，
就是花开蜂不来，
就是有蜜蜂不采。

撒尼人民之所以热爱阿诗玛和阿黑，是因为他们的行动体现了撒尼劳动人民的愿望和意志，体现了撒尼劳动人民的崇高品德；之所以仇恨热布巴拉父子和那个充当帮凶的“普天下的官”——海热，是因为他们的财富是抢来的不义之财，是因为他们依仗权势，依赖神权迫害了阿诗玛；而这一切，和撒尼人民的政治情况是密切联系着的。尽管反映这一主题思想的材料，在原始材料中占的比例不大，但我们从中看到它的巨大的思想意义。看到它灼人的光辉，看到撒尼人民的愿望和理想，所以，我们排除了其他主题思想，把反抗封建统治阶级的婚姻掠夺，争取自由幸福作为这一作品的主题思想。①

从这一叙述中不难知道，整理者把原作中的斗争的内容当作精华予以突出，而把与此无关的，尤其是羡慕热布巴拉富有的内容，以及责备阿诗玛的内容作为糟粕剔除掉了。这些情况说明，《阿诗玛》的整理极富时代色彩，是向着特定的方向进行整理的。

以上对《阿诗玛》的整理的考察，足以说明，20世纪50年代初期的《阿诗玛》的整理是在党和政府的密切关注下，向着特定的方向整理的。

整理结束后，《阿诗玛》于1954年1月30日、2月6日、2月13日在《云南日报》“文艺生活”栏目上连载。《阿诗玛》的发表标志着一个新的《阿诗玛》的诞生，《阿诗玛》重构完成。

（二）两种《阿诗玛》比较

经整理的《阿诗玛》与撒尼民间传承的《阿诗玛》的差异还是非常大的。尽管《阿诗玛》是撒尼人创作的奇葩，在撒尼民间也历经很长时间的流传，有很高的艺术性，但质朴仍然是它突出的特点。所谓质朴，说得更直率一点就是粗糙。这种粗糙表现在各个方面，如叙述的三言两语，自相矛盾；演唱的前后不连贯；情节的不完整，甚至无头无尾；语言的粗粝，等等。但经整理的《阿诗玛》显然是经过精心雕琢的，不仅人物形象生动突出，情节完整，而且语言精练，读起来也朗朗上口。两者间朴野与精细的差别是非常鲜明的，这不必多言。

① 黄铁、杨知勇、刘绮、公刘（杨知勇执笔）：《〈阿诗玛〉第二次整理本序言》，《民间文学》1996年第3期。

除此以外，两者的差异还表现在如下方面。

首先，多版本与单一版本的差异。在黄铁他们之后也对《阿诗玛》进行过整理的李广田曾说：“据估计，《阿诗玛》的异文恐怕不止这二十种，假如再把调查的地区放宽一些，再深入下去，假如调查者还能直接用撒尼人的语言去进行工作，一定能够得到更多更宝贵的材料，如果这样，就可能整理出更令人满意的诗篇。”[①]的确如此，党的十一届三中全会后，云南学者李缵绪“在短短几年中，就搜集到二十份新资料”。[②]可见，在撒尼民间，《阿诗玛》的版本是非常多的。这也印证了黄铁关于《阿诗玛》变异非常突出的判断。[③]这是撒尼民间传承的《阿诗玛》与经整理的《阿诗玛》的一个突出的差异。

其次，是主题思想。经整理的《阿诗玛》的主题思想是“反抗封建统治阶级的婚姻掠夺，争取自由幸福”。[④]整理者并不讳言，反映这一主题思想的材料在原始材料中占的比例不大，是他们从中看到它的巨大的思想意义，看到它灼人的光辉，看到撒尼人民的愿望和理想，然后排除了其他主题，而给整理本确定这一主题的。有学者认为，经整理的《阿诗玛》有着鲜明的时代印记，“是把民间叙事规范化为阶级斗争叙事”[⑤]，这种看法是有见地的。那么，原本的主题是什么呢？整理者说，原本至少同时存在这样不同的主题：“（1）控诉媳妇被公婆和丈夫虐待的痛苦；（2）反抗统治阶级的婚姻掠夺，追求幸福自由；（3）维护传统习俗；（4）显示女方亲人的威力，使公婆、丈夫不敢虐待；（5）羡慕热布巴拉家的富有，阿诗玛安心地在他家生活；（6）阿诗玛变成抽牌神，群众耳鸣是因为阿诗玛作怪，责备她死后不应该变成恶神。”[⑥]由此可

① 李广田：《〈阿诗玛〉序》，中国作家协会昆明分会：《阿诗玛——彝族民间叙事诗》，云南人民出版社1960年版。

② 李缵绪：《〈阿诗玛原始资料汇编〉后记》，云南民族出版社2002年版，第484页。

③ 黄铁、杨知勇、刘绮、公刘（杨知勇执笔）：《〈阿诗玛〉第二次整理本序言》，《民间文学》1996年第3期。

④ 黄铁、杨知勇、刘绮、公刘（杨知勇执笔）：《〈阿诗玛〉第二次整理本序言》，《民间文学》1996年第3期。

⑤ 牟泽雄、杨华轲：《〈阿诗玛〉版本论》，《楚雄师范学院学报》2007年第2期。

⑥ 黄铁、杨知勇、刘绮、公刘（杨知勇执笔）：《〈阿诗玛〉第二次整理本序言》，《民间文学》1996年第3期。

见，经整理的《阿诗玛》在主题思想上与撒尼民间传承的《阿诗玛》是有着很大的差异的。

再次，是人物形象。《阿诗玛》的两个主要的人物形象——阿诗玛和阿黑，在撒尼民间传承的《阿诗玛》中也是丰富多彩的。对此，整理者也是有所认识的。如整理者之一的刘绮就说："出于口述者的阶级成分、思想感情不同，也就形成了主题、人物、内容、情节各不相同。比如一份讲述材料说，阿诗玛不该结了婚又跑回娘家，因此老天不容。还有一份原始材料中，把阿诗玛写成在热布巴拉家逆来顺受，把阿黑写成看到官家就不敢走路，听到热布巴拉家有钱就喜欢的贪财懦夫，这很显然是封建统治阶级的观点，用来维护不合理的封建制度和婚姻制度。"[①]经整理的《阿诗玛》中阿诗玛和阿黑的形象就非常单纯了：阿诗玛是个"坚强美丽的姑娘"，是个"勤劳的姑娘"，是个"倔强的姑娘"，是个"坚强、勇敢、美丽、可爱的姑娘"。阿黑则是一个"可爱"的"机智勇敢的青年"。[②]阿诗玛和阿黑这样的人物形象，自然是整理的结果，因为整理者就不讳言："适当的加工发展是必要的。对阿诗玛，我们就着重从下述几个方面加工。(1)增强她热爱劳动的描述，原材料关于她热爱劳动的描述非常简单，我们利用民歌中的材料作了补充；(2)阿诗玛被抢时的态度，原材料没有描述，我们作了补充；(3)原材料没有说到她和小伴的关系，以及她被抢走后群众对她的怀念，我们作了补充；(4)她在路上和海热的对话，原材料中是阿黑追上她以后阿黑和她的对话，有些材料之所以那样处理，是与阿黑到巴拉家显示舅舅威力相呼应，而作为反抗统治阶级的婚姻掠夺这一主题来要求，这一安排就不恰当，所以改为媒人海热和阿诗玛的对话，海热炫耀热布巴拉家的财富，阿诗玛鄙弃他家的富有，揭穿他的财富是依靠掠夺得来；(5)增强她到热布巴拉家以后和巴拉父子进行的面对面的尖锐斗争，突出她不为金银所惑，不为威武所屈的高贵品格。对于阿黑，在追赶阿诗玛以前，原材料对他的描述很少，我们增加了二十一行，说他：'像高山上的青松，断得弯

① 刘绮：《撒尼人民与长诗〈阿诗玛〉——谈谈我参加整理〈阿诗玛〉的体会》，《思想战线》1978年第1期。

② 段平、刘琰、徐维：《优美的歌——〈阿诗玛〉读后感三则》，《人民文学》1954年第7期。

不得……万丈青松不怕寒，勇敢的阿黑吃过虎胆'，以之为他后来的行动作铺垫，使读者对他后来的行动不致感到突然。他追赶阿诗玛以后的行动，我们排除了显示舅舅威力的描述，始终贯穿着这样一条线：通过阿黑机智勇敢的斗争，把阿诗玛从虎口中夺回来。"[①]由此可见，与原本相比，整理本的人物形象也发生了非常大的变化。

最后，两者在情节上的差异也很明显，撒尼民间传承的《阿诗玛》情节有多种，这在前面已经有介绍，但经整理的《阿诗玛》情节变得更完整明确的同时也变得单一了，这应该也是它们的一个区别吧。

四、意识形态的变迁与撒尼人的选择

新《阿诗玛》是由汉族知识分子按照国家意识形态的需要完成重构的。由于我们研究的是新中国成立以来撒尼人对《阿诗玛》传承的情况，因此我们有必要研究撒尼人接受新《阿诗玛》的情况。

（一）新《阿诗玛》的传播与撒尼人对它的接受

1. 意识形态主导的新《阿诗玛》的传播

（1）文字版的新《阿诗玛》的传播

1954年1月30日，经整理有着鲜明的意识形态色彩的《阿诗玛》在《云南日报》的"文艺生活"栏目开始发表，分三次（1月30日、2月6日、2月13日）刊完。作品发表后，在全国引起了较大的反响。如作为搜集整理的主要领导者的黄铁说："当1954年1月30日，撒尼叙事诗《阿诗玛》首先在《云南日报》及全国各刊物发表转载后，这首美丽的诗篇立即在全国获得好评，把它当作一部少数民族珍贵的遗产，是我们伟大祖国文学遗产中的一份瑰宝（曾经被翻译成几国文字），它的发表及出版，在发掘、整理民族民间文学方面，发生过很大的影响，引起了各

① 黄铁、杨知勇、刘绮、公刘（杨知勇执笔）：《〈阿诗玛〉第二次整理本序言》，《民间文学》1996年第3期。

方面的重视。”①

之后，新《阿诗玛》又不断地被发表和出版，具体情况如下：

1954年5月，《西南文艺》发表；

1954年5月，《人民文学》发表；

1954年7月，《新华月报》发表；

1954年7月，云南人民出版社出版，印2120册；

1954年12月，中国青年出版社出版，印15000册；

1955年3月，人民文学出版社出版；

1956年10月，中国少年儿童出版社出版，印25000册；

1956年，外文出版社出版俄文版；

1957年3月，中国少年儿童出版社再版，印16000册；

1957年，外文出版社出版英文版；

1960年4月，云南人民出版社出版；（李广田重新整理本）

1961年10月，云南人民出版社再版；（李广田重新整理本）

1978年4月，人民文学出版社出版；（李广田重新整理本）

1978年11月，云南人民出版社出版；（李广田重新整理本）

1980年6月，上海人民出版社出版，印25000册；

1980年7月，中国青年出版社再版，印10000册。

文字版的新《阿诗玛》的传播——发表与出版发行是很可观的。我们知道，1949年新中国成立以后，文学刊物和出版社逐渐全部实行了国有化，“在一切皆靠财政拨款的计划体制下，文学界只得通过仰承国家意识形态的喜好，在国家政策的指挥下有序地运作。与文学相关的文艺刊物、图书出版、经销发行以及稿酬评奖等都借助物资的调配与划拨而被无形的国家意志所掌握和控制。”②那么，新《阿诗玛》为什么能受到这么多的刊物和出版社的青

① 黄铁：《〈阿诗玛〉——“我们民族的歌”》，1978年10月《中国少数民族文学作品选讲》教材编写及学术讨论会材料，现引于赵德光：《阿诗玛研究论文集》，云南民族出版社2002年12月版，第171页。

② 王本朝：《中国当代文学制度研究》，新星出版社2007年版，第105页。

睐呢？显然首先是因为它符合国家意识形态的要求。新《阿诗玛》表达的思想，是“反抗封建统治阶级的婚姻掠夺，争取自由幸福”[①]，同时，发表和出版新《阿诗玛》，也还有其他的意义。如李广田说：“严肃认真地搜集、翻译、研究、整理少数民族的口头创作，是贯彻党的民族政策的一个方面，是为了帮助少数民族继承和发扬其优秀的文学遗产，帮助他们培养他们自己的作家，发展他们自己的文学艺术，以丰富祖国的文学宝库，使少数民族和汉族一道共同创造社会主义内容民族形式的新文学，共同为社会主义——共产主义的建设事业服务，也使我们的“中国文学史”真正成为全中国各族人民的文学史，而不只是汉族的文学史，因而也就为世界文学增加一份财富。”[②]正因新《阿诗玛》有这样的思想，有如此重要的意义，所以它才能得到发表和出版。

但还不仅仅是因为它符合国家在意识形态方面的要求。毛泽东在《在延安文艺座谈会上的讲话》中说：“我们的要求则是政治和艺术的统一，内容和形式的统一，革命的政治内容和尽可能完美的艺术形式的统一。缺乏艺术性的艺术品，无论政治上怎样进步，也是没有力量的。因此，我们既反对政治观点错误的艺术品，也反对只有正确的政治观点而没有艺术力量的所谓‘标语口号式’的倾向。我们应该进行文艺问题上的两条战线斗争。”新《阿诗玛》能得到刊物及出版社的重视，能得到广泛的传播，还与它在艺术上取得了高度的成就有关。

新《阿诗玛》在艺术上取得的成就，被很多评论者所肯定。如雪蕾说：“读过《阿诗玛》的人，谁都会被阿诗玛与阿黑两个壮丽的性格，在自己的内心唤起崇高的感觉！谁都会为它的艺术魅力而惊叹！因为这篇诗歌颂了劳动、勇敢、自由和爱情，表现了撒尼人民反抗压迫的坚强意志与英勇智慧。而这样的英勇事迹与英雄人物经过撒尼人民的长期的集体创作，形象地活在我们面前了。”[③]臧克家的观点则堪称代表。臧克家说：“这部叙事长诗主要刻画了两个人物：阿

① 黄铁、杨知勇、刘绮、公刘（杨知勇执笔）：《〈阿诗玛〉第二次整理本序言》，《民间文学》1996年第3期。

② 李广田：《〈阿诗玛〉序》，中国作家协会昆明分会：《阿诗玛——彝族民间叙事诗》，云南人民出版社1960年版。

③ 雪蕾：《读〈阿诗玛〉的一些体会》，《西南文艺》1954年9月号。

诗玛和阿黑。他们是兄妹，他们也是撒尼人民心目中的英雄。这两个人物的形象塑造得很成功，它们壮严而又美丽地站立在我们的眼前。”“《阿诗玛》，就体裁上说，它当然是一部长篇叙事诗，但它一点也不干枯，抒情的成分是很重的，这部诗，可以说是把酣畅淋漓的情感灌注在每一章、每一节、每一个句子里去了。使得全诗像一座生活的大花园，充满了缤纷的色彩和扑鼻的香气。”“它是民歌，在表现方面也就有着一般民歌的特点：生活气息浓重，每一个句子都是一朵形象化的花。”“我们以极端兴奋的心情去读这部长诗，深深地为它所打动，不但因为它是一部思想内容丰富而又十分美丽的长诗，而且因为它是在中国人民文艺宝库中闪耀着民族色彩的一部长诗。”①

除此以外，这个作品还因它是反映少数民族生活的作品，与少数民族有着千丝万缕的联系，并给人以新鲜感而受到重视。正如前面所引李广田所说的那样，少数民族的作品有着它特别重要的意义。注意到它的少数民族身份，并给予肯定的，如段平：“这是一部珍贵的少数民族的文学遗产，是一部美丽而富有民族色彩的诗篇。它有人民的真情实感，它是撒尼人民用血汗培育起来的一朵永不凋谢的鲜花。撒尼人民在这个诗篇中歌颂了劳动、勇敢、自由和爱情，用自己的理想和智慧塑造了阿诗玛和阿黑这两个美丽可爱的人物形象。”②注意到它因少数民族的特色而新鲜的，如臧克家：“在这部长诗里，从表现的内容方面，我们感觉到对我们是很新鲜的，有许多事物，这便是撒尼人民的生活习惯和风俗人情等等。这种生活上的情调反映在诗歌上，造成一种区别于其他民族诗歌的特色。这种特色，我们可以从语言的运用上（虽然经过一道翻译，不容易强烈地感觉到它的不同了）、结构组织上、整个长诗的情调上感觉到它。”③

（2）意识形态与戏剧版的新《阿诗玛》的传播

在《阿诗玛》搜集整理之前，昆明军区政治部京剧团就已经排演京剧《阿诗玛》了。这部京剧形式的《阿诗玛》由云南著名戏曲女作家金素秋导演，吴枫编剧，于1953年首演，但影响不大。新《阿诗玛》发表后，这个作品按照

① 臧克家：《撒尼人民的叙事长诗——〈阿诗玛〉》，《文艺学习》1954年第4期。
② 段平、刘琰、徐维等：《优美的歌——〈阿诗玛〉读后感三则》，《人民文学》1954年第7期。
③ 臧克家：《撒尼人民的叙事长诗——〈阿诗玛〉》，《文艺学习》1954年第4期。

新《阿诗玛》做了进一步的改进[①]，于1956年3月在昆明上演，《光明日报》以《〈阿诗玛〉改编成京剧在昆明上演》为题进行了报道。[②]第二天，《云南日报》还发表了杨明等人撰写的评论文章《大胆的、有成效的尝试——谈京剧〈阿黑与阿诗玛〉的演出》，予以肯定性的评论。[③]这个作品后来还在北京、上海等地演出，《光明日报》及《解放日报》等均有报道，[④]《戏剧报》还刊发了徐沙撰写的题为《有意义的尝试——评京剧〈阿黑与阿诗玛〉和〈三座山〉的演出》的评论，对这部少数民族题材的京剧给予了肯定的评论。[⑤]但总的来看，京剧《阿黑与阿诗玛》因其自身的特点——要高素质的演员一场一场地演，所以在全国传播的范围不广，影响也有限。尽管如此，在所有的文学与文化生产资料都已经被全部纳入国家主导的计划体制内的1956年，京剧《阿黑与阿诗玛》能在昆明、北京、上海等地演出，说明它得到了国家意识形态的强有力的支持。

（3）意识形态与电影版的新《阿诗玛》的传播

①关于电影《阿诗玛》

电影《阿诗玛》与长诗新《阿诗玛》虽有不同，但有着密切的联系，在讨论撒尼人对新《阿诗玛》的接受的时候，我们不得不研究电影《阿诗玛》，因为电影《阿诗玛》对撒尼人接受新《阿诗玛》产生了非常重要的作用。

因时代的关系，电影《阿诗玛》的拍摄经历很曲折。

新《阿诗玛》发表并获得巨大反响后，引起了上海海燕电影制片厂的注意。

① 据中国戏剧网文章《京剧科班"喜连成"与"富连成"》："20世纪50年代初期，云南京剧名家金素秋、吴枫伉俪，根据彝族长诗《阿诗玛》编创了京剧《阿黑与阿诗玛》，这对于长期演出传统京剧的院团是一个突破和创造。"该文网址：http://www.xijucn.com/html/jingju/20111223/32000.html。

② 《〈阿诗玛〉改编成京剧在昆明上演》，《光明日报》1956年3月25日。

③ 杨明等：《大胆的、有成效的尝试——谈京剧〈阿黑与阿诗玛〉的演出》，《云南日报》1956年3月26日。

④ 李家兴：《兄弟民族的故事搬上京剧舞台》，《光明日报》1956年6月30日；金素秋：《写在〈阿黑与阿诗玛〉在上海公演的时候》，《解放日报》1956年10月5日。

⑤ 徐沙：《有意义的尝试——评京剧〈阿黑与阿诗玛〉和〈三座山〉的演出》，《戏剧报》1956年第8期。

1956年，海燕厂决定把《阿诗玛》搬上银幕，并请公刘改编剧本。据袁成亮《电影〈阿诗玛〉诞生记》[①]，1956年，诗人公刘将长诗《阿诗玛》改编成电影剧本，上海海燕电影制片厂决定将其搬上银幕。正当海燕电影制片厂着手投拍事宜时，“反右”开始了，原先参与整理长诗《阿诗玛》的黄铁、杨智勇、刘绮、公刘等被打成“右派”，由公刘改编的电影剧本也被封。尽管如此，海燕电影制片厂却一直对《阿诗玛》情有独钟。1960年，该厂又请老诗人、时任云南大学校长的李广田对《阿诗玛》进行重新修订，准备再次上马，但不久李广田又被打成“右倾机会主义分子”，《阿诗玛》的拍摄又一次搁浅。几经波折之后，1963年上海电影制片厂终于在《阿诗玛》的拍摄上有了突破性进展，并很快组成了拍摄班子。刘琼出任导演，葛炎、刘琼负责改编剧本，罗宗贤、葛炎负责音乐创作，李广田任文学顾问，杨丽坤因在《五朵金花》中的出色表演而出演阿诗玛。经过全剧组的共同努力，1963年11月，影片《阿诗玛》完成了四本样片的制作。刘琼等人立即将样片送文化部审查。时任文化部副部长的陈荒煤看了样片后很是赞赏，当即表示：“《阿诗玛》质量相当高，杨丽坤形象与表演都很好，色彩和摄影也很不错，音乐曲调基本上是民族的。”陈荒煤的表态，让刘琼等人心里特别高兴，剧组也为此欢欣鼓舞。从北京回来之后，大家又加班加点，加紧拍摄，到第二年的5月整部影片的制作便宣告完成。由于有前次审查做底子，大家对文化部的终审也充满了希望。

1964年6月初，刘琼等人带着已完成的《阿诗玛》再度来京送审。当时正值“文化大革命”前“阶级斗争”暗流涌动之时，对于这部以爱情为题材的片子是否能够上映，陈荒煤心里没底。他看了影片后，对刘琼等人说：“还不错。可是你们要注意啊，现在提出了群众路线问题，风声很紧啊！先请夏公看看再说吧！”刘琼听了，心里一下子凉了半截。影片随即被送到文化部副部长夏衍那里，夏衍看了之后也给予了充分的肯定。但囿于当时形势，他认为目前在国内还不宜放映，可先拿到香港“第二地带”放一放，国内稍等一下再说。然而，事情的发展连身居要职的夏衍和陈荒煤也无法把握。就在电影《阿诗玛》送审不到一个月，7月2日文化部的整风开始了。主持电影工作的夏衍和陈荒煤被认为是

① 袁成亮：《电影〈阿诗玛〉诞生记》，《百年潮》2006年第3期。

执行“修正主义路线”的代表人物而遭到批判。江青在调看了包括《阿诗玛》在内的一大批影片后公开宣称：“这些影片的本质是反党反社会主义，不要把它们放在仓库里，应该拿出来公开批判。摄制一部影片要花几十万元，批判了，可以思想、经济双丰收。”[①]康生也斥责《阿诗玛》是“恋爱至上的大毒草”。[②]同年12月，江青又到中宣部召开会议，点名批判了《阿诗玛》等一批影片，她气势汹汹地说：“《阿诗玛》无法修改，是一部典型的资产阶级影片，不要再浪费人力、物力，原样上映批判。”[③]1965年4月11日，中宣部发出《关于公开放映和批判一些坏影片的通知》，被列入坏影片的共有7部，《阿诗玛》为其中之一。“文化大革命”开始后，电影《阿诗玛》被视为“宣传恋爱至上”的“修正主义大毒草”而遭到了批判。参与《阿诗玛》长诗、京剧、舞剧及电影创作的众多文艺工作者也受到牵连，李广田被迫自杀，扮演阿诗玛的杨丽坤也被视为“修正主义苗子”“资产阶级美女”而遭到非人的摧残，并因此患上了心因性精神忧郁症，一个优秀的电影演员从此远离了她心爱的舞台。凝聚了一批文艺工作者心血的电影《阿诗玛》未及上映便遭禁，令许多关爱它的人痛心不已。

电影《阿诗玛》的拍摄何以这么曲折？一般来说，大家都把原因归结为时代的特殊性。那么，我们不妨先了解一下当时的时代背景。

电影《阿诗玛》约从1955年开始筹划拍摄，1964年拍摄完成。在此期间，对文艺工作者影响乃至冲击最大的事件当属1957年开始的“整风”与“反右”运动。1957年4月27日，陈云主持召开中央政治局会议，讨论、通过了《关于整风运动的指示》，全党开始进行整风。这次整风的目的是克服党内的官僚主义、宗派主义、主观主义，正确处理人民的内部矛盾。[④]1957年5月1日，中共中央《关于整风运动的指示》在《人民日报》上发表，各级党政领导机关和一些高等院校、科研机构、新闻和文化艺术单位的党组织纷纷召开党外人士座谈会、小组会，听取意见。党内外的广大干部和群众积极响应党的号召，对党和政府

① 袁成亮：《电影〈阿诗玛〉诞生记》，《百年潮》2006年第3期。
② 袁成亮：《电影〈阿诗玛〉诞生记》，《百年潮》2006年第3期。
③ 袁成亮：《电影〈阿诗玛〉诞生记》，《百年潮》2006年第3期。
④ 王幼樵、肖效钦：《当代中国史》，首都师范大学出版社1994年版，第154页。

的工作及党政干部的思想作风提出了大量的批评和建议。中共中央认为，这些意见不管如何尖锐，百分之九十以上都是诚恳的、正确的，也是有益的。但整风中也出现了复杂的情况。极少数资产阶级右派分子乘机鼓吹所谓“大鸣”“大放”“大民主”，向党和新生的社会主义制度放肆地发动进攻。这种情况引起党的警觉。[①]5月15日，毛泽东写出《事情正在起变化》一文，标志着毛泽东的思想开始发生了变化，由党内整风转向了反“右”。中共中央指示，对于那些错误的“右派”言论，放手让他们发表，原样地在报纸上报道，暂时不要批驳，以便暴露其反动面目。[②]6月8日，中共中央向党内发出《组织力量反击右派分子的疯狂进攻》的指示。同日，《人民日报》也发表了《这是为什么？》的社论。一场全国规模的群众性的暴风骤雨式的“反右运动”猛烈地开展了起来[③]。6月25日至7月15日，第一届全国人民代表大会第四次会议在北京召开。会议除了讨论有关国家经济建设等若干重大问题外，也进行了“反右”斗争。[④]7月1日，《人民日报》发表了《文汇报的资产阶级方向应当批判》的社论。全国性的“反右运动”进入高潮，并开始了追查所谓“右派组织”的斗争。[⑤]7月17日至21日，毛泽东在青岛召开省市委书记会议，讨论整风运动与反右派运动的关系问题，并提出了深入挖掘右派的任务。此前，“整风运动”和“反右运动”还只在省市以上党政机关、大专院校、民主党派、新闻界、科技界、文艺界、卫生界中进行。青岛会议后，“反右运动”争一方面在上述单位继续深入开展，一方面推向地、县两级，并逐步推向全国各地区、各界和各部门。[⑥]8月2日，中共中央下发了《中央统战部关于帮助各民主党派整风的意见》；[⑦]8月8日，发出了《关于向全体农村人口进行一次大规模的社会主义教育的指示》；[⑧]8月28日，又下发了统战部《关

① 王幼樵、肖效钦：《当代中国史》，首都师范大学出版社1994年版，第155–156页。
② 王幼樵、肖效钦：《当代中国史》，首都师范大学出版社1994年版，第157页。
③ 王幼樵、肖效钦：《当代中国史》，首都师范大学出版社1994年版，第157页。
④ 王幼樵、肖效钦：《当代中国史》，首都师范大学出版社1994年版，第157–158页。
⑤ 王幼樵、肖效钦：《当代中国史》，首都师范大学出版社1994年版，第158页。
⑥ 王幼樵、肖效钦：《当代中国史》，首都师范大学出版社1994年版，第158页。
⑦ 王幼樵、肖效钦：《当代中国史》，首都师范大学出版社1994年版，第158页。
⑧ 王幼樵、肖效钦：《当代中国史》，首都师范大学出版社1994年版，第158页。

于在工商界全面开展整风运动的意见》；[①]9月12日，发出了《关于在企业中进行整风和社会主义教育运动的指示》；[②]9月20日至21日，各民主党派全面整风工作会议分别开幕；[③]9月20日至10月9日，中共中央举行扩大的八届三中全会，对整风运动和反右派斗争做了部署，对社会各界的整风任务和方针做了具体规定；[④]10月13日，毛泽东召集第十三次最高国务会议，讨论了整风问题；[⑤]10月15日，又发出了《关于在少数民族中进行整风和社会主义教育的指示》。[⑥]这样，本来是共产党内部的整风运动，终于发展成为全国范围的全党全民的整风运动和社会主义教育运动。

这次整风与反右派运动历时一年多，直到1958年夏才宣告结束。[⑦]

对于这场反右斗争，我们有必要明确，这场斗争，既是政治斗争，同时也是思想斗争。因为，在这个运动的发起及领导者毛泽东看来，实现了三大改造后，我们已建立起对大多数部门和单位的领导权；但在民主党派、工商界、知识界中，我们对其中少数人还不能起领导作用，对多数人能领导但领导权不巩固；有些单位和部门，我们就根本没有建立起党的领导，而领导权恰被反社会主义的右派，打着引号的共产党人即修正主义者所掌握。此外，当时知识分子思想政治状况大致有三类：坚决拥护共产党领导和社会主义制度的左派，反党反社会主义的右派，以及占总数70%~80%的中间派。后者的特征是，对共产党的领导“半服半不服”，动摇于社会主义与资本主义道路之间。城市中的工商业者、农村中的富裕中农与其相同，既可以跟着左派走，也可以跟着右派走。正是这样的情况，所以有必要发起一场革命，即反右派斗争。通过这场革命，在全国全面实现党的领导、走社会主义道路、坚持无产阶级专政。因此，反右斗争的性质主要是政治斗争，同时又是思想斗争。

---

① 王幼樵、肖效钦：《当代中国史》，首都师范大学出版社1994年版，第158页。
② 王幼樵、肖效钦：《当代中国史》，首都师范大学出版社1994年版，第158页。
③ 王幼樵、肖效钦：《当代中国史》，首都师范大学出版社1994年版，第158页。
④ 王幼樵、肖效钦：《当代中国史》，首都师范大学出版社1994年版，第158页。
⑤ 王幼樵、肖效钦：《当代中国史》，首都师范大学出版社1994年版，第158页。
⑥ 王幼樵、肖效钦：《当代中国史》，首都师范大学出版社1994年版，第158页。
⑦ 王幼樵、肖效钦：《当代中国史》，首都师范大学出版社1994年版，第159页。

目前学界一般认为，这场运动犯了扩大化的错误。这次运动，全国有541952人被划为右派分子，而且还造成了非常严重的后果。“它误伤了一大批好同志、好干部、好朋友和好青年。许多忠诚于党和人民事业的同志，许多同党有长期合作历史的朋友，许多有才华的知识分子和有经营管理经验的工商业者，许多政治上热情而不成熟的青年，由于被错划为‘右派分子’受了长期的委屈、压制和不幸，不能在社会主义建设中发挥应有的作用。这不但是他们个人的损失，也是整个国家和党的事业的损失。由于反右扩大而使更多知识分子的积极性和对党的信任受到一定程度的打击，这也是党和国家的损失。”①此外，中共八大提出的“大规模的阶级斗争告一段落，今后工作以社会主义建设为主”的政策也到此中止，意识形态斗争的重要性从此压过了经济的发展。中共的政策重新回到以政治挂帅，强调阶级矛盾和阶级斗争的路线上来，中国共产党人对“右”唯恐避之不及，党的政治路线从此严重左倾。知识分子变得谨小慎微，再也不敢批评党和政府。毛泽东在中国共产党内的影响力进一步提高。这些变化为后来的“大跃进”“四清运动”“文化大革命”等埋下了伏笔。

由此我们不难明白电影《阿诗玛》的拍摄为什么会这么曲折了：在意识形态领域的斗争日趋紧张激烈的情况下，作为意识形态的显态化表现的文艺，怎么能独善其身呢？

下面我们分析电影《阿诗玛》与经整理的长诗《阿诗玛》的不同。

诗和电影是两种不同的艺术形式。在对艺术的分类中，人们一般倾向于把诗纳入语言艺术之中，而电影则被纳入综合艺术之中。由此可知，电影和诗有着很大的不同。例如，电影是偏重于再现的艺术，它给观众直接提供形象画面，让观众一目了然地把握形象。而诗是兼有表现与再现的艺术，即诗一方面重视表现思想，另一方面，它也能再现现实生活。但诗对现实生活的再现不像电影对现实生活的再现，诗是语言艺术，它的再现需要读者发挥自己的想象，因而它的再现具有间接性。这种具有间接性的再现，往往因读者的生活经历、文化背景等的不同而有差异，并导致“一千个读者有一千个哈姆雷特”的现象的发生。既是两门不同的艺术，那么电影《阿诗玛》与整理本长诗《阿诗玛》本来就没有可比性。但由

① 王幼樵、肖效钦：《当代中国史》，首都师范大学出版社1994年版，第160页。

于电影毕竟是从长诗改编而来的，因此它们还是有许多可比的地方。

电影《阿诗玛》是这样的：在撒尼人的传统节日火把节里，阿黑在射箭和摔跤比赛中都赢了富家子弟阿支，夺得了彩绸，并与聪明美丽的撒尼姑娘阿诗玛相识订了终身。但阿支早就看中了阿诗玛，他想调戏阿诗玛不成，回家让家里派媒人海热来阿诗玛家提亲。海热的提亲遭到了阿诗玛的严词拒绝。赶走了海热后，阿诗玛让溪水倒流，为自己带信给阿黑，让阿黑赶紧回来。阿支果然不死心，他趁阿黑外出放羊不在，就带人把阿诗玛抢走了。阿黑得到了溪水送来的阿诗玛的信，赶紧骑马往回赶。可是山挡住了阿黑的路，不让阿黑过去。阿黑抽出箭来向山射去，山立刻给阿黑让出了路。回来得知阿诗玛被阿支抢走，阿黑便立刻上马追赶。可是森林又挡住了阿黑的路，阿黑于是又抽出箭来向森林射去，森林给阿黑让开了路。在热布巴拉家，阿支一家对阿诗玛威逼利诱，让她同意和阿支结婚，但阿诗玛坚决不从。正在关键时刻，阿黑来到了热布巴拉家门前。热布巴拉指挥家人把大门关上不让阿黑进，要阿黑和阿支对歌。但阿支唱歌和比武都敌不过阿黑。阿支想要赖，阿黑射出的神箭牢牢地钉在了热布巴拉家的神主牌位上，不管多少人去拔都拔不下来。无奈，热布巴拉只好将阿诗玛放走。就在阿黑和阿诗玛高兴地回家，在一条河的河边休息时，阿支派家丁偷走了阿黑的神箭，并放出汹涌的洪水淹没了他们。待阿黑挣扎着醒来时，阿诗玛已化为一座山石。

电影《阿诗玛》与整理本长诗《阿诗玛》的同与不同，主要表现在下面这些方面。

首先是主题。主题方面，黄铁等人的整理本长诗《阿诗玛》在主题上的特点，是侧重于反映阶级压迫与反抗的，这在前面已有叙述。在这方面，电影《阿诗玛》秉承了长诗的这一主题，并强化了这一主题。

其次是人物形象。整理本长诗中，阿诗玛是个坚强美丽的姑娘，是个勤劳的姑娘，是个倔强的姑娘，是个坚强、勇敢、美丽、可爱的姑娘。阿黑则是一个可爱的机智勇敢的青年。 这些特点在电影中也都得到了保持。但也有不同，不同之处是，阿诗玛与阿黑的关系发生了改变，由原来的兄妹关系变成了情人关系，而且少了阿诗玛的父亲格路日明这个形象。

最后是故事情节。电影《阿诗玛》的故事情节与整理本长诗《阿诗玛》的情节有较大的出入，现把它们较大的差别列举如下。

·在火把节里，阿黑在射箭和摔跤比赛中都赢了阿支，夺得了彩绸，与聪明美丽的撒尼姑娘阿诗玛相识并订了终身，这是整理本长诗中没有的。这是电影《阿诗玛》对整理本长诗《阿诗玛》的一个较为大胆的改动。

·阿支看上了阿诗玛，并调戏阿诗玛，也是整理本长诗《阿诗玛》中没有的。

·阿黑与阿支摔跤比赛，并战胜了阿支，阿支恼羞成怒，这也是整理本长诗《阿诗玛》中没有的。

·阿诗玛被抢，情急中让溪水倒流为自己带信给阿黑，这是整理本长诗《阿诗玛》中没有的。

·山和森林挡住了阿黑，不让阿黑去救阿诗玛，这是整理本长诗《阿诗玛》中没有的。

·阿诗玛与阿黑在回家的途中在河边休息，阿支派人偷了阿黑的弓箭，还派人从上游放水，让洪水淹没了没有防备的阿诗玛和阿黑，阿诗玛最终变成了回声。这也与整理本长诗不同。在整理本长诗中，热布巴拉不甘心失败，去求洪水神，在阿诗玛和阿黑经过十二崖子脚时放洪水阻拦他们，让他们回不了家。结果，阿诗玛和阿黑，“哥哥前面走，妹妹过不了河，哥哥后面走，妹妹过不了河”。但他们毫不畏惧，偏手拉着手一起过河，结果阿诗玛被洪水卷走，变成回声。

此外，整理本长诗中的一些重要情节，如阿黑与热布巴拉父子比赛砍树，把砍下来的树重新接回，撒细米又拾细米、打虎等，在电影中都没有出现。

做这样改动的原因，因目前没有能找到改编者的相关介绍，我们无从知晓。但从效果看，经改编后，矛盾更突出，情节更紧凑，也更简练了。因此可以认为，改编者做这样的改动原因有二，一是为了突出和强化矛盾，突出主题，如增加阿支调戏阿诗玛的情节。二是为了满足电影这一艺术形式的特殊需要，如减去格路日明这个人物，就使人物关系更简单，作品也就更精练。

为了满足电影这一艺术形式的特殊需要而对原作进行改编，这是我们能理解的。但改编者为什么要突出和强化两个阵营的人物的矛盾？这个问题，因缺少资料本不好回答，但考虑到电影产生的背景——“反右运动”，我们就不难理解其中的缘由了。由此可以得出这样的结论，即在特定的时代氛围条件下，电影为了满足特定的意识形态的需要，而对整理版的长诗《阿诗玛》做了进一步的修改。而这，也就是前面我们所说的意识形态对电影《阿诗玛》的塑造。经过这样的修改，电影《阿诗玛》的意识形态性更鲜明也更强烈了。

②意识形态推动下的电影《阿诗玛》的传播

电影《阿诗玛》拍摄之路曲折，放映传播之路也同样不顺畅。据袁成亮的《电影〈阿诗玛〉诞生记》，1976年10月“四人帮”被粉碎后，随着文艺界“百花齐放、百家争鸣”方针的恢复，中国的影视事业也迎来了新中国成立后的第二个春天。文化部及各电影制片厂也着手对一大批在“文化大革命”中遭禁的影片进行重新审查。上海电影制片厂复审小组对《阿诗玛》也进行了复审。由于长期受到“文化大革命”的影响，当时参加复审的某些小组成员，听说戏里有神话和恋爱故事，情绪就紧张起来。为了慎重起见，对《阿诗玛》的审查是在夜间进行的，当时为了防止有人进来，还将外面大门上了锁。但此次审片并没有挽救《阿诗玛》被禁的命运。电影厂的一位领导甚至放话：“再百花齐放，谈情说爱就是不能放。”由于“左”倾思想的束缚，在“文化大革命”结束后两年，《阿诗玛》依然锁在深宫无人知。《阿诗玛》遭禁事件也时时牵动着陈荒煤的心，眼见许多被禁的影片一一重见天日，他再也坐不住了。1978年7月，陈荒煤到昆明参加“现代文学史、现代汉语和外国文学教材协作会议”，在与当地教育与文艺工作者座谈时特别提到了电影《阿诗玛》，并希望能看看影片，他的倡议得到与会者的赞同。经当地政府安排，被封存长达14年之久的电影《阿诗玛》终于在小范围内与学者们见面了。大家看完后对这部影片给予了高度评价，但陈荒煤心里并没有因此而显得轻松，为了使《阿诗玛》重见天日，同时也为了解救遭到迫害的杨丽坤，陈荒煤写了一篇《阿诗玛，你在哪里？》的长文寄给《人民日报》。这也是粉碎“四人帮”后公开为电影《阿诗玛》平反的第一篇文章。实际上陈荒煤的文章虽是讲《阿诗玛》的问题，但它深层的意义还在于谈怎样对待一批影片和电影工作者的问题，可以说是他为一些被封禁的影片所发出的“解禁”信号。《人民日报》领导收到陈荒煤的信后很是重视，将他的文章作为1978年9月3日的头条发表，而且题目还用了陈荒煤的手写体。一石激起千层浪。陈荒煤的文章发表后在社会上立即引起了强烈的反响。《人民日报》编辑部每天都要收到很多来信，对陈荒煤的文章表示赞赏，还有许多人询问阿诗玛的扮演者杨丽坤的下落。为了回应读者对杨丽坤的关心，上海《解放日报》特地登载了张曙、汪习麟的文章《阿诗玛就在我们身边》。远在上海的杨丽坤夫妇读到陈荒煤的文章后也非常感动，特别通过《人民日报》给陈荒煤写了一封表示感谢的长信。陈荒煤的文章为《阿诗玛》的复出打开了通道。1978年10月，上海电影界有关人士专门组织了一场有杨丽坤参加的《阿诗玛》看片会。在看片会上，看到十多年前由自己主演的影片，想到《阿诗玛》给自己和其他许多人带来的种种不幸，杨丽坤禁不住泪流满面。这次看片，大家一致给影片下了这样的评语：电影《阿诗玛》描写了健康的爱情，用神话形式反映人民抗暴的思想，在艺术上也有可取之处。看片会上，上海方面专门将为《阿诗玛》平反的材料呈报文化部。文化部接到材料后，虽然对《阿诗玛》平反一事进行了多次研究，但却迟迟下不了结论。此时，爱情题材虽然已不再是影视文学创作的禁区，但仍有人担心《阿诗玛》会给青年人带来负面作用，如影片中表现男主人公阿黑和阿诗玛相爱时有“一天找你九十九遍”这样的歌词。有人还担心影片将民间传说中阿黑和阿诗玛的兄妹关系改成爱情关系，是否有损撒尼人心目中的英雄形象，是否有碍于正确执行党的民族政策。文化部和民族事务委员会的同志为此专程到阿诗玛的故乡——云南路南彝族自治县奎山地区，请最有权威的评定者撒尼人鉴定。就在文化部对影片《阿诗玛》因内部纷争迟迟下不了结论时，1978年12月27日，中国人民对外友好协会为庆祝《中美建交公报》发表举行的电影酒会上，电影《阿诗玛》却出乎意料地出现在了银幕上，并获得观众的好评。随后，新华社发布一条激动人心的重要消息：《阿诗玛》等一些影片将在元旦恢复上映。1979年元旦，《阿诗玛》在全国上映，历经坎坷的《阿诗玛》终于可以与观众见面了。

尽管电影《阿诗玛》的放映之路走得很艰难，但放映之后，它却获得了很大的成功。它到底发行了多少个拷贝，放映了多少场，有多少观众看过这部影片等，因缺少统计资料，不得而知。但它由此而风靡全国，并受到全国广大观众的喜爱和赞扬，变得家喻户晓，则是不争的事实。而它的广泛传播，意识形态起了重要的作用。

在讨论这一问题的时候，我们有必要首先弄清楚的是，禁电影《阿诗玛》与发行放映电影《阿诗玛》，在那个时代都与意识形态紧密相关，都是意识形态的外在化表现。其中前者无疑是极左势力意识形态的表现，而后者则是拨乱反正、改革开放的意识形态的表现。“四人帮”被打倒，特别是十一届三中全会召开后，中国的国家意识形态发生了根本性的改变。新的国家意识形态需要在社会的各个方面彰显出来。正是在这样的时代大背景下，才有了文化部的从1976年11月起步，到1979年上半年基本结束的为时两年半的对被江青、康生一伙扼杀禁锢的“十七年”电影进行全面复审的工作。①因此，发行放映电影《阿诗玛》是意识形态的一种表现。加之在改革开放之初，中国电影的发行与放映由中国电影发行放映公司（简称中影公司）主管，而中国电影发行放映公司是一个具有行政管理和企业经营双重性质的机构，由此我们不难理解，电影《阿诗玛》在全国获得广泛传播，也同样是一种国家的行为，是国家意识形态的表现。

2. 新《阿诗玛》的广泛传播与撒尼人对它的接受

新《阿诗玛》的广泛传播对撒尼人接受它产生了重要而积极的影响。应该说，撒尼人对这部新《阿诗玛》是认可和接受的，文献及笔者的实地调查都证明了这一点。

先看文献的记载。

黄铁的记述：“当1954年1月30日，撒尼叙事诗《阿诗玛》首先在《云南日报》及全国各刊物发表转载后，这首美丽的诗篇立即在全国获得好评，把它当作一部少数民族珍贵的遗产，是我们伟大祖国文学遗产中的一份瑰宝（曾经被翻译成几国文字），它的发表及出版，在发掘、整理民族民间文学方面，产生过很大的影响，引起了各方面的重视。就像撒尼人自己所说的——他们称赞《阿诗玛》是‘我们民族的歌’。”②

杨知勇的记述：“事实上，无论是第一次整理本，还是第二次整理本的发

① 陈少舟：《“复映片”公映始末》，《电影艺术》2008年第4期。

② 黄铁：《〈阿诗玛〉——“我们民族的歌”》，1978年10月《中国少数民族文学作品选讲》教材编写及学术讨论会材料，现引于赵德光：《阿诗玛研究论文集》，云南民族出版社2002年12月版，第171页。

表出版，都产生了轰动效应，得到好评。撒尼群众高兴地说：‘这是我们民族的歌。’”①

刘绮的记述：“当《阿诗玛》初稿整理出来后，曾广泛征求意见，云南民族学院的撒尼学员讨论了7小时之久，认为‘这是我们的歌’。当长诗首先在云南发表以后，受到了各民族人民的热烈欢迎，纷纷反映：‘我们民族也有这样的长诗，也应该把它整理介绍出来。’圭山的撒尼群众奔走相告：‘有了毛主席、共产党的领导，我们撒尼人民的《阿诗玛》才得以出世’。”②

彝族学者毕志峰的记述：“那还是三十年前的事：当《阿诗玛》整理本发表的消息传来，整个圭山都沸腾了。人们喜笑颜开，奔走相告。都说《阿诗玛》是我们民族的歌。年轻小伙子，个个精神抖擞，拨动着扣人心弦的大三弦，吹着悦耳动听的短笛；姑娘们个个神采奕奕，拍响着亲切温柔的手掌，弹着娓娓动听的月琴，跳着整齐热烈、富有节奏的舞步，祝贺《阿诗玛》的新生。年迈七旬，白须满面，唱了多年《阿诗玛》的‘左搓’（歌手），拉着自然和谐的马尾三胡，和逾过花甲、两鬓斑白的阿嫫（老奶奶），也轻歌曼舞，跳起了三步乐。‘天空闪出一朵花，天空处处现彩霞，鲜花落在阿着底的上边’。《阿诗玛》的挖掘整理和出版，民族和整理者是‘一百二十个喜欢，一百二十个高兴’，就像年轻的阿诗玛一样，‘只知道高兴，不知道悲伤’。”③

在给电影《阿诗玛》平反前，因不知道影片将民间传说中阿黑和阿诗玛的兄妹关系改成情人关系，是否有损撒尼人心目中的英雄形象，是否有碍于正确执行党的民族政策，文化部及民族事务委员会的一些同志专程到阿诗玛的故乡——云南路南彝族自治县圭山地区，请最有权威的评定者撒尼人鉴定。据《阿诗玛故乡的人民热爱〈阿诗玛〉》④一文介绍，1978年11月文化部派出《阿

① 杨知勇：《〈阿诗玛〉的诞生——搜集整理〈阿诗玛〉50年来的回顾》，赵德光：《阿诗玛国际学术研讨会论文集》，云南民族出版社2006年7月版，第14页。

② 刘绮：《撒尼人民与长诗〈阿诗玛〉——谈谈我参加整理〈阿诗玛〉的体会》，《思想战线》1978年第1期。

③ 毕志峰：《〈阿诗玛〉我们民族的歌——试论撒尼叙事长诗〈阿诗玛〉的几个问题》，《路南文史资料选辑》1986年第1辑。

④ 《阿诗玛故乡的人民热爱〈阿诗玛〉》，《边疆文艺》1979年第2期。

诗玛》电影调查组到云南省，在云南省委和省文化局的具体协助下，从11月11日至19日，在云南省路南县撒尼地区进行了八天的调查工作，边放电影，边开会座谈，直接听取广大撒尼干部、群众、民间艺人对电影《阿诗玛》的意见。调查组去了撒尼人集中的亩竹箐、圭山、尾则、石林公社，重点深入《阿诗玛》长诗流传影响较深的海宜村、跃宝山两个生产队。又向县的化肥厂、农机厂部分工人及县文教机关干部做了调查。看了电影后，大家普遍认为电影《阿诗玛》的主题是好的，反映了撒尼人民反抗封建土司的斗争，阿诗玛不爱地主的钱财和势力，立场鲜明，斗争性强。电影艺术性比较高，摄影好，演员表演好，十分称赞杨丽坤同志，说她表演撒尼姑娘的动作非常像。

但争议还在，主要是电影对阿黑和阿诗玛关系的处理。对电影把阿黑和阿诗玛处理为情人关系有三种观点：1.坚持兄妹关系。2.可以是爱情关系。3.既保持兄妹关系，再加上爱人关系。坚持兄妹关系的主要理由，一是长期流传的故事讲兄妹关系多，印象很深，电影改为爱人关系看了不习惯，不顺眼。有的说，亲兄妹怎么成亲了。还有的说，这不是我们的阿诗玛。个别的还说，这样改是“欺祖”。二是认为只有表现兄妹关系，才能反映撒尼人民传统中一种高尚的思想感情。认为可以处理为爱情关系的理由有三方面。①在传说的故事内容中有爱情关系。例如阿黑与阿诗玛用笛子、口弦对歌、传话，按撒尼风俗亲兄妹间是绝不允许的，只有爱人之间才这样；传说中一些歌词内容是情歌，在兄妹间也是不能唱的。撒尼人没结婚前爱人间都是兄妹相称的。还有撒尼人在结婚喜庆时要唱《阿诗玛》，也说明有爱情关系。②电影作为一种艺术形式，可以再创造。把阿黑和阿诗玛处理为爱情关系是一种表现手法。跃宝山民间艺人李顺庸说：我听到的是兄妹关系，但电影《阿诗玛》表现了反封建、争自由的主题，反映了我们民族的斗争生活。阿黑和阿诗玛作为兄妹共同进行反抗，还是作为爱人共同进行反抗，这是枝节，不是大局。电影把阿黑和阿诗玛关系改为爱人关系是完全可以的。③电影表现的爱情生活是符合撒尼男女青年的传统习惯的，没有歪曲，而且比实际生活中表现得文明、优美。有些同志还认为把阿黑和阿诗玛处理为爱人关系更能体现他们的反抗性，更强烈、更动人。阿诗玛爱什么、恨什么也更鲜明，就是不爱有钱有势的地主阿支，而爱勤劳勇敢的受苦人。

提出既保持兄妹关系，再加爱人关系主张的主要依据是：过去传说和演出的节目中有一个叫阿萨或阿哼，是阿诗玛的爱人。撒尼风俗中认为哪家姑娘有许多小伙子追求是光荣的，阿诗玛既然是勤劳勇敢又美丽的姑娘，到十七八岁怎么没有爱人呢，肯定是有的。三种看法中认为可以处理为爱情关系的占大多数，从座谈讨论情况估计，大概占80%。坚持兄妹关系看法的比较集中在圭山公社的一些干部、老人和文艺积极分子中。

不满意的地方也有，主要是认为电影在人物形象的塑造和音乐表现等方面，体现的民族特点还不够，主要是：①阿诗玛在撒尼人民心中是勤劳、勇敢、优美、受人尊敬的像金子般的姑娘，电影是优美表现充分，勇敢也还可以，而勤劳很不够。传说中阿诗玛从三岁就帮母亲织麻、放羊，而电影里劳动场面少，追求爱情内容多。应把阿诗玛在劳动中锻炼成长的过程反映出来。阿黑是撒尼人民中人人钦佩的英雄，最勇敢、最有力量，可是电影里英雄气概表现不够。传说中阿黑去救阿诗玛时射死地主家放出的三只老虎，电影没表现，勇敢就不够，电影的结尾阿黑的弓箭不带在身上，被偷走了，他不应该麻痹到这种程度。神箭代表了广大撒尼人民的力量，神箭离开了阿黑，只拿着花找来找去，英雄形象没有了。②电影里吹笛、洗麻、火把节的音乐有撒尼味，而其他的撒尼味很少。民间艺人李顺庸提出，衣服是撒尼人的，唱的不是撒尼人的，不看电影，只听音乐，我可不承认。③电影里人物的服装还不像撒尼人。例如阿诗玛穿的包背心披在左面，应披在右面。包头的花样不合适。阿诗玛的母亲的织布动作不像撒尼人。阿诗玛挑完水后就洗脚，这不卫生，有的说我们撒尼人还没有落后到这程度。

这篇文章没有给出一个最终的基本结论，但从文章中我们已经很清楚撒尼人的态度，即对于改动非常大的《阿诗玛》的主题和人物形象等，撒尼人表示完全认可。另一改动非常大的地方，即阿诗玛和阿黑的关系，80%的撒尼人认可。由此可知，重构的《阿诗玛》是基本得到撒尼人的认可的。也正因为如此，所以才有不久之后的突然公映。

2009年4月，笔者曾到阿诗玛的故乡——石林县圭山镇大糯黑村进行阿诗玛传承情况的实地调研。接待笔者的是足光华和他的妻子王光珍。他们夫妻俩都是土生土长的撒尼人，足光华生于1968年，王光珍生于1969年。王光珍听说笔者想了解阿诗玛的故事，就立刻拿出了一个电影《阿诗玛》的影碟邀请笔者观看，显然，她认为电影《阿诗玛》已经把阿诗玛的故事讲清楚了。足光华则告诉我说，他小时候也没有听说过阿诗玛的故事，是看了电影之后才知道阿诗玛的故事。我让他给我讲讲阿诗玛的故事，他不好意思地说，他说不来。我便问他，他知道的阿诗玛的故事是怎样的。他还是说他说不来。我知道他知道一些，于是我就改了一种问的方式。我说，你知道的阿诗玛的故事是不是这样的：阿诗玛从小就非常聪明美丽，后被恶霸热布巴拉看中，就强抢去给他的儿子阿支做媳妇，阿黑于是再去把阿诗玛抢回来，在回来的途中过河的时候，变成了回声。阿诗玛的故事有很多种版本，我说的是电影的版本。听了我的叙述，足光华说，是这样的，但阿黑不是电影中说的那样，是阿诗玛的情人，而是她的哥哥。这不错，这的确是电影对撒尼民间流传的阿诗玛故事的一大改变，在撒尼山乡流传的阿诗玛的故事中，很少有说阿诗玛与阿黑是情人关系的，都说他们是亲兄妹关系。足光华还告诉我说，现在村里很少人知道这一点，大多认为他们是情人关系。后来，笔者又到其他的撒尼村寨调查，情况也大多如此。可见这部新《阿诗玛》是被撒尼人广泛接受的。

当然，也有对新《阿诗玛》表示不满的，如撒尼学者罗希吾戈就曾撰文指出："经过整理的《阿诗玛》，堪称我国民间文学中的良璞、美玉，赢得了国内外文艺界的称道，是十分自然的。然而，奇怪的是，《阿诗玛》汉文整理本已出版二十多年，直到现在，撒尼群众还不知道它，更谈不上回到撒尼人民中去。撒尼群众现在吟唱的《阿诗玛》，仍然是未经整理的，存在于民间的本子。即使是活跃在群众中的文艺宣传队，他们演出的《阿诗玛》台本，也仍然是根据原来流传于民间的本子改编的。"[①]但赞同此观点的撒尼人似乎并不多。相反，曾任石林县县长、县委书记的撒尼学者赵德光的观点恐怕更具代表性，他说："撒尼民间叙事长诗《阿诗玛》和电影《阿诗玛》为宣传撒尼传统文化做出了卓越贡献，是典型的三重变奏实例。它的成功，表明撒尼传统文化、汉文化、西方现代

① 罗希吾戈：《对〈阿诗玛〉翻译和整理的几点浅见》，《山茶》1982年第2期。

文化三者之间有着密切的关系，是文化间的互相交融和整合成就了这一文化瑰宝。经过撒尼民间一代代口头传唱，到撒尼传统知识分子毕摩当经书传唱，到汉族文人精雕细刻整理成长诗，最终采用现代技术搬上银幕，《阿诗玛》的创造成功凝聚着多文化类别的努力。除撒尼人民和本民族知识分子之外，跟汉族诗人、作家联系在一起的就有：杨放、朱德普、黄铁、杨知勇、刘绮、公刘、李广田、臧克家、孙剑冰、马学良、葛炎、刘琼、陈荒煤，以及白族诗人晓雪，彝族女演员杨丽坤，本民族学者黄建明、昂自明、昂智灵、普卫华、罗希吾戈、金国库等。除此之外，国外学者为《阿诗玛》也做出了巨大贡献，如最早介绍和分析民间《阿诗玛》片段的保禄·维亚尔，如日本的君岛久子，以及将《阿诗玛》译成英文、日文、俄文等的翻译家。"[①]显然，作为撒尼人的精英，赵德光并不认为整理有什么不好，相反，他认为，整理进一步完善了《阿诗玛》，还让中国及中国之外的人民都知道了撒尼人及《阿诗玛》，这是非常了不起的贡献。赵德光的意见在撒尼人中是有代表性的。

不仅如此，撒尼人还由此而前进了一步：把自己的文化称为阿诗玛文化，把自己的女性都称为阿诗玛，男性都称作阿黑。赵德光："长诗《阿诗玛》的整理出版，电影《阿诗玛》的发行，以《阿诗玛》为代表的撒尼文化推动石林旅游业发展这三件大事，使撒尼文化发挥了数千年来未能展现的强力作用，从而也使阿诗玛文化成为石林撒尼文化的象征，因而人们常常用诗中的人名代替了族名（撒尼人称我们都是阿诗玛或我们都是阿黑），以个人的形象代替群体形象（阿诗玛是撒尼美神的象征），以人名代替地名（石林是阿诗玛的故乡）。"[②]这些情况表明，撒尼人对新《阿诗玛》的认同是非常彻底的。

总之，撒尼人是比较认同这部新《阿诗玛》的。

新《阿诗玛》的广泛传播与这种认同有着密切的关系。

首先，被传播的新《阿诗玛》塑造了光彩亮丽的撒尼人形象。新《阿诗玛》塑造了阿诗玛和阿黑的形象。阿诗玛是"坚强、勇敢、美丽、可爱的姑娘"，阿黑

① 赵德光：《阿诗玛文化重构论》，中国社会科学出版社2005年版，第200-201页。
② 赵德光：《阿诗玛文化重构论》，中国社会科学出版社2005年版，第201页。

是十分可爱的“机智勇敢的青年”[①]。虽然也塑造了热布巴拉这个恶霸的形象，但那个时代以阶级的观点来对一个民族的人进行划分，且认为主体是受压迫受剥削的劳动人民，因此，阿诗玛和阿黑无疑就成了撒尼人的代表。于是，一个原本默默无闻的少数民族族群——撒尼人，就以亮丽的形象展现在了全国读者和观众的面前。

其次，新《阿诗玛》在全国的传播，把光彩亮丽的撒尼人形象推向了全国，为撒尼人在新中国赢得了优秀国民的身份和地位。中国的少数民族大多生活在远离内地的边疆地区，过去，因交通的不便，内地的汉族人民与边疆地区的少数民族来往不多，因此相互间的了解也就少。一般而言，内地汉族人民对少数民族的认识和了解往往来自各种媒体，有研究者就曾指出：“调查结果表明媒体在人们对少数民族的认识上的确起着重要的作用”，“85%的人认为大众传媒是他们获得有关少数民族信息的最主要来源”[②]。因此，正是通过电影《阿诗玛》，全国人民才不仅知道了阿诗玛和阿黑，还知道了在中国西南边疆的云南，有一个勤劳勇敢、能歌善舞的少数民族族群——撒尼人。于是，新《阿诗玛》“重塑了一个地区的形象，一个民族的形象”[③]。新中国成立初期，国家致力于推行一个观念，即少数民族也是国家中平等的一员。这样，撒尼人就自然而然地在全国人民中获得了优秀国民的身份和地位。而这无疑强有力地推动了撒尼人对新《阿诗玛》的认同与接受。

（二）意识形态的改变与撒尼人对新《阿诗玛》的接受

新的《阿诗玛》与撒尼人传统的《阿诗玛》有较大的差别，但撒尼人接受了这部新的《阿诗玛》。撒尼人接受新的《阿诗玛》与1949年新中国成立后撒尼人的意识形态的变迁有着直接的关系。

---

① 段平等：《优美的歌——〈阿诗玛〉读后感三则》，《人民文学》1954年第7期。

② ［德］安雅·森茨、朱易：《从〈阿诗玛〉到彝族“Rap”：以彝族为例论中国媒体中的少数民族》，引自赵德光：《阿诗玛国际学术研讨会论文集》，云南民族出版社2006年版，第449页。

③ 赵德光：《阿诗玛文化重构论》，中国社会科学出版社2005年版，第201页。

1. 20世纪50年代初期撒尼人的意识形态的变迁

50年代初期，因为解放，撒尼社会发生了深刻的社会变迁，而社会的变迁又必然引发了撒尼人意识形态的变迁。

（1）50年代初期撒尼社会的变迁

1949年新中国成立后，中国共产党在全国范围内建立了农村基层政权，实行土地改革和农业生产合作化运动，使整个国家发生了天翻地覆的变化。作为我国社会的一部分，撒尼社会也同样建立了基层人民政权，同样实行了土地改革和农业生产合作化运动。

首先是基层人民政权的建立。1949年12月9日，国民党云南省政府主席卢汉在昆明宣布起义，云南和平解放。1949年12月12日，国民党路南县政府被接管，中共路南县委、县临时人民政府进县城鹿阜镇设署办公，路南县解放。[①]因圭山撒尼地区是滇黔桂边区革命根据地的中心，在全县解放前的1948年12月即成立了圭山区革命推进委员会，接管了民国乡公所。1949年2月10日，圭山区革命推进委员会撤销，成立圭山区临时人民政府。1950年3月，成立圭山区人民政府。圭山区人民政府成立后，它下辖的海邑、糯黑、西街口、跃宝山、维则、海宜、宜政和尾乍黑8个乡的乡政府也随之成立。

其次是进行了土地改革。据《石林彝族自治县概况》记载：路南县的土地改革从1951年12月22日开始，分两批进行，第一批在坝区和汉族聚居区的42个乡进行，1952年上半年完成；山区和少数民族聚居区的63个乡则在1952年下半年完成。[②]圭山区的土地改革从1951年12月22日开始，也分两批进行。第一批在坝区和汉族聚居区普拉河和海邑进行，1952年上半年完成；山区和少数民族聚居区的乡在1952年下半年完成。1953年春，颁发了土地证。[③]

最后是开展了合作化运动。撒尼地区的合作化运动从1953年开始。1953年年底，全区建立了115个常年性互助组，到1954年年初发展为345个常年性互助

① 昆明市路南彝族自治县志编纂委员会编：《路南彝族自治县志》，云南民族出版社1996年版，第556–557页。

② 《石林彝族自治县概况》编写组：《石林彝族自治县概况》，民族出版社2007年版。

③ 圭山乡人民政府：《圭山乡志》，云南大学出版社1993年版，第175–176页。

组。1954年春，试办了9个初级农业生产合作社，到年底在试办的基础上建立了98个初级社，入社农户2141户，占总农户的30%。1955年年底，在宜政大海子村试办了光明高级农业生产合作社，李茂文担任社长。1956年，原来未入初级社的1513户的6729人，直接加入了高级社，至1957年年底，全区99.8%的农户都加入了高级社。1958年，全区发起“大跃进”的“人民公社化”运动。当年9月将未巩固的20个高级农业合作社并成圭山人民公社，实行“政社合一”“三级管理”“两级核算”。农业生产合作社在撒尼社会的广泛建立，无疑从根本上改变了撒尼民众的生产劳动方式，也改变了普通撒尼人的生活方式。①

农村基层政权的建立，以及土地改革、农业生产合作化运动的开展，也同样引发了撒尼社会巨大的社会变迁。

首先，撒尼社会不再是一个自治的社会。前文已经说过，由于地方偏僻，国民党政府不重视农村基层政权的建设，20世纪50年代前的撒尼社会处于完全自治状态。但中国共产党领导的农村基层政权建立后，这种状况发生了根本性的变化。这主要是因为，与国民党注重以有产者来治理乡村不同，中国共产党注意在诸如征粮支前运动、剿匪反霸运动、土地改革运动等运动中发现和培养本地贫雇农中的骨干、积极分子，并使之成为乡村社会中的一股新兴力量。其后在成立乡村的党组织时注意发展这些骨干、积极分子入党，在区、乡、村等农村基层政权都注重使用这支力量，这样，中国共产党的领导就深深地扎根在基层社会中，真正实现了对广大农村的领导。于是，撒尼社会的完全自治状态就由此结束了。

其次，撒尼社会里人们的生产劳动由以户为单位转变为集体劳动。20世纪50年代前撒尼人的生产劳动是以家庭为单位的：“彝族家庭既是生活单位，又是生产单位，作为农业社会的一个细胞发生着作用。”②但实现生产合作化后，撒尼人的生产劳动都变成了集体劳动。50年代前，撒尼人在劳动中也唱《阿诗玛》，劳动的场合是《阿诗玛》传承的重要场合。改集体劳动后，《阿诗玛》的

① 圭山乡人民政府：《圭山乡志》，云南大学出版社1993年版，第176-179页。

② 路南县情调查组：《中国国情丛书——百县市经济社会调查·路南卷》，中国大百科全书出版社1996年版，第469页。

传承显然就丧失了一个重要的传承场。

再次，撒尼社会的教育也获得了巨大的发展。

50年代前，圭山撒尼地区的学校教育不仅起步迟，学校数量少，而且层次低——只有小学，没有中学，能上学的人少，教育不普及，文献对这种情况有较为详细的记载。

据《圭山乡志》，圭山最早的学校教育，是清朝雍正十三年（1835年）署知州朱干在和合村设的义学馆。之后到清光绪三十四年（1908年），戚施周才在海邑新寨办起了圭山的第一所私塾，最初学生有8人，后发展到20余人。尾乍黑、普拉河、革腻等村后来也相继开办起私塾。尽管后来撒尼地区也开办起了新式的学校，但部分私塾在撒尼地区一直办到民国后期。

撒尼地区自1911年开始有新式学校，海邑私塾改为小学堂集体办学，这是圭山撒尼地区最早的新式学校。1912年，学校改称为学堂。这一年，尾乍黑和海宜两所学校创办。1915年，学校改名为国民初等小学。1918年，开办大糯黑小学；1921年，开办普拉河上寨小学。1928年，土瓜黑和额冲衣小学创办。1930年，革腻和大乍龙初级小学创办。1931年，小圭山小学创办。1936年，由张冲建议经云南省政府义务教委批准省立圭山小学在维则创办。1938年，当甸和老戈冲里两所小学创办。1944年，林星村保国民学校创办。1946年，新海宜保国民学校创办。据统计，1922年，圭山撒尼地区共有国民学校7所，教职员11人，学生250余人。1947年，圭山撒尼地区共有中心小学1所，保国民学校15所，在校学生650余人，教职员22人。

除国民教育外，圭山撒尼地区还有一些教会办的学校。据《圭山乡志》记载，清光绪二十五年（1899年），法国天主教神甫韩济光来到海邑中寨盖起了一幢天主教堂，开办了天民小学，培养天主教神职人员。以后海邑教区先后又在老海邑、敢布黑、野核桃树、左溪等村盖起了教会学校。宣统三年（1911年），又增办了小糯黑、左溪、野核桃树3所小学。加上原有的共5所学校，教职员6人，学生有130余人。

据《路南彝族自治县志》，这个时期国民小学的学制是这样设置的：1903年，小学分为初等和高等两级，学制为初等五年，高等四年共九年。1912年，学制改为初等小学四年，高等小学三年；1923年，实行新学制，规定初级小学四年，高级小学二年。1930年，实施义务教育，在部分地区开办短期小学，学制为一年至四年不等，有的小学采用半日制、全日制或间日制、巡回教学制。课程则这样设置：1930年，小学开设修身、读经、中国文学、算术、中国历史、中国地理、格致、体操等课程；清宣统年间，小学开设修身、国文、算术、历史、地理、格致、体操、乐歌、图画等课程。一年制短期小学开设国语、算术、公民训练、体育课；二年制开设国语、算术、常识、工作、游唱课。1912年，初等小学开设修身、国文、算术、图画、唱歌、体操、手工、缝纫课；高等小学开设修身、国文、算术、中国历史、中国地理、理科、手工、图画、唱歌、体操、农业、缝纫、英语课。1915年，国民政府颁布《教育纲要》，初等小学开设国语、算术、历史、地理、修身、体操、图画；高等小学除以上课程外，增加读经、格致、博物和理化4科。1932年，小学课程设国语、算术、社会、自然、园艺、工用艺术、形象艺术、音乐、体育课。1929年，国民政府在小学课程中增设党义，改形象艺术为美术课，工用艺术为工科；高级小学算术课中增设珠算，国语课中包括书法和作文。1942年，国民政府教育部规定，初小开设团体训练、国语、算术、常识、教育、音乐、图画、劳作课；高小增设自然、公民、历史、地理4科。[①]圭山撒尼地区的小学学制与课程应当与此一致。

学校教育发展迟，数量少，层次低，受教育的人少，是这个时期圭山撒尼地区教育的一个特点。

1949年新中国成立后，圭山地区的学校教育获得全面发展。据统计，1950年，圭山区、乡的学校，计有接管原有学校17所，恢复2所，共19所，教师33人，学生917人。1951年4月30日对学校进行全面普查，普查结果，省立小学1所，区办小学9所，民办小学10所，共有小学20所，在校学生967人，教师36人。1958年“大跃进”中，学校大幅度增加，全区共有学生1347人，教师46人。这一年海宜乡增办了海宜农业中学，中学有校长1人，教师4人，学生50多人。1965年，全乡

① 昆明市路南彝族自治县志编纂委员会：《路南彝族自治县志》，云南民族出版社1996年版，第719-741页。

有公办小学15所，民办小学12所，共27所，班级65个，学生1949人，教师69人。1976年，小学发展到40所(包括附设初中班)，共125个班，学生3176人，教师135人。[①]此外，圭山乡还先后开办有耕读初中、农业中学、附设初中、圭山乡中学等中学教育，有毕业生2075人。[②]

教育的发展也是撒尼社会的重大变迁。这种变迁不仅是变迁的结果，它还引发新的变迁。

(2)社会变迁引起的撒尼人的意识形态的变迁

社会的巨大变迁，也使得撒尼人的意识形态在短时间内发生了巨大的变迁。

20世纪50年代前，撒尼人信仰原始宗教。据《路南彝族自治县志》和《中国国情丛书——百县市经济社会调查·路南卷》记载，路南彝族土生土长的宗教是他们本民族的原始宗教。19世纪中叶以后，随着帝国主义势力在华扩张，天主教、基督教传入路南，影响日益广泛，但原始宗教仍在各民族的思想信仰和现实生活中占有十分突出的地位。撒尼人的原始宗教信仰，一是崇拜各种神灵。这个时期的撒尼人，心目中有一种万物有灵观念，即认为自然界的一切事物之所以能够存在和活动，是因为有一种超物质的力量——神灵在起作用，天、地、日、月、山、石、火、林、草、木、风、雨、雷、电都与神灵有密切的联系。这个时期的撒尼人崇拜的神灵主要有：

• 天神。彝族经书记载，宇宙万物皆为天神所造，并为天神主宰，所以要敬天祭天。

• 日神、月神。每当日食、月食发生，撒尼人认为是天狗在吃月亮、天虎在吃太阳，是预示灾祸将降临，于是鸣锣击鼓，高呼："天狗吃月亮了!""天虎吃太阳了!""来赶走天狗、天虎。"

• 地神。清道光《云南通志》称，彝民"耕毕，合家携酒馔赴郊外，祭土神后，长者盘坐，幼者跪敬酒食，一若宾客相饮者然"。

• 火神。撒尼人每逢村寨失火烧房，认为是火神作乱，就组织全村老少送火

① 圭山乡人民政府：《圭山乡志》，云南大学出版社1993年版，第319–322页。
② 圭山乡人民政府：《圭山乡志》，云南大学出版社1993年版，第331–332页。

神以求平安。

• 山神。撒尼人认为诸神之中最有力的是山神。风、雨、雷、电、年景好坏、升官发财都与山神有关。每年正月初二、初三，请毕摩与全家人到山神庙供酒肉、杀鸡祭献。毕摩诵《诵神经》作法术，请远近诸神降临，保佑全家，给孙儿、孙女日后交好运。

• 石神。撒尼人的山神庙里供奉一块石头代表山神，每年的正月初二、初三，父母领着孩子抱公鸡到神石下杀鸡祭献，跪拜求神石保佑。有些妇女久婚不孕，以酒肉祭献神石，求神石保孕。

• 猎神。彝族历史上盛行过图腾崇拜，至近代，还有少量遗存。

• 风神。每当飓风毁屋、刮倒庄稼、拔倒树木、人遇旋风认为是怪事、是凶事、是风神在作乱，速请毕摩诵经，杀鸡祭献，讨好风神，到人遇旋风处叫魂。

• 虎。彝族认为虎是至高无上的，农历五月要宰牛祭虎。

• 龙。撒尼人对龙尤为崇拜，认为龙能呼风唤雨。每年农历正月，各村寨杀猪宰羊祭龙求雨，以保丰年。

除了崇拜自然神灵外，撒尼人还崇拜祖先。撒尼人认为，人的灵魂不会死，生时附于躯体，死后独立存在，或栖附他物，或往来于阴阳之间，或游荡于死者的村寨住所附近。这种灵魂被称为鬼，掌管着人们的生老病死和吉凶祸福。鬼又分为善鬼、恶鬼和善恶相兼的鬼三类。已故父母及祖先之灵是善鬼，善鬼即是神，可以保佑全家平安，人畜兴旺，香火延绵不绝。因此，祖先崇拜受到高度重视。

撒尼人在长者死后，要剪下一绺头发，伴同一根松枝，用麻布及红布条包扎起来作牌位，放在正堂屋的正梁上。过一段时间取下来，用木头做成新的牌位。名为“斯娜”，上面以彝文写上死者姓名和生卒年月以及儿子的名字，不写女儿的名字。三年满，把“斯娜”送进家族共有的山洞里供奉。不同家族各自拥有本家族的山洞，每年农历正月，家家户户都要携带香烛和供品前去祭祀。火把节等节日时，人们也要祭祖，杀猪宰羊，用新荞、新米做成荞粑、米饭，一并供献给祖先，表示与祖先共享欢乐，并感谢祖灵赐予新收获，祈求祖灵保佑后代吉祥平安。除了节日祭祀外，还有日常祭祀，通常在家人患病或认为出现凶兆

(如家畜产怪胎、母鸡自食其蛋、夜半马嘶鸡鸣等)时举行。祭时将酒、肉供于祖先灵牌之前，祈求祖灵驱凶降吉。

20世纪50年代前圭山撒尼人最主要的宗教活动是“祭密枝”。“祭密枝”既是撒尼人原始宗教的盛大祭典，同时也是撒尼人一年中的一个重大节日。

每年农历冬月的第一个鼠日到马日，彝族人民要举行隆重的、持续7天的祭密枝活动，它既是综合性的原始宗教祭典，又是规模盛大的民族传统节日。

从农历七月十五这一天，人们就开始祭密枝的筹备工作。先以占卜的方式选出主持当年祭密枝的密枝翁(总管)和其他方面的负责人员，再筹款买一只纯白健壮的绵羊和其他食品。羊的主人家要清洁平安；羊毛纯白，不能有黑点，否则不吉利。

祭密枝前一天，密枝翁和全体负责人员到密枝林清扫杂物，请毕摩念经，驱赶不吉利的东西，在一棵高大苍劲的神树下布置神堂。神堂顶部插松枝，旋转腰系彩绸的鹅卵石和小石虎，象征林神、地神和祖神，神堂的后排放置简陋的木盅、木碗，神堂前供上狩猎的工具和腊肉等食品。

密枝林是神圣不可侵犯的神林，一年四季除了祭神之日，人畜均不得进入，更不得在林中伐木、狩猎、埋葬死者。女性入林也是不允许的。密枝林中的一草一木都具有神力，亵渎它们要受到密枝神的惩罚。人们世世代代保护着密枝林，使这里草繁木茂，郁郁苍苍，弥漫着神秘的气氛。

祭密枝的这一天，全体负责人员集中到密枝翁家。当晨曦微露之时，负责开路的“相司”扛一根竹竿在前开路，毕摩摇着神铃，其他人带好各自的用具，嘴喊“哈格、哈格”，进入密枝林。

然后按各自的分工，忙着挑水、烧火、杀牲、煮饭。晚饭前，全体人员跪在神堂前举行祭神仪式，由毕摩祈祷求愿，请密枝神、林神、地神保佑全寨老少平安、六畜健壮、五谷丰登、山林茂盛。晚饭后，全体人员再次跪于神堂前，向祖神、林神、地神祈祷，并与他们告别，然后喊着“哈格、哈格”，离开密枝林，顺着村中道路行进，边呼喊“哈格、哈格”，边诅咒违反村规民约、道德败坏的行为。

祭密枝的7天里，全体人员不许下地劳动，妇女在家做针线活或料理家务，且不得靠近密枝林。从第二天开始，全村男子带上火药枪和竹竿、雀网等，上山打猎、撵雀，以免密枝林受鸟兽糟蹋。

祭密枝产生于彝族历史的早期，虽然历尽岁月沧桑，但很多侧面却折射出古代彝族的生活情景：①祭时活动用的碗、盆、勺、杯都为木制品，山地民族最初使用的就是此类简陋的木制品。②祭神时不献米饭和猪肉，而是献上养疙瘩、杂豆、麻竿和羊肉，这些都是古代山地民族的主食品和副食品。③主持祭密枝的密枝翁（总管）和密枝扎（副总管），必须是德高望重、办事公道、经验丰富的长者，在氏族制度阶段，他们是氏族首领。参与祭祀的人还有毕摩（祭司）、毕所（助理祭司）、浩洛（主管杀牲）、诗司（负责牵羊）、支刮（管酒、斟酒）、阿巴（挑水夫）、相司（领队者）、布纳（伙夫）、布杂（助理伙夫）等，这些人均须品行端正，家中当年无人畜死亡。④祭祀活动期间，要总结一年来乡规民约的执行情况，违反者此时无颜见人。乡规民约是维持社会正常运转、规范人们言行的规章制度，与氏族社会的习惯法联系密切。⑤全寨人集体上山狩猎，猎获物平分，这也再现了狩猎时代的生活。⑥各寨祭密枝忌讳外村人，特别是外族人在场。在氏族社会，祭密枝是本氏族的神圣祭典，其秘密是不能让其他氏族的人知道的。

20世纪50年代前，圭山撒尼人的宗教活动离不开毕摩。

传说毕摩曾经是氏族的首领，后来地位下降，成为首领的参谋；至明清时期，“改土归流”后的彝族地区，彝族土官逐渐被流官代替，毕摩失去政治上的地位，只充当原始宗教祭司的角色。路南彝族的毕摩有世袭毕摩和师徒毕摩两种，都精通彝文和彝文经典，并得到群众公认。他们的职能是诵经驱鬼、占卜吉凶、祈祸禳灾、招魂送灵等。遇祭祀时，他们是主持者，且获得一定的报酬；平时，则是村寨中的普通成员，参加劳动，自食其力。

毕摩在撒尼人的社会生活中的地位特别重要。生产活动中，狩猎前祭猎神，种庄稼前祭水神等，均要由毕摩念经；结婚时，要由毕摩主持婚礼仪式，并唱《送嫁歌》为新人祝福；葬礼上更少不了毕摩，择吉日开丧下葬，为死者指路招魂，多次的祭祀祈祷，都必须由毕摩主持诵经；毕摩又兼职医药人员，在人病时一面念经驱鬼，一面以草药治病，神药并举，使病人痊愈。毕摩精通彝文和彝族历史文化，是本民族的知识分子。在原始宗教的唱诵中，包括了愚昧、落后的迷信成分，也保存了彝族的经典和大量的神话传说、史诗故事，为人们了解和研究彝族的历史、哲学、文学、道德、宗教等提供了宝贵的资料。著名的叙事长诗《阿诗玛》就是用彝文记载，由毕摩保存下来的。至今还有相当一部分有价值的民间文学作品和彝文古籍为毕摩所掌握，等待人们去开发。

彝族珍贵文化遗产代代流传，得力于发挥特殊作用的毕摩。但在1949年以前，国民党政府实行民族压迫、民族歧视政策，毕摩和彝文古籍同遭灾难。[①]

除了原始宗教外，20世纪50年代前，圭山撒尼人也有部分人信仰天主教、佛教等人为宗教。

天主教是在19世纪下半叶进入撒尼地区的，先后到路南传教的天主教传教士（神甫）共30人，修道士16人。天主教先后在路美邑、青山口、下冒水洞、大湾箐、维则、海邑、海宜等撒尼村寨建立了“天主教堂”。他们以设学校、医病、兴修水利的形式笼络撒尼人民信奉天主教。全县124个少数民族村，其中22个村寨3000余人信奉天主教。最早进入撒尼地区传教并且有较大影响的是法国传教士邓明德（原名Paul Felix Angelerial，汉译为保禄·斐利克斯·安热勒·维亚尔），他于1887年到达路南县撒尼地区传教。邓明德先是在路美邑乡的路美邑村建立教堂、学校，并以此为基地，向四方传播天主教。1895年，邓明德又在板桥镇的青山口村传教，建立了以他的“圣名”命名的“保禄村”，开办保禄小学，吸收教徒子弟读书，同时培养神职人员。1915年还在维则创建了维则教堂。另一个在圭山撒尼地区传教有较大影响的传教士是法国神甫韩济光。韩济光于清光绪二十五年（1899年）把海邑作为天主教教区，先后在海邑、普拉河、尾乍黑、敢布黑等地建教堂传播天主教。天主教在撒尼地区传播，对撒尼社会和撒尼传统文化都产生了很大的影响。在天主教信徒多的村庄，彝族的传统文化遭到破坏，祭密枝等活动一度停止，青年们不得进公房，不得跳乐。结婚须经神甫同意，并且不得与非教徒结婚。

---

① 路南县情调查组：《中国国情丛书——百县市经济社会调查·路南卷》，中国大百科全书出版社1996年版，第499–514页。

佛教在清代传入圭山撒尼地区，在撒尼人中有一定的影响，道光年间在圭山建有殿宇金碧辉煌的圭山寺。

1949年新中国成立后，基层人民政权的建立，以及接着开展的土地改革和农业生产合作化运动，改变了撒尼社会封闭的状况。与此同时，国家的新意识形态建构工作在这里也同样开展了起来。

首先是党员干部和积极分子的学习。

党员干部、积极分子的政治学习，自撒尼社会解放始。党员干部、积极分子的政治学习又包括三种不同的形式。一是新党员教育。据《路南彝族自治县志》记载，1949年，中共路南县工委编印了《关于新党员的教育问题》作为教材，对党员进行党的基本知识教育。1953年后，一方面根据中共中央宣传部《关于党在过渡时期总路线的学习和宣传提纲》，组织党员学习总路线，另一方面也按省委宣传部编印的农村党课教材进行教育，要求党员增强党的观念，懂得党的基本知识和现行政策。1956年分别集中山区、坝区党员350人学习党的“八大”文件，学习党员标准八项条件等。[①]二是党员干部、积极分子的政治理论学习。路南县党员的政治理论学习，据《路南彝族自治县志》记载，1949年，主要学习毛泽东《论联合政府》《将革命进行到底》等。1950年后，每年都要组织党员干部、职工学习党和国家领导人的讲话和报告，全国党代会、人代会的报告、决议，学习党在过渡时期的总路线等。1965年11月，集中文书、社长和组织、宣传委员270人到县训练半月，学习党的奋斗目标，《为人民服务》《愚公移山》《纪念白求恩》，还有《农村社会主义教育运动中目前提出的一些问题》（简称《二十三条》）等，全县党员分两批共1396人集中训练，到1966年2月结束。[②]三是整党。路南县的整党，据《路南彝族自治县志》记载，1957年冬，路南县委在全县农村开展以粮食问题为中心的社会主义大辩论的基础上，对全县

① 昆明市路南彝族自治县志编纂委员会：《路南彝族自治县志》，云南民族出版社1996年版，第567页。

② 昆明市路南彝族自治县志编纂委员会：《路南彝族自治县志》，云南民族出版社1996年版，第568页。

农村63个支部，1057名党员进行整党，整党的目的和要求是进一步坚定社会主义原则性和发挥社会主义积极性，正确处理国家、集体、个人三者利益关系。[①]党员干部、积极分子的政治学习，目的是要党员干部、积极分子提高素质、加强党组织的建设，在思想上与党中央保持一致。内容上，从上述资料不难看出，主要是马列主义、毛泽东思想，党的宗旨、党的纲领和基本路线，还有党的组织性、纪律性的教育等。具体的，是党的领导人的一些经典文章，党的会议的重要文件，以及党的上级部门编印的学习材料等。这些学习的内容大致可分为两个部分，一是党的基本思想与理论，二是与形势密切相关的党的方针政策。通过学习，党员无疑对党的纲领、宗旨、奋斗目标等有了进一步的认识，对党的路线、方针、政策等也有了更深入的认识，全党的思想也因此而得到统一。正是通过这样的教育，党的意识形态得以在广大党员干部、积极分子中传播。

其次是普通群众的政治思想教育。

与全国的情况相似，圭山撒尼地区群众的政治思想教育也以业余的形式进行，与文化学习相结合。据《路南彝族自治县志》记载，1950年，遵照全国第一次工农教育会议以及宜良专区拟定的冬季运动办法精神，路南县依靠农村基层组织和社会力量，开办农村扫盲学校，扫盲学校的成员由小学教师兼任，教材以清匪反霸、减租退押、生产互助、抗美援朝为内容进行自编。至1952年，全县扫盲学校共办有12所，参加学习的人员有7425人。1955年，县成立扫盲委员会。1956年3月25日，县扫盲委员会拟定了扫盲工作规划意见，并在全县实施。根据年底统计，全县14~50岁的青壮年共计37691人，文盲占93%，其中妇女文盲占文盲总数的51.8%。根据此情况，县扫盲委员会要求各地采取多种形式开办农民扫盲学校，计划在7年内完成扫除农村青壮年文盲的任务，当年开办农民夜校67所，有13151人参加学习。1957年3月2日，县成立由21人组成的扫盲协会，统一协调全县扫盲工作。至8月，全县实现每社办有2个民校，少数还实现了村村有夜

① 昆明市路南彝族自治县志编纂委员会：《路南彝族自治县志》，云南民族出版社1996年版，第557页。

校。年底，参加民校学习的农民达到28341人。至1958年，全县扫除文盲19932人，占全县文盲人数28433人的59.6%。[①]具体到圭山地区的情况，我们可以从《圭山乡志》中了解到。据《圭山乡志》记载：圭山“从1950年开始，以校为单位，普遍办起夜校班，教师由各农协会找义务教师担任。设有小学的村寨，由小学教师担任，利用晚上学习1~2小时，以识字为主。学员读的是新编农民识字课本。在长期文化落后的山区里，群众学习文化的积极性很高，各村夜校办得有声有色。到1953年底有夜校30余所，30余个班，扫除文盲3000余人。”[②]

上述材料对这些扫盲学校的教学内容或许语焉不详，但我们也可以从对这个时期路南县的宣传工作的介绍中大致了解其学习的内容。宣传与扫盲虽说是两项工作，但其实施者都是地方党组织和政府，实施对象都是普通的民众，因此它们是不大可能泾渭分明的。据《路南彝族自治县志》记载，1950—1951年，宣传人民政府征粮的意义、政策，清匪反霸，宣传动员群众欢迎中央慰问团，宣传抗美援朝，保家卫国，镇压反革命，实行减租退押；1951年12月开始进行土地改革，宣传土改的正义性、政策和阶级路线，“土地回老家，合理又合法”“打垮地主阶级，消灭封建土地制”的口号家喻户晓；戏剧、电影下乡，演出《白毛女》《血泪仇》《陕北牧歌》《新儿女英雄传》等，同时宣传反贪污、反浪费、反官僚主义，开展增产节约。1952年后，宣传党在过渡时期的总路线，使“一化三改造”(在一个相当长的时期内，逐步实现国家社会主义工业化和对农业、手工业和资本主义工商业的社会主义改造)的任务老幼皆知。1954年宣传《关于发展农业生产合作社的决议》。1955年在秋收秋种中，在农村开展“关心社、爱护社，以社为家”的宣传教育，宣传合作社的优越性；这一时期还学习宣传《中华人民共和国宪法》，全县各族人民受到了社会主义法制教育。1956—1957年，宣传学习中国共产党第八次全国代表大会文件，使广大干部和各族人民初步明确国内主要矛盾是“先进的社会主义制度与落后的生产力之间的矛盾”，党的工

① 昆明市路南彝族自治县志编纂委员会：《路南彝族自治县志》，云南民族出版社1996年版，第735-736页。

② 圭山乡人民政府：《圭山乡志》，云南大学出版社1993年版，第334页。

作重点应由社会主义改造转向社会主义建设。1958年，宣传学习总路线、“大跃进”、“人民公社”“三面红旗”等。[①]

通过这样的扫盲班学习，党的意识形态也就逐渐地在普通撒尼民众中得到传播，并被普通撒尼民众所接受。

最后是学校的思想教育。

在圭山撒尼地区，对学生的思想教育也同样得到重视。据《路南彝族自治县志》记载，路南县的中学，1950年按教育部《中学暂行教学计划（草案）》的规定，开设政治课程。1953年按教育部《中学教学计划（修订草案）》规定，初中开设中国革命常识课程。1956年，政治课增加《中华人民共和国宪法》课程；1958年，改中国革命常识为政治课，增设社会主义思想教育课程；1963年根据教育部《关于实行全日制新教学计划（草案）的通知》，政治课以年级分别设置道德品质教育、社会发展史、中国革命和建设、政治常识、经济常识、辩证唯物主义常识、时事政治教育等不同的课程。

由于多管齐下，撒尼人的意识形态很快发生了变迁。这种变迁，浅层的是对共产党及领袖毛主席的崇敬，对社会主义制度的热爱；深层的则是人民的思想意识的深刻变化，包括对唯物主义的信仰和对传统宗教信仰的放弃。

对共产党及领袖毛主席的崇敬，对社会主义制度的热爱，可从人民发自内心的肺腑之言中看出来。如那首由撒尼人创作的著名的《撒尼人民心向红太阳》就唱道：“太阳哩照亮圭山，长湖的水哟金闪闪。太阳就是毛主席，撒尼人民心向红太阳。”这充分地表达了撒尼人对领袖毛主席的崇敬之情。

对唯物主义的信仰和对传统宗教信仰的放弃则体现在人们的宗教意识观念的淡薄以至消失。这种现象不难理解，因为民间信仰包括三个层面：物质层面——包括各种信仰活动的场所，以及信仰组织赖以生存、信仰活动赖以进行的财产；制度层面——包括各种信仰组织，以及近于制度化的各种信仰活动

① 昆明市路南彝族自治县志编纂委员会：《路南彝族自治县志》，云南民族出版社1996年版，第568–569页。

等；意识观念层面——如佛教、道教及多神信仰等。撒尼人的原始宗教信仰属于意识观念层面。而作为意识观念层面的体现的撒尼人的生产生活习俗则属于制度层面。与生产生活习俗密切相关的物质形态的设施则是物质层面。1949年新中国成立后，尤其是土地改革运动后，撒尼民间信仰的物质层面及制度层面的东西不断消失。如火把节、密枝节与撒尼人的宗教信仰有密切的联系，1949年新中国成立后，这些节日习俗都发生了较大的变化。一些传统的内容，如火把节里的吃牛肉、赶花街、青年人唱歌择偶等消失了。而密枝节则于1958年被禁止，1962年恢复；1966—1978年再度被禁止，在此过程中，逐渐淡出人们的视野。①

又如撒尼人的丧葬习俗。20世纪50年代前，圭山撒尼人的丧葬习俗，据《中国国情丛书——百县市经济社会调查·路南卷》《路南彝族自治县志》及《圭山乡志》等文献记载，是这样的：

家中老人患病，即速告舅姑来看望。不论是谁家，邻居亲友都会无偿地送糖、送蛋、送肉、送米来慰问病人。一旦病人病情严重，大家就日夜来守护。病人医治无效死亡，丧家要立即把毕摩请来，由毕摩择安葬的吉日，吉日要避开丧家活人的生日。日期择定后，主人家才据此请邻居数人分头发讣告通知亲友前来吊唁。报丧的人到达别人家时不能入门，要从门外要水（也有的地方是从门外要酒），表示死了人。漱口后入门，详告谁家老人逝世、办丧和发丧的时间、丧事规模等，告知后即返。

清朝以前，撒尼人实行的是火葬，自清朝起逐渐实行土葬，葬礼要持续3天才结束。

丧事的第一天，扎棺罩，搭天棚，用黄白钱纸做“巧钱”。接到通知的亲友又约上别的亲朋好友，请上鼓号队、长号队、狮舞队、叉舞队、细乐队，牵羊带粮到丧家祭祀。他们到来时，孝子孝女必须在大门外跪拜接入，并领他们与死

① 路南县情调查组：《中国国情丛书——百县市经济社会调查·路南卷》，中国大百科全书出版社1996年版，第499-514页。

者吊别。祭祀后，来祭祀的亲友扶起孝子孝女，以酒劝慰。在前来吊唁的亲友中，舅舅与姑妈特别受到重视，他们到来时，外甥要向他们报告逝者得病、治病、死亡过程。舅姑表示没有意见，丧家才能给舅姑戴孝布，舅姑也才给孝子扎白孝帽，给孝女戴白孝巾，安排逝者遗体入棺。

逝者遗体入棺的仪式由毕摩主持。仪式的主要内容有：在棺中放陪葬物品——主要是逝者生前用的被盖、衣物、鞋袜及亲戚送来的布匹。在逝者口中放一枚钱币，做死者灵魂的用钱。在棺内撒进五谷，做死者灵魂的用粮。用棉絮做垫，麻布棉布做盖，山草做枕，做死者灵魂的衣、被盖。用麻布、棉布剪成有眼、鼻、嘴的洞盖在脸上，让死者安息。盖棺后，只有舅姑有权开棺查看，装棺后置于堂屋内或孝房内。这一天夜里全村家家户户都派人来守灵。

第一天的祭祀由舅舅、女婿、出嫁了的女儿为主祭者。祭祀要杀1头牛、1口猪来祭献亡灵，同时请毕摩念经为逝者招魂和念诵指路经。招魂、念诵指路经是葬礼最重要的内容。招魂，就是毕摩把逝者的灵魂从西方叫回来。念指路经，就是把找回来的逝者的灵魂再送回祖先的发祥地。撒尼人认为他们祖先的发祥地是“阿着底”，“阿着底”在撒尼语中意为平缓的大坝子，据民间的碑记和老人的口碑，“阿着底”在现在的滇西大理地区。因此毕摩为逝者念的指路经就是要把逝者的灵魂送往西北方向，最后到达“阿着底”。为了防止死者的灵魂回不到“阿着底”，毕摩们念道：“灵魂所经之路已画好，请到祖先的山上去住吧！到那里有三条路，中间一条自已能走；旁边两条不能走，因为其中一条虎豹豺狼出没，另一条蚂蚁和牛会吃人。中间一条路虽然能走，但如果碰到漂亮的异性而被迷惑，也会失去方向而到不了祖先的大山。所以，走在中间的路上也要小心。”

丧事的第二天出殡。出殡前，亲友又一次拖羊带祭品吊祭，舅舅封棺钉板。如果舅舅有异议，就会故意拖延时间，甚至不来。外甥就得亲自登门赔罪，接受斥责，最后还是要把舅舅请到，由舅舅把棺板钉好，方可起棺出殡。出殡首先由逝者的儿孙抬出门外，再让给亲友抬棺。狮舞队、叉舞队、细乐队、鼓号队，吹吹打打走在最前面，孝子走在棺前，孝女跟在棺后，号哭送葬。到村边后，妇女退出送丧队伍，由男人们把棺材送上山埋葬。棺木入土前，要由毕摩念经、撒五谷在坟坑里，米要撒成“地久天长”几个字。然后放一只公鸡到坟坑里。若公鸡在坟坑里觅食扑翅，伸长脖子鸣叫，就被认为是吉兆，表明坟地风水好，后人吉利；若不叫，则表明不吉利，必须由毕摩念经驱邪。第三天，到坟地复山，毕摩给丧家活人叫魂，孝男孝女在坟地周围找蜘蛛带回去放生，认为蜘蛛能护人。三年后，丧家杀牛宰羊，请回舅姑、亲戚来祭奠，孝子孝女跪在坟前，让舅舅脱下孝帽，换上新帽，丧家给舅舅“挂红”，丧事结束。

三天葬礼期间，主人要杀猪、牛、羊，筹购各类小菜，用亲戚朋友送来的食物做成菜饭招待客人。由于撒尼人很重人情，谁家有丧事，不用主人请，只要得知消息，逝者的亲戚家的大人小孩、乡里邻居、朋友也会自带口粮，亲近的还牵着羊，前往逝者家帮助并参加葬礼。因此请客的规模一般都很大，往往多达百余桌（8人一桌）。请客由主人操办，亲戚们协助安排。由于规模大，人们各有分工，各司其职，分别承担煮饭、做菜、洗碗、抬棺、杂务等工作。主人家要记下客人送来的米、菜、羊和其他物品，以后逢别人家办丧事，要如数送还，甚至还要增加。

葬礼期间，全村停止干农活两天。人们认为，这绝不会影响农活。因为葬礼前，家家都必须做完该做的工作，安排好农活；办丧事是民族的大事，大家聚集一堂，互相帮助，增强了亲族、乡里的感情和团结，有利于今后的生活、生产；为死者送终，号声激越，鼓乐声响亮，狮舞粗犷，都强烈地震撼众人心扉，减轻死者亲人的悲痛，提醒人们要振奋精神，化悲痛为力量。①

1949年新中国成立后，尤其是“文化大革命”时期，主持葬礼的“毕摩” 被列为“牛鬼蛇神”，活动受到很大的限制，于是撒尼人的葬礼也大大简化，有浓厚宗教色彩的内容消失。

---

① 以上内容参考了《中国国情丛书——百县市经济社会调查·路南卷》第472-473页；《路南彝族自治县志》第125页；《圭山乡志》第95-96页。

民间信仰作为一种文化现象是一个整体，缺少了物质层面和制度层面的文化表征，意识观念层面的文化自然也就走向衰微、淡薄乃至消失。总之，社会的变迁也引起了撒尼人意识形态的巨大变迁。

2. 意识形态变迁对撒尼人接受新《阿诗玛》的影响

前面已经说过，新《阿诗玛》实际上是按特定的意识形态要求来整理的，是特定意识形态的产物。它的巧妙之处是，几乎所有的情节，都能在撒尼人的传说中找到，它只是对这些情节进行了不同的组合，同时突出了某些方面，而弱化了某些方面。也正是因为此，在它产生后的很长一段时间里，人们都把它当作是撒尼人的民间文学作品。于是我们可以说，新《阿诗玛》是在特定历史条件下对撒尼民间叙事长诗的一种理解和解读。当撒尼人的意识形态发生变化，而与国家的意识形态——阅读并接受新《阿诗玛》所需要的意识形态，一致之后，这种解读，对他们来说，是顺理成章的，接受也就是必然的。由此我们不难理解，当新《阿诗玛》的整理者拿着整理的初稿征求云南民族学院的撒尼学员的意见时，他们会说："这是我们的歌。"①一个相反的例子是，到了20世纪80年代，国家已经开始实行改革开放的政策，撒尼人的意识形态再次发生了变化之后，他们就开始怀疑甚至批评新《阿诗玛》了。如一个叫罗希吾戈的彝族学者就提出，新《阿诗玛》不受撒尼群众欢迎，因为整理者没有忠实于撒尼人的原作，它的情节、用语等都存在许多问题。由此可见，1949年新中国成立后，撒尼人的意识形态的变迁，对他们接受新《阿诗玛》是有重大的影响的。

① 刘绮：《撒尼人民与长诗〈阿诗玛〉——谈谈我参加整理〈阿诗玛〉的体会》，《思想战线》1978年第1期。

第四章　旅游开发与文化重构

十一届三中全会后，国家确立了以经济建设为中心的改革开放战略，国家的形势由此发生了根本性的改变，发展经济成为第一要务。正是在这样的大背景下，《阿诗玛》被再次重构。

一、经济发展的现实需要与文化重构的发生

改革开放后，面对发展经济的重任，经济基础薄弱的石林县没有更多的选择余地，文化，特别是在全国家喻户晓的《阿诗玛》，是他们能利用的为数不多的资源和条件。在全国都在搞“文化搭台，经济唱戏”的情况下，把《阿诗玛》用来为发展经济做贡献，既无可厚非，也势在必行。

（一）改革开放与国家对传统文化的新定位

1. 国家“以经济建设为中心”的基本路线的提出

1978年12月18日至22日召开的中国共产党十一届三中全会是一个具有划时代意义的会议，这次会议批判了“两个凡是”的错误方针，果断地停止使用“以阶级斗争为纲”这个不适用于社会主义社会的口号，否定了“无产阶级专政下继续革命”的错误理论，做出了把工作重点转移到社会主义现代化建设的战略决策。十一届三中全会后，经济工作日益得到重视。1979年4月，中共中央在北京召开有各省、市、自治区和中央党政军机关主要负责同志参加的工作会议，讨论经济调整问题。会议同意中共中央提出的“调整、改革、整顿、提高”的方针，通过了调整后的1979年国民经济计划。1979年9月，党的十一届四中全会通过了《中共中央关于加快农业发展若干问题的决定》，从此广大农村普遍实行了包

产到户、包干到户。1982年9月1日，中国共产党第十二次全国代表大会在北京开幕。本次会议提出了我国经济建设的战略目标、战略重点和战略步骤。战略目标是：从1981年到20世纪末的20年，在不断提高经济效益的前提下，力争使全国工农业的年总产值翻两番，即由1980年的7100亿元增加到2000年的2.8亿元左右，使人民生活达到小康水平。战略重点是：在今后20年内，牢牢抓住农业、能源和交通、教育和科学这几个根本环节，把它作为经济发展的战略重点。战略步骤是：实现翻两番的任务分两步走，前10年打基础，积蓄力量，创造条件；后10年进入一个新的经济振兴时期。1984年10月，中国共产党十二届三中全会通过了《关于经济体制改革的决定》，明确规定社会主义的根本任务是发展社会生产力。至此，党和国家工作重点的转移，以经济建设为中心的社会主义现代化建设的伟大战略决策，从此确定了下来。

2. 新形势下中国共产党传统文化观的转变

随着十一届三中全会对马克思主义思想路线的重新确立，以及党和国家的工作重心转到经济建设上来，中国共产党对传统文化的认识也发生了根本性的转变。

1981年2月28日，中宣部等发出《关于开展文明礼貌活动的通知》，强调："要继承和发扬中华民族的优秀传统，建设高度的社会主义精神文明。"对传统文化的肯定与"文化大革命"时的全盘否定形成了鲜明的反差。1986年9月28日，中国共产党十二届六中全会通过了《中共中央关于社会主义精神文明建设指导方针的决议》，指出："中华民族是有悠久历史和文化的伟大民族，在古代文明史上长期处于世界前列。"强调了社会主义新文化建设需从传统文化中吸收有益养料。1990 年1月10日，中央政治局常委李瑞环在全国文化艺术工作情况交流座谈会上做了《关于弘扬民族优秀文化的若干问题》的讲话，在讲话中，他对传统文化做了更明确的肯定，他说："中华民族文化是一个丰富博大的有机整体，既包括汉民族的文化，也包括各少数民族的文化；既包括悠久的古代文化，也包括近代和现代文化。我们应该珍惜、保护和发掘中华民族的优秀文化遗产，并在继承的基础上，有所创造，有所前进。在新时期，我们就是要在邓小平同志建设有中国特色的社会主义理论的指导下，在推进改革开放和经济建设的同时，努力建设有中国特色的社会主义新文化。现实是历史的发展，是历史长河的一定阶段。现代文明无一不是在已有的物质和文化基础上建立起来的。因此，建设有中国特色的社会主义新文化，一定要植根于中华民族文化的深厚土壤，深入地研究中国的历史文化，弘扬中华民族文化的优秀传统。"

中国共产党对传统文化的肯定，使得利用传统文化来促进经济建设成为可能。

3. 传统文化被用于发展经济的策略

（1）文化在社会发展中的价值得到认识

随着党和国家对传统文化的认识的改变，以及党和国家的工作重心转到经济建设上来，文化的特殊重要性，尤其是文化在社会发展中的作用也日益得到了认识和重视。这种认识和重视从两个方面表现出来。

一是党和国家不断出台和深化的对文化产业的重视。

1992年6月16日，《中共中央国务院关于发展第三产业的决定》把"文化卫生事业"作为要加快发展的第三产业的重点。1992年10月举行的十四大报告中明确提出"发展市场经济、完善文化经济政策"。1998年，文化部新设"文化产业司"。2000年10月，党的十五届五中全会通过了《中共中央关于制定国民经济和社会发展第十个五年计划的建议》，第一次在中央正式文件中提出了"文化产业"的概念，要求"引导文化娱乐、教育培训、体育健身、卫生保健等产业发展，满足服务性消费需求"，"完善文化产业政策，加强文化市场建设和管理，推动有关文化产业发展"。2001年3月，发展文化产业正式被纳入国家"十五"计划纲要，文化产业成为国家国民经济和社会发展的重要产业门类。2003年6月，《中共中央宣传部、文化部、国家广电总局、新闻出版总署关于文化体制改革试点意见》发布。2003年9月，文化部制定下发《关于支持和促进文化产业发展的若干意见》。2005年4月，国务院颁布了《关于非公有资本进入文化产业的若干决定》。2009年7月22日，国务院常务会议审议并原则通过了《文化产业振兴规划》，这成为我国第十一个产业振兴规划，标志着文化产业已上升为国家战略产业。2009年9月10日发布《文化部关于加快文化产业发展的指导意见》。“十二五”规划纲要明确提出：“推动文化产业成为国民经济支柱性产业，增强文化产业整体实力和竞争力。”2011年10月召开的十七届六中全会通过《中共中央关于深化文化体制改革推动社会主义文化大发展大繁荣若干重大问题的决定》。强调要推动文化产业跨越式发展，使之成为新的经济增长点、经济结构战略性调整的重要支点、转变经济发展方式的重要着力点，为科学发展提供重要支撑。并进一步提出，加快发展文化产业，必须构建结构合理、门类齐全、科技含量高、富有创意、竞争力强的现代文化产业体系。

二是党和国家的理论表述。如2009年9月10日发布的《文化部关于加快文化产业发展的指导意见》：“党的十七大提出推动社会主义文化大发展大繁荣、兴起社会主义文化建设新高潮的重大战略任务，对加快文化产业发展提出了一系列新要求，极大提升了文化产业的作用和地位。文化产业是市场经济条件下繁荣发展社会主义文化的重要载体，是满足人民群众多样化、多层次、多方面精神文化需求的重要途径，是推动经济结构调整、转变经济发展方式、保持经济平稳较快发展的重要着力点，是实现经济、政治、文化、社会全面协调可持续发展的重要内容，是推动中华文化走出去的主导力量。加快文化产业发展是文化行业学习实践科学发展观的必然要求和内在需要，是文化行政部门顺应时代发展、转变自身职能、服务发展大局的必然要求和迫切需要。党的十六大以来，我国文化产业呈现出健康向上、蓬勃发展的良好态势，增势强劲、规模扩大、质量提升，新兴业态迅速崛起，正在成为推动社会主义文化大发展大繁荣的重要引擎和经济发展新的增长点。”

2011年10月召开的十七届六中全会通过的《中共中央关于深化文化体制改革推动社会主义文化大发展大繁荣若干重大问题的决定》也对发展文化的重要性做了论述，概括起来是：第一，文化是民族的血脉、人民的精神家园、政党的精神旗帜。第二，文化越来越成为综合国力竞争的重要因素。第三，文化建设是中国特色社会主义事业总体布局的重要组成部分。第四，文化繁荣发展是全面建设小康社会的重要目标。第五，推进文化建设是适应新形势、解决新课题、完成新任务的迫切需要。[①]

总之，文化在社会发展中的价值越来越得到党和政府的认识和重视。

（2）利用传统文化发展经济在全国各地成为普遍的策略

因为党中央致力于经济的发展，并且把文化产业作为支柱性产业来发展，因此各地也都普遍重视发展本地经济，重视发展本地的文化产业。在此过程中，挖掘本地的文化资源，或用以发展本地的文化产业，或用以推动本地经济的发展，成了全国各地发展经济的一种普遍的策略和现象。这其中又以三种方式为最典型。

其一是以文化推动旅游。如广西资源县为了推动旅游业的发展，在1995年的时候，把本县五排三乡七月半歌俗和大埠头（县城）放河灯祭祖的习俗进行嫁接、整合成七月半河灯歌节。然后按照“政府引导、市场运作、民间参与”的运作模式，围绕“歌”和“灯”两大主题，深度挖掘非物质文化遗产。“歌”的方面，在山歌的表现形式上，全县共挖掘出了26种不同的唱腔，并保留和发扬了山歌热情、悠长、淳朴的原生态特质和风格上的不拘一格的特点。“灯”的方面，则不仅注意发掘代代传承的制作河灯的技术，每年还特意举办河灯制作大赛，使河灯制作技术得到不断的发展和创新。经过多年的努力，“河灯歌节”这一民间节庆旅游品牌日益成熟——七月半河灯歌节夺得了“全国百姓生活游”十大主题活动的桂冠，广西非物质文化遗产的代表作，广西乃至全国的节庆文化品牌。每年七月半河灯歌节期间，“千首山歌响山城，万盏河灯耀资江”，资源县城变成了灯的世界、歌的海洋，人们从四面八方赶来过节，资源县因此而实现了很好的旅游收益。[②]

又如广东省梅州市多年来以客家文化为重点，致力于打造世界客都旅游品牌。全市投入近15亿元，建成中国客家博物馆、叶剑英纪念园、客家艺术中心、广东汉剧院等一批标志性文化工程。着力创建中国客家文化生态保护区，对10大类196个“非遗”项目进行整体性保护，启动客家围龙屋申报世界文化遗产工

① 红旗大参考编写组：《深化文化体制改革推动社会主义文化大发展大繁荣大参考》，红旗出版社2011年版，第48–58页。

② 吴龙源：《资源河灯歌节：民俗文化与经济发展的精彩合奏》，《桂林日报》2010年8月18日第4版。

作，努力创建国家级客家文化生态保护实验区；连续举办三届“中国客家山歌旅游节”，展示客家文化艺术。与广东省旅游局共建“客家文化生态旅游示范区”，依托古镇、古村、古建筑和历史名人、华侨名人、文化名人故居开发旅游，建成三河镇、百侯镇、茶山村等乡村旅游新热点，以及黄遵宪纪念馆、丘逢甲故居、张弼士故居等旅游景区。同时，将客家文化元素注入旅游项目建设，获得了“中国优秀旅游城市”、广东最受欢迎自驾游目的地、“选美广东我最喜爱的城市”等荣誉，来梅州旅游观光的海内外游客每年递增50万人以上，2009年全市实现旅游总收入54.5亿元。[①]

其二是以文化促进招商引资。如2010年9月28日至10月5日，重庆酉阳举办了名为“乌江实业杯”的国际攀岩精英赛和名为“巨能之光”的土家族摆手舞欢乐文化节的“一赛一节”。在这“一赛一节”期间，“酉阳精彩不断，喜事连连。国际攀岩精英赛、10万人同跳摆手舞、土苗美食节、最美酉阳摄影展、旅游商品展、招商引资等各项活动高潮迭起、精彩纷呈，上演了一场民族文化的盛宴。”[②]但举办“一赛一节”不是目的，目的是招商引资。“一赛一节期间，数百位客商来酉进行经贸洽谈，我县累计签约36个项目，协议引资超过100亿元，招商引资取得累累硕果。”[③]

以文化搭台来招商引资的有效性和必要性是不言而喻的。从1992年到2009年，安徽省安庆市共举办了5届黄梅戏艺术节，主要目的在招商引资。当地学者对这一做法的有效性和必要性做过这样的分析：“安庆作为一个经济不太发达的三线城市，在经济发展的过程中，必须提供各种形式的优惠条件，进行招商引资，发展地方经济，改善产业结构，提升产业层次，提高资源的利用率。在引进企业的过程中，引进方与被引进方难免要在投资项目、土地利用、税收优惠等方面进行谈判，谈判伊始，可以利用黄梅戏艺术节，邀请企业领导欣赏黄梅戏作为沟通双方感情的一种形式，从而为谈判的顺利进行营造一种平和、自

① 《梅州:打造客家文化产业城》，《南方日报》2010年12月10日第A12版。
② 《酉阳“一赛一节”圆满闭幕》，《酉阳报》2010年10月6日。
③ 欧道陆、田金凤:《文化搭台经济唱戏》，《酉阳报》2010年11月2日。

然、轻松、友好、合作、积极进取的气氛，最终促进谈判的成功。”①这个分析应该说还是有道理的。

其三是以文化打造品牌。如湖北襄阳有着丰富的三国历史文化遗存和民间文化积淀。襄阳市委、市政府高度重视三国文化的传承和发展，自2006年起，就利用三国文化资源优势，投资数亿元修复襄阳古城，扩容隆中风景区，修缮南漳水镜庄，复建荆州古治等三国文化遗址。搜集整理与三国史实有关的民间传说，已成功举办了五届诸葛亮文化节，并在2007年举办了纪念诸葛亮出山1800年大型庆典，同时还建设了诸葛亮广场等。2009年4月，襄樊市被中国民间文艺家协会命名为“中国三国文化之乡”，成为继河北涿州、河南许昌之后全国第三个“中国三国文化之乡”，获得了权威部门认定的三国文化品牌。通过对这些三国氛围的打造，襄阳涌现出了一批以三国文化为品牌的企业、产品。而这些企业、产品又利用三国文化的品牌，让企业、产品迅速成为知名品牌。目前，襄阳已经拥有“诸葛亮”（襄阳卷烟厂）、“传世孔明饼”（妞妞食品有限公司）、“孔明菜”（襄阳市浪潮调味品有限公司）、“隆中腾龙阁”和“古隆中”（市隆中风景名胜区管委会）、“诸葛酿演义”和“演义”（襄樊三九酿酒厂）等商标的注册权。古隆中酒、“隆中牌”大头菜、襄阳黄酒、“水镜庄”芝麻酱和芝麻油等品牌成功入围“湖北省首届食文化名食”。湖北古隆中演义酒业有限公司、湖北妞妞食品有限公司、南漳水镜油脂有限公司和襄阳市麦隆食品有限公司等入选“湖北省首届食文化名企”。②

（二）改革开放与石林县发展道路的选择

1. 改革开放初石林县的产业结构特点

石林县的经济长期以农业为主。据统计，在改革开放之初的1978年，石林县的国内生产总值3398万元，人均国内生产总值198元，农业产值3417万元，粮食产量59985吨，烤烟产量2585吨，猪牛羊肉2460吨，乡镇企业营业收入

① 季艳、张世海：《地方文化对地方经济发展的影响和促进——以安庆黄梅戏艺术节为例》，《安庆师范学院学报》（社会科学版）2012 年第3 期。

② 周平、周宁：《襄阳：三国文化打造“品牌经济”》，《襄阳晚报》2012年9月26日。

226.35万元，县财政收入326万元，社会消费品零售总额1433万元，集市贸易成交额104.73万元，农民人均纯收入71元，城乡人均储蓄存款33元。第一、二、三产业的结构比例为74.78∶8.36∶16.86。就业人口7.25万人，占总人口17.43万人的41.6%。第一、二、三产业的就业结构比例为91.3∶3.0∶5.7。工业总产值543万元。工农业产值结构为13.7∶86.3。农林牧渔业产值比例为67.7∶7.8∶24.0∶0.5。[①]

我们知道，第一产业指农业，包括农、林、牧、渔各业；第二产业指工业，包括采掘、制造、自来水、电力、蒸汽、热水、煤气和建筑等各业；第三产业指服务业和流通业。从上述统计数据看，改革开放之初，石林县的经济主要还是以农业为主，工业基础薄弱，在国内生产总值中所占比例很低。服务业和流通业也不发达，在国内生产总值中所占的比例也不高。而农业又以种植业为主，林牧渔业尤其是林渔业所占的比例很低。上述情况表明，石林县发展经济的任务非常繁重。

2. 旅游业——石林县的现实选择

石林县的工业基础薄弱，大规模发展工业自然不现实。比较现实的是发展特色农业，因为石林县有基础，这基础就是烤烟种植。石林县烤烟种植的历史可以追溯到20世纪50年代前。据说1943年，石林县大屯村韩天荣的儿子韩朝彦到开远的银行工作，通过一姓张的朋友介绍，得到烤烟栽培技术资料及种子，第二年，韩天荣与本村村民许汝贵、吕锡庸一起试种了20亩，因土壤气候适宜，试种获得了成功。韩朝彦将样品拿到云南省烟草事业总管理处请技术员鉴定，认为质量较好。因烟草的经济价值高，之后，烟草在石林县的种植面积逐年扩大。1947年，有种植户500余户，种植面积1676亩；1948年，种植户超过1000户，种植面积达5500亩，产烟叶13.75万公斤。1949年，因时局动荡，种植面积和产量都有所下降。1949年新中国成立后，烤烟种植逐步得到恢复。1956年，种植面积2.83万亩，产烟叶145.5万公斤，达到了改革开放前的最高产量。以后，由于“左”的路线的干扰，烤烟生产时起时伏，发展缓慢。1976年全县种植面积2.21

① 王崇理：《石林县农村市场经济发展概况》，何耀华：《石林彝族传统文化与社会经济变迁》，云南教育出版社2000年版，第37–39页。

万亩，产烟叶256万公斤。1977年，烟叶收购产品税占县财政收入的38.8%，表明烟草种植业已成为全县的支柱产业。由于有这样的基础，在石林全县发展烟草种植业是可行的。实际上，石林县后来也一直把烟草种植业作为全县的支柱产业来发展。[①]

除此以外，还能发展什么产业呢？旅游业进入了县领导的视野。这主要是因为旅游业的特点，以及石林县发展旅游业的优势和基础。

旅游业的特点，据郑本法等学者研究，有如下特点。一是综合性。旅游业是为旅游者的旅游活动提供服务的，由于旅游者从离家外出直至返回的整个期间的旅游活动是由行、游、住、吃、购、娱等多项活动构成的，因此旅游业是集行、游、住、吃、购、娱等服务为一体的综合性的大产业。二是经济性。旅游业是由旅行社业、以饭店为代表的住宿业和交通客运业等众多的以营利为目的并进行独立核算的经济组织构成的，因此，经济性是旅游业最根本的属性，是旅游业的核心和实质。三是服务性。旅游业为旅游者提供的劳务是一种可用于交换的特殊商品，这种特殊商品同一般商品一样具有使用价值，而生产这种特殊商品的过程就是服务。不仅如此，旅游业还是劳动密集型的服务业，因为旅游业所提供的产品是以劳务为主的旅游服务，其工资成本在全部营业成本中占有较大比例。四是依赖性。一个国家或地区旅游业成功的最基本的条件，在于它所拥有的旅游资源的数量多少和质量高低，在于这些旅游资源坐落的地理位置及其能否使旅游者进得来、散得开、出得去，在于旅游客源地的人们对这些旅游资源的了解和感知。五是带动性。旅游业本身是由旅行社业、交通客运业和以饭店为代表的住宿业等组合而成的产业群体。旅游业的发展就是这一直接为旅游者提供服务的产业群体的发展。旅游业的发展，也带动其他直接或间接为旅游者提供服务的产业群体的发展。如许多轻工业、农林牧副渔业、加工业、餐饮业、建筑业、装修业、水业、电业、信息业等的发展，就有可能是由旅游业发展的刺激所致。“一业兴，百业旺。”对于那些发展其他产业基础较差而旅游资源比较丰富的贫困地区来说，发展旅游产业，以旅游产业带动相关产业的

① 这部分内容参考了昆明市路南彝族自治县志编纂委员会：《路南彝族自治县志》，云南民族出版社1996年版。

发展，可创造脱贫致富的奇迹。此外还有外向性和季节性等特点。①旅游业的这些特点，尤其是它适合“发展其他产业基础较差而旅游资源比较丰富的贫困地区”的特点，对于石林县来说，是非常有吸引力的。

石林县发展旅游业的优势是拥有非常丰富的旅游资源。石林县境内有范围达350平方公里的喀斯特岩溶地貌，岩溶洼地、石芽、溶洞、石林、孤峰、地下河、钟乳石、湖泊随处可见，自然景色奇异壮观。基础是石林县的旅游景区规划和开发较早。如石林景区，早在1942年即有规划，并做了初步的开发。1949年新中国成立后，1955年路南县人民委员会又做了新的规划和建设。1960年，云南省林业厅组织人员进一步规划和建设。1980年，云南省委、省政府又责成省建设局成立“石林风景区规划工作组”，编制石林风景区总体规划，并进行相应的建设。因建设和开发较早，到改革开放开始时，石林风景区开始产生经济效益。1980年前，石林风景区由云南省旅游局管理。1980年8月，省政府将石林风景区交由路南县管理。1980年至1988年，游客逐年增加，八年累计接待游客6014155人次，1988年更达101.84万人次，石林游客量首次突破百万大关，带来了巨大的经济效益，也极大地拉动了石林县的经济发展。在这种情况下，1992年，石林县委六届四次会议毫无疑问地决定将旅游业作为支柱产业来培育。

3.《阿诗玛》——石林县同样现实的选择

石林县的旅游业，最初向游客展示的是其奇特的喀斯特自然景观，而没有或很少触及另一旅游资源——民族文化。如石林县县长赵德光也说：“传统旅游基本停留在自然风光旅游的层位上，在20世纪30年代，石林旅游未能顾及景区内数量众多的撒尼人，他们的文化、社会经济、组织、宗教、艺术曾被长期地排斥在旅游业之外。”②石林县委副书记王富昌说：“长期以来，石林旅游主要体现为对喀斯特地貌景观的游览，大多局限于自然风光、地貌旅游的范围。石林国家级重点风景名胜区虽然涉及县内的圭山、亩竹箐、维则、板桥、鹿阜、石林、北大村、西街口等乡镇，涉及了撒尼支系主要的聚集地，但开发的旅游项目主要是自然观光型旅游资源。主要表现为以大小石林、黑松岩为主的喀斯特石

① 郑本法、郑宇新：《旅游业的本质和特点》，《开发研究》1998年第3期。

② 赵德光：《阿诗玛文化重构论》，中国社会科学出版社2005年版，第191页。

林类型和剑状喀斯特类型的旅游，以及以芝云洞、奇风洞为主要代表的喀斯特洞穴旅游，以长湖、大叠水为主的喀斯特水体旅游等。”①

石林县的喀斯特自然景观是美丽的，但这样的自然景观不会增加，而且单纯地向旅客展示自然景观，游客只需来一次就够了，吸引不了回头客。随着民族文化游的兴起，石林县不得不考虑民族文化这一旅游资源。

2002年石林县政协专门组织了一次石林县民族文化在旅游中的开发运用情况调查，为县委县政府决策提供依据。这次调查从2002年6月开始，直至9月结束，最后提交了《关于民族文化在旅游中的开发运用情况的调查报告》。在该调查报告中，石林县政协提出要加强彝族饮食服饰、节庆习俗、人文历史、宗教图腾四个方面民族文化的保护和开发力度，即重点发掘彝族民族文化这块旅游资源。其原文是这样的：

饮食服饰：民以食为天，吃和穿是人类的第一需求，也是旅游的一个要素。对于饮食文化的开发，一是要打彝家风味的品牌，二是要突出特点，原汁原味，要土到家，土得与众不同，比如大块腊肉、白煮猪肉、带皮羊肉等。对于彝族服饰，重点是加大民族刺绣的产业化，加快走出国门，扩大影响的步伐。民族刺绣在国外的附加值较高，是国内价值的几倍十几倍。目前民族刺绣在中国香港、日本、泰国备受欢迎。今年9月28日普氏民族刺绣在泰国展销，产品被抢购一空。我们不能坐失商机，要尽快成立民族刺绣协会，统一对外联络，扩大影响，增加销售。

节庆习俗：彝家的节庆主要是火把节和密枝节。火把节目前已成盛况，要越办越好，进一步上档次上质量，并注意研究火把节的企业化运作办法，使其产生效益。对于摔跤、斗牛、火把三大习俗，除了节庆活动以外，要安排特定的表演场所。

人文历史：对以长诗《阿诗玛》为代表的神话传说、历史文学，要进一步地挖掘、整理、开发，并考虑用新的手段、新的艺术载体来展现阿诗玛的艺术形象，提升阿诗玛品牌，如用音乐剧、舞蹈剧、歌舞剧来进一步展现阿诗玛文化（最近广西桂林请张艺谋导演用歌舞剧的形式再次推出《刘三姐》，张艺谋宣称，要使这部歌舞剧最少保持20年的生命力）。对于彝族音乐歌舞，在突出大三弦的同时，要加大

① 王富昌：《大力开发民族文化资源，促进石林旅游经济发展》，政协石林彝族自治县委员会：《石林彝族自治县民族文化在旅游中的开发运用情况调查专辑》，内部资料，第23-24页。

整理、归纳、提炼的力度。比如佤族舞蹈通过整理就分出21种舞蹈，207种套路，舞蹈的类别又分为椿新米舞、木鼓舞、甩发舞、蚂蚁舞、豹子舞、猴子舞；围绕木鼓又分为祭木鼓、跳木鼓、拉木鼓，从而显示本民族的人文特点和歌舞内涵。

宗教图腾：对于宗教文化主要要研究展出的方式及适当的内容，既要让人易于理解和接受，又不失神秘色彩。对"虎"的图腾要展示，也要有标志性物质体。①

该调查报告最后还具体地提出了3个项目建议，其中的第2项是这样的：

在进行民族文化的开发中，不能把民族文化仅作为为旅游宣传服务的手段来运作，而是要把它作为旅游的一个类别——文化旅游来运作，因此要考虑民族文化人文景观的建设问题，让游客来石林能够看到、感受到、触摸到、体验到民族文化的所在，因此我们提出"阿诗玛民族文化长廊"的民族文化项目设计，从阿诗玛广场至圭山大糯黑沿九石阿公路沿线30余公里的线段上部署一串民族文化旅游项目，形成我县民族文化旅游的专线，通过十年二十年的努力，形成与自然景观并驾齐驱的民族文化旅游区。初步策划在跃宝山至北大村线段上建"阿诗玛主题公园""国际名人手迹园"，大糯黑建"彝族文化公园"，在月湖畔建"情景公园""火把果迷宫"，在长湖附近建"热布巴拉城堡"，在旅游综合服务区建"石林博物馆"，这样逐步形成民族文化旅游产业和民族文化观光区域。让游客到这里来感受民族文化、体验民族文化、触摸民族文化。作为子项目的"彝族文化公园"，正在策划和包装的过程中，基本做法是依托现有的大糯黑彝族村寨，用青石板进行道路改造，房屋修缮及适当增加乡土树种绿化，突出石板房彝族民居，并适当摆放一些老式牛车、木犁、石磨、石碾、木碓作点缀，各家各户的生产生活方式不改变，但要选几十户干净整洁的农户作为定点参观和能够接待5~10人的旅游专业户，周边种上火把果或香樟树，形成一个自然生态圈，修好通道，建好大门，适当收起门票。这种建设方式与民族村和生态村的建设方式不同，这是用景区和公园的建设模式来建设的，因此要高起点，并且需要一定的投入，硬件和软件都要跟得上。②

① 政协石林彝族自治县委员会：《关于民族文化在旅游中的开发运用情况的调查报告》，政协石林彝族自治县委员会：《石林彝族自治县民族文化在旅游中的开发运用情况调查专辑》，内部资料，第43页。

② 政协石林彝族自治县委员会：《关于民族文化在旅游中的开发运用情况的调查报告》，政协石林彝族自治县委员会：《石林彝族自治县民族文化在旅游中的开发运用情况调查专辑》，内部资料，第45-46页。

在这里，我感兴趣的问题是，石林县为什么要以彝族文化作为发掘的对象？彝族有多个支系，石林的彝族就有撒尼、黑彝、白彝、彝亲、阿细、阿彝子六个支系，为什么单单选中了撒尼，尤其强调要利用好阿诗玛？其实，这也是一种现实的选择。

首先，撒尼人口最多。据该县统计局1986年的统计，路南县彝族共有60732人，是全县人口最多的少数民族，占全县总人口的30.85%，占全县少数民族人口的98.44%。在彝族的人口中，撒尼支系54134人，而黑彝支系587人，白彝支系1426人，彝亲支系157人，阿细支系620人，阿彝子支系426人。①

其次，撒尼支系因《阿诗玛》而在全国有较大影响。20世纪50年代前的1946年，地下党组织了一支由撒尼青年组成的彝族歌舞表演队在昆明演出，引起了较大的反响。1949年新中国成立后，由于《阿诗玛》的搜集整理及其后所拍成的电影，阿诗玛及撒尼人在全国更是家喻户晓，因此选择撒尼文化和阿诗玛作为发掘的对象可以取得事半功倍的效果。

正是基于上述原因，阿诗玛被选作了重点发掘对象。

二、由旅游经济推动的文化重构

石林县把旅游业作为他们发展经济的支柱性产业来发展，在发展旅游业的过程中，他们又选择了文化，特别是阿诗玛作为吸引游客的手段。旅游对文化的利用自有其规律，这一点，石林县似乎也不可避免。

（一）旅游利用文化的特点

发展民族文化游，需要利用文化，而且，旅游对文化的利用，也自有其特点。

现代化背景下的大众旅游，旅游者的旅游动机，有学者专门做过研究，他们指出，现代化背景下的大众旅游，旅游者旅游的动机之一是追忆自己已经或正逐渐逝去的传统。因为现代化创造了两个极端，在引领人们向前走的同时，

① 以上数据引自昆明市路南彝族自治县志编纂委员会：《路南彝族自治县志》，云南民族出版社1996年版，第120–135页。

又唤醒人们对过去的追忆和珍爱，对已经或者正在逝去的传统的留恋。因此，大部分来自国外现代化国家或国内大都市的游客，对于传统民俗有着特别的兴趣。动机之二是追求奇异性。人们渴望到异国他乡体验与其日常居住和生活的环境不同的乡土人情、景物风光、地方文化传统和习俗，以打破自己呆板的按部就班的生活，满足自己的好奇心和求知欲。由于旅游者的目的如此，景区为了满足旅游者的需要，往往要“发明传统”：一是因为，在现代化的影响下，地方和民族的传统文化日趋减少；二是因为，地方文化总是隐藏在平淡的日常生活中，缺乏吸引力和兴奋点，不能满足需要。[①]

何为发明传统？在回答什么是发明传统前，我想先弄清楚什么是被发明的传统。埃里克·霍布斯鲍姆说：被发明的传统“它既包含那些确实被发明、建构和正式确立的‘传统’，也包括那些在某一短暂的、可确定年代的时期中（可能只有几年）以一种难以辨认的方式出现和迅速确立的‘传统’。英国国王的圣诞广播讲话（确立于1932年）就是前一种传统的范例；与英国足总杯决赛相关联的实践活动的出现和发展则是后一种传统的代表”。“‘被发明的传统’意味着一整套通常由已被公开或私下接受的规则所控制的实践活动，具有一种仪式或象征特性，试图通过重复来灌输一定的价值和行为规范，而且必然暗含与过去的连续性。事实上，只要有可能，它们通常就试图与某一适当的具有重大历史意义的过去建立连续性。一个突出的例子是，19世纪重建英国议会大厦时有意识地选择哥特式建筑风格，而第二次世界大战结束后重建议会会议厅时，同样有意识地决定采取与过去完全相同的基建图。”[②]很显然，所谓被发明的传统，实际上是人为地有意识地建构出来的，与我们平常所想象的传统就是自古以来随着时间的流逝自然而然地传下来的古代的方式并不一样。因此，所谓发明传统，就是指有意识地去建构一种传统。

在当下的中国，因旅游的需要而发明传统的情况并不鲜见。如桂林龙脊景

① 徐赣丽：《民俗旅游与“传统的发明”——对桂林龙脊景区的调查》，张晓萍：《民族旅游的人类学透视》，云南大学出版社2009年版。

② ［英］E. 霍布斯鲍姆、T. 兰格：《传统的发明》，顾杭、庞冠群译，译林出版社2004年版，第1–2页。

区发明莫一大王的塑像，“龙脊地区主要是壮族聚居区，壮族人信仰莫一大王，相关的传说在壮族村寨家喻户晓。为了显示民族文化的特色，莫一大王的信仰民俗在旅游开发中被挖掘出来，并加以特别展示。虽然当地壮族以前也一直崇拜莫一大王，把它和祖先牌位放在一起祭祀，但只是作为一种隐形的存在，没有一个具体的偶像。旅游开发后，为了把莫一大王作为壮族的文化代表和象征符号，就把它作为民族英雄、祖先神对外宣传，赋予它壮民族的优秀品格和美好形象，并制作一个具体的形象来向游客展示和解说。因为莫一大王是神，无人知晓他是什么样子，当地的开发者根据传说中表达的内容来设计其形象。传说中莫一大王是勇敢、坚强的民族英雄，因此莫一大王的眼睛被设计成像铜鼓一样，寓意有胆量；莫一大王的牙被设计为爆裂的，寓意它一声吼就会把大山喊崩了，把野兽吓跑了；莫一大王的头上要有两个人，寓意它头脑中装着壮族人民。根据这个设计，旅游开发者专门请当地的一个手工艺人雕刻了一个莫一大王的头像，挂在寨中心的古杉树上；游客来时，特意向客人介绍：‘这是壮族的图腾莫一大王，莫一大王是壮族从中原迁徙到这里的领袖，是壮族人尊敬的祖先。’莫一大王虽然不是无中生有，毫无根据创造出来的，但是，制造莫一大王偶像，并解释为是壮族的图腾，这是一种新创。游人来时对莫一大王的木刻雕像或莫一大王的传说很感兴趣，寨上的村民也逐渐增加了对莫一大王事迹的了解，显示出发明的传统也可能被认同。”①

实际上，石林县在发展民族文化旅游的过程中也同样这样发明了传统。如火把节，原本是一个人们用以祈求五谷丰登、人畜兴旺的节日，节日的规模很小，过节时，人们只是拿着火把到田间耍一下，祈求不要有天灾人祸。但如今，火把节却“从以宗教内容为主的祭祀演变为以文体活动为主的庆典活动，从民间活动演变为政府法定的节日，从小规模的活动演变为大规模的活动，发展至今，以至有‘东方狂欢节’的称号，并成为‘文化搭台，经济唱戏’的大舞台、大天地。参加人数之多（超过十万），影响之大（中外来宾参加），作用之强（凝聚和振奋民族精神），效果之好（促进派旅游业发展），已经超出了一个民族、

① 徐赣丽：《民俗旅游与“传统的发明”——对桂林龙脊景区的调查》，张晓萍：《民族旅游的人类学透视》，云南大学出版社2009年版，第170–171页。

一个地区的活动，这表明火把节凭借本身内容的充实、形式的创新而成为一个传统文化与现代文化结合的成功案例，成为一个少数民族传统文化与外来文化融合的成功案例。火把节演变的过程，就是一个在继承传统的基础上不断重构的过程。"[①]作者写此文时任石林县委书记、县长，火把节的操办他应是主要参与者，对此事有全面的了解。可见石林县在发展民族文化旅游时也同样发明了传统。

（二）《阿诗玛》的新一轮重构

利用文化来发展旅游，势必会对文化进行重构，石林县在利用《阿诗玛》来发展旅游时也对《阿诗玛》进行了重构。

1. 对《阿诗玛》故事重新进行了演绎

如石林旅游网上的《阿诗玛的故事》：

小石林有一个阿诗玛石，风风雨雨，她都在那里翘首以待，等待阿黑哥的到来。

相传热布巴拉家向阿诗玛提亲，没有结果，便把阿诗玛抢走。这事被阿黑知道了，他翻过七七四十九座山，从远方牧场匆匆赶回去救阿诗玛。回到家后，阿诗玛已被抢走三天三夜了。他又骑上神马跨过九九八十一条河赶往热布巴拉家。经过几番周折，终于救出了阿诗玛。

阿诗玛得救了，兄妹俩欢天喜地，骑马踏上归途。他们不知走了多少路，跨过几条沟，翻了几座山，天黑下来了，风大起来了，为早日到家，他们顾不上这些，还是继续往前走。走着走着，一阵乱风过后，天上乌云滚滚，四野雷声隆隆，眼看一场暴风雨即将来临，他们只好双双下马，但在黑夜里什么也看不见，结果俩人都迷了路。这时风又大，雨又急，看是看不见，喊是喊不应。山洪下来，水越来越深，他俩一经走散，便谁也再找不到谁。直至洪水渐渐退去，阿诗玛和阿黑又才碰到一起。但俩人都已迷失了方向，又加浑身冻得直哆嗦，他们犯愁了。这时，一只嗡嗡叫的小蜜蜂朝他们飞来。蜜蜂围绕他们转了三圈后，开始讲话了："嗡嗡嗡，嗡嗡嗡，今晚就来我家歇，我家就在岩洞中。"讲完就落在阿诗玛的包头上，阿诗玛用手把它赶起后，就同阿黑哥向着小蜜蜂飞的方向走去。

---

① 赵德光：《阿诗玛文化是石林旅游发展之魂》，赵德光：《阿诗玛国际学术研讨会论文集》，云南民族出版社2006年版，第471页。

蜜蜂领着阿黑和阿诗玛进了石林，这里又湿又滑，阿诗玛伸手想找个瘸石头扶扶，不料一下粘在崖壁上，再也下不来了。她只好伤心地对阿黑哥说："阿黑哥啊阿黑哥，快快想法救下我，去找白猪、白公鸡，拿来祭献神爷。"

阿黑哥听后，又伤心又着急，他擦干眼泪，又翻过四十九座山、八十一条河，最后找来白公鸡，但是走遍九村十八寨，就是白猪找不到。没办法，他只好找来一头黑猪，又到山上挖来一筐白泥巴。他把泥和成浆，涂在黑猪身上充白猪，这样白猪、白鸡都有了，可就在他高高兴兴准备回石林时，由于连日奔波、太疲倦了，他爬过最后一座山后，一坐下来便睡着了。这时，没斯帕玛（老天爷）又下起一场大雨，雨水把他从梦中浇醒，过去看猪时，黑猪身上的白泥巴早被雨水冲得干干净净。崖神祭不成了，阿诗玛也救不下来，阿黑后悔莫及，他呼天唤地大哭一场，但崖神不松手，阿诗玛也就永远粘在那块大石上。天长日久，被雨水不断冲刷，才形成我们现在看到的那个样子。阿诗玛石像旁的那塘水，也就是当时把白猪冲成黑猪的那场雨积下的。

而由蒙雷明撰写、石林县新闻中心供稿，登在印制精美的2007年《假日旅游》（冬）①里的《在石林寻找传说的踪迹》是这样讲述阿诗玛的故事的：

传说，携一束怀念的美丽，夹一抹怀旧的忧伤，带着逝去经年的悠远气息，在萦萦绕绕，絮絮叨叨之中，一代又一代地流传了下来。在石林，几乎每一个地方都有故事，每一处景点都有传说。传说，是石林人智慧的结晶，想象力的成果。

一面湖水，阿诗玛的长湖恋。

长湖始于一场人与神的战争。努斯玛是彝家人的摔跤英雄，天神古兹很不服气，于是下凡与努斯玛决战。一时间，沙飞石走，蹬踏之声如雷似鼓。努斯玛把古兹摔到地上，留下一个深深的印子，化成了圆湖；努斯玛再一用力，把古兹斜摔在地，砸塌的地方成了月湖；第三次，古兹被努斯玛高高举起，横身摔下，砸出了长湖。

长湖无浪，烟尘绝迹。长湖寂静，雾气蒸腾。芦苇花飘散，松林影影绰绰，小路上铺展着厚厚的落叶。长湖，是传说中的阿诗玛的故乡。椭圆的湖泊，湖水清澈甘洌，哺育出美人阿诗玛。

"有人说，高山上的湖水，是躺在地球表面上的一滴眼泪，那么说我枕畔的

① 《假日旅游》，昆明巨洲文化传播有限公司主办，陕西旅游出版社出版。

眼泪就是挂在你心间的一面湖水，一面湖水，一面湖水……”长湖幻成了阿诗玛枕畔的一滴眼泪，长湖成了挂在阿诗玛心间的一面湖水。

一身艳装，背挎四方篮，翘首以待的神情，一个寂寞的姿势。在石林，没有人不知道阿诗玛，没有人不知道阿黑哥。他们的故事家喻户晓。阿诗玛是石林山山水水的映衬，阿黑哥是石林世世代代的英雄。

阿诗玛生得既美丽又善良，恶人提亲未果，索性来个抢亲。七七四十九座高山，是远方的牧场与情人阿诗玛的距离，阿黑哥不顾一切奔走在山路上；三天三夜，九九八十一条河流，是阿黑哥与阿诗玛共成眷属的劫难。勇敢的阿黑哥不畏艰险，终于牵到了情人的手。骑马，踏上归途，以为前方即是幸福之路。不曾想，天黑了，风大了，乌云滚滚，雷声阵阵，有情人被洪水冲散。再聚首，阿诗玛和阿黑哥迷失了方向。如果没有那只嗡嗡叫的小蜜蜂的牵引，这个故事将会是另外一个样子。只是可惜，这个世界可以发生传说，却没有“如果”。阿诗玛和阿黑哥随蜜蜂来到了一个又湿又滑的岩洞，她只不过想伸手扶住一块石头休息一下，手却被牢牢地粘在了崖壁上。阿黑哥没能如期找到白猪祭崖神，阿诗玛化身为石，被永久地定格在石林，在雨水长年累月的冲刷中变了容颜，不变的是穿越了两亿年时光，寻独一无二的，等待的寂寞姿势。

无独有偶，另一本由常振国主编的《中国旅游全览·石林》里也讲到了阿诗玛的故事。这本书对阿诗玛的故事是这样叙述的：

在小石林内，有一泓湖水碧波粼粼。湖畔屹立着一座独立的石峰，每天都吸引了无数的游客前来观赏、留影。瞧，那颀长高挑的身段，风姿绰约的动人体态，还有那包头衫，身后的背篓，多么像一位彝族撒尼少女啊！这就是著名的阿诗玛石峰。她还有一个动人的传说故事呢。

从前在阿着底，贫苦的格路日明家生了个美丽的姑娘，爹妈希望女儿像金子一样珍贵闪光，给她取名叫“阿诗玛”，也就是金子的意思。阿诗玛渐渐长大了，漂亮得像一朵艳丽的美伊花。她能歌善舞，许多小伙子都喜欢她。她爱上了和她青梅竹马、相亲相爱的阿黑，立誓非他不嫁。她和聪明勇敢的阿黑定了亲。财主热布巴拉的儿子阿支也看上了美丽的阿诗玛，便请媒人去说亲，但不管怎样威胁利诱，都无济于事。热布巴拉乘阿黑到远方放羊之机，派人抢走了阿诗玛并强迫她与阿支成亲，阿诗玛誓死不从，被鞭打后关进了黑牢。

阿黑闻讯，日夜兼程赶来救阿诗玛，他和阿支比赛对歌、砍树、烧山、撒种，全都赢了阿支。热布巴拉恼羞成怒，指使家丁放出三只猛虎扑向阿黑，被阿黑三箭射死了，并救出了阿诗玛。狠毒的热布巴拉父子不肯罢休，勾结崖神，乘阿诗玛和阿黑过河时，放洪水卷走了阿诗玛。美丽的阿诗玛变成了石峰，变成了回声。从此，人们怎样喊她，她就怎样回答。她的声音，她的影子永远留在了人间。[①]

这些关于阿诗玛传说的叙述，的确很让人感到新奇、优美，但它们各自不同，与传统的《阿诗玛》相比，整理本的《阿诗玛》，以及电影《阿诗玛》都有出入。这种出入，显然是由于旅游甚至景点的特殊需要而造成的。

2. 把一些传说中的地方加以确定

这方面最突出的是石林景区，把景区中的一块石头说成是阿诗玛的化身。

在20世纪50年代搜集到的二十个撒尼民间传承的《阿诗玛》的异文中，确有一个异文说阿诗玛最终变成了石头，原文是：

祭是祭了，
没有祭好，
独妹子一直长在那里，
一天一天地长，
就变成了石头，
变成了“抽牌”，
喊得答应，
见也见不着。

石林景区里被认为是阿诗玛所化的石头

而石林景区就把阿诗玛所化身的石头确认落实为景区内的那块石头，不仅如此，连旁边的那塘水也被确认落实为冲刷掉阿黑找的黑猪身上的白泥巴的水。

其次是把长湖镇的干塘子村落实为《阿诗玛》故事的发生地阿着底，并

① 常振国：《中国旅游全览·石林》，中国旅游出版社1999年版。

把干塘子村命名为阿着底村。《阿诗玛》的发生地阿着底只是一个传说中的地名，具体地点无考，但2005年，昆明市人民政府“在专家论证的基础上，根据国家地名管理的有关规定，正式批复同意该村恢复历史彝语地名‘阿着底村’”。[①]就这样，干塘子村被改名为“阿着底村”，无考的阿着底不仅得到了确认落实，还展现在了我们的眼前。

此外，还有月湖，也被说成是阿诗玛洗脸捣衣的地方。如此等等，不一而足。

（三）《阿诗玛》新一轮重构的特点

与前一轮的《阿诗玛》重构相比，这一轮的重构显然有自己的特点，具体如下。

1. 重构的目标明确，即发展旅游业

这一轮的《阿诗玛》重构，目标很明确，即利用《阿诗玛》来发展旅游业。正如前面所说，《阿诗玛》因在全国家喻户晓，有较高的知名度，恰当地利用《阿诗玛》这个品牌，能使自己更快地获得可贵的知名度，能吸引更多的游客，这是本轮重构的目标。

2. 重构的主体不确定

谁是这一轮《阿诗玛》重构的主体？这很不好回答。改革开放后，随着经济体制改革的深入发展，企业从政府独立出来，成为法人，独立经营，自负盈亏。为了企业的发展，合理利用《阿诗玛》，政府并不干预。实际上，在前面所举的例子中，重构的主体就并不一致。如把阿诗玛化身的石头确认落实为石林景区的一块石头的，显然是石林景区；推动干塘子村改名的，据笔者所知，应是石林县旅游局和干塘子村；而提出长湖是阿诗玛洗脸捣衣的地方的，自然是长湖景区。如此等等。

3. 没有严密的组织，没有统一的规划

前一轮的重构是由政府组织的，因此统一组织，统一规划。各参与者分工

① 《阿诗玛的家找到了——石林阿着底大揭密》，《云南日报》2006年6月24日。

明确，通力协作完成。本轮重构则缺少这样严密的组织，基本上是由有需要者按照自己的需要、自己的意愿自己组织重构。因此，从整体上看，本轮的重构显得杂乱无章，缺乏组织，没有规划。

4. 结果分散，异文多样

前一轮的重构把具有多种异文的不确定的《阿诗玛》变成了确定且唯一的《阿诗玛》，并在全国获得了很大的影响。本轮的重构，尽管目标明确，但因主体众多，又没有统一的组织和规划，于是，确定且唯一的《阿诗玛》再次成为异文众多、不确定的《阿诗玛》。但它不是对20世纪50年代前的《阿诗玛》的恢复。此轮重构的《阿诗玛》自有其特点，最重要的是，50年代前流传的《阿诗玛》无法核实的发生地，在此轮重构的《阿诗玛》中，其发生地都一一得到了核实。

三、撒尼人对重构的接受

《阿诗玛》的这一轮重构，是出于发展旅游的需要，是针对游客的，但它也同样对撒尼人产生了影响，而且，撒尼人也认同和接受了这新一轮的重构。

（一）旅游业对石林县的巨大影响

旅游业的发展对石林县产生了巨大的影响，这些影响是全方位的，既表现在经济领域，也表现在社会的其他方面。

首先，在经济方面，旅游业给石林县带来了巨大的收入，并使石林县的产业结构发生了巨大的变化。我们以一些年份为代表来看这种变化。据《石林彝族自治县概况》及中国统计信息网：1978年，石林县的三次产业结构比例为74.78∶8.36∶16.86，全县没有旅游收入。1992年，游客人数为111.97万人次，景区门票收入800万元；1996年，游客人数为135万人次，景区门票收入3094多万元，旅游经济总收入1.12亿元；1999年，在昆明世界园艺博览会的拉动下，接待游客超过206.34万人次，景区门票收入1.03亿元，全县旅游经济总收入3.0亿元，旅游收入占全县国民生产总值的32.79%。2004年，石林景区接待游客达210万人次，景区门票收入1. 63亿元，全县旅游经济总收入实现4.5亿元。2007

年，石林景区接待国内外游客260万人次，旅游直接收入3亿元；全县接待游客突破300万人次，旅游综合收入10亿元。三次产业结构比例为29.9∶26.1∶44。2011年，石林景区接待游客323万人次，实现旅游直接收入5.06亿元，三次产业结构比例为26.8∶31.3∶41.9。[①]这些统计数据表明，旅游业的发展，给石林县带来了巨大的经济收入，全县的产业结构也发生了巨大的变化。

旅游给石林县带来巨大的经济收入，使全县产业结构发生巨大的变化，在普通的撒尼人生活中也能感受得到。2011年8月，我到大糯黑村采访。大糯黑村是石林县规划的重点发展乡村旅游的村子。村子坐落在几座山之间的山窝里，有山有水，风景秀丽。村里的道路都已经用这一带出产的石头铺好，即所谓的道路硬化。2009年5月我来采访时，村里没有洗澡房，村道两旁也还没有路灯，现在村里不仅已经有了很多洗澡房（都独立在住房外，上面安装有太阳能热水器），而且已经在开始筹划安装路灯了。大糯黑村最早的农家乐是一个叫李江的村民开的，名叫“李家园”。上次我来的时候，全村有农家乐6家，现在多了一家，已有7家。我采访了农家乐“撒尼石头房”的主人曾绍华。曾绍华正有客人，而且客人正催着要水。他告诉我说，现在他的农家乐每天都有客人来，他正处在一个两难境地——请人吧，好像又没有必要，因为客人不固定，有时多有时少；不请人吧，自己夫妻两个又实在忙不过来。好在就在自己的村里，实在忙不过来，随时可以从村里叫人来帮忙，只要付工钱就行。现在，烤烟要收了，因为分不开身，所以他的烤烟只好请亲戚来帮忙了。

我的房东——王光珍，开了一家叫玉兰园的农家乐，她本人还任大糯黑村的党支部书记。她的农家乐是2008年开的。除农家乐外，她们还种烤烟和玉米。2009年5月，我带领40多名学生来考察的时候住的就是她家。当时她的农家乐每天都有客人来。我曾问她，她的农家乐的收入在她一年的收入中占多少，她说不算多，大约只占两成。

在大糯黑村，我还采访了另一家农家乐——青石园的主人高金兰。高金兰，女，1976年生，初中毕业。高家在他们原有的彝族式样的老房子前盖了一栋

① 参见《石林彝族自治县概况》编写组：《石林彝族自治县概况》，民族出版社2007年版，第185页。中国统计信息网网址：http://www.tjcn.org。

新式的两层的楼房作客房。她领我看了一下，客房也干净整洁。我问她生意如何，她说，也有一些人来，但还不算多，她正想办法吸引更多的客人来。

后来，我又在阿着底村采访，阿着底村搞旅游比大糯黑村要早，村民涉入旅游业、生活得到改善的情况比大糯黑村更明显。我的采访对象之一——普华昌，男，1929年生，有四个女儿。大女儿普玉花开了一家农家乐，面积较大，生意很好，每天都有不少客人来吃饭。另三个女儿普菲、普红、普芳创办了“石林普氏民族民间刺绣产品加工厂”，在上海、广州、珠海等城市建立了销售网点，产品出口到了新加坡、马来西亚等国家和地区。普菲还牵头组建了“石林阿着底民族刺绣产品开发技术协会”，并出任会长。协会已经拥有7000多名会员，会员遍及云南的昆明、大理、楚雄、文山等州市，协会生产的手工刺绣产品远销日本、韩国等国家。

我的另一个采访对象——毕万光，1943年生。他有四个孩子，两个姑娘两个儿子，现在他们老两口儿和大儿子一起生活。我采访他时，他正在女儿的家里。他说，姑娘摘烤烟，忙不过来，所以他们老两口儿过来帮她。老人高兴地说，平时经常有饭店、酒店来请他姑娘去唱敬酒歌，路南城里、泸西、弥勒都有，人家一打电话来就去，一般是去一天，早上去，晚上回，一天能挣100~150元，还拿回小烟来给他抽。他本人去过石林景区跳大三弦舞，老妈妈——他的爱人则去石林景区表演纺线。

昂燕，我的又一个采访对象，女，1976年生，人长得高挑且漂亮。她曾是石林县旅游局办的石林艺术团的舞蹈演员，在这个团里跳舞跳了五年，后来出来在昆明的餐厅跑场，跑了几年。起初跳的是传统撒尼舞蹈，后来什么舞都跳。因母亲患病，家中无人照料，只好回家来照料母亲。目前她的爱人还在中甸（即香格里拉）跳舞。

我的房东——赵志学，男，1947年生。他原在维则乡武装部工作，现退休在家。他的儿子赵华是阿着底村的村民组长——本应叫村主任，但因阿着底村只是一个自然村，在行政上隶属于宜政村，所以阿着底村的村主任只能叫组长。赵志学的女儿现在昆明的云南民族村跳舞，他有一栋新式的三层楼房，他们只住一楼和二楼，三楼则用作客房——共有四间客房，为来村里旅游要住宿的客人提供住宿。

其次，旅游业的发展也使石林县的交通得到极大的改善。石林县交通的改善有两个标志，一是昆石高速公路于2003年11月16日建成通车。二是2005年5月20日“九石阿”旅游专线公路建成通车。昆石高速公路建成通车，使石林到昆明变得非常便利。而意义更为重大的是“九石阿”旅游专线公路。在这条公路建成前，圭山撒尼地区的交通并不便利，贯穿这一带的只有一条从豆黑村起，经宜政、海邑、矣维哨、圭山老厂至泸西县的豆泸公路。这条公路1955年测量，1956年开工，1957年4月竣工通车。路基宽6.5米，路面宽3.5米，最大纵坡11%，最小半径15米。随着旅游业的发展，泸西县的阿庐古洞、弥勒县的白龙洞迫切需要与路南县石林景区相连接。1988年由泸西县政府发起，邀请云南省交通厅、昆明市交通局、红河州政府及路南县政府在泸西县城开会，商议改扩建豆泸公路。原计划将豆泸公路改造为四级公路，路基宽7米，路面宽6米，次高级沥青路面。[①]后因发展旅游业的需要，云南省规划建设了“九石阿”公路。“九石阿”公路全长119公里，按二级公路标准建设，投资5.21亿元，2001年8月动工建设，2005年5月20日工程通过交工验收并投入试运营。“九石阿”公路在石林县境内长76公里，贯穿维则、圭山两个乡镇，并连接了众多的自然村，成为圭山撒尼地区与外界联系的主要通道。“九石阿”公路的建成，极大地改善了圭山撒尼地区的交通状况，便利了撒尼人民与外界的交流，改变了圭山撒尼地区地方偏僻、交通不便的落后状况。

最后，旅游业的发展使石林人，尤其是撒尼人的思想观念、生产生活方式也发生了巨大的变化。如学者史军超说：“显著的例子是一大批撒尼妇女组成了别具特色的商业大军，占领了很大的市场份额。其中经过专业培训从事宾馆、导游服务的年轻‘阿诗玛’就有数百人，而生产、经销各种旅游产品的老中青‘阿诗玛’就有5000多人。这支商业大军打破传统，走出村寨，在市场经济中锻炼自己的经商本领，目前大部分人已掌握英、日等外语的基本技能，有的已能

① 昆明市路南彝族自治县志编纂委员会：《路南彝族自治县志》，云南民族出版社1996年版，第404-405页。

流利地与外国游客交流。据石林镇党委书记李忠德介绍，他所在的镇是全县财政超收最多的镇，财政收入大部分来自旅游。五棵树村主要靠生产旅游商品，前几年村民搞刺绣，这两年不搞了，倒给四川人搞，自己当起‘二道贩子’，他们已经搬进了‘小洋楼’，有40%的村民发了财，盖了新房子。”①李绍增也说：“以往，石林县的少数民族，尤其是少数民族妇女连做生意都感到不好意思，仍然受着过去‘无商不奸’陈腐观念的束缚。伴随着改革开放、搞活政策的落实和旅游业的发展，撒尼妇女逐步有了商品经济意识，一支由撒尼妇女组成的商业队伍异军突起，她们到石林风景区出售自己精心做出的手工刺绣品。但是由于语言不通，和外国游客做生意只能打手势，用哑语。为了做活生意，‘阿诗玛’们经过专门的培训学习，掌握了一些常用的英语和日语。现在，‘阿诗玛’们能用外语与外国游客做生意了。此外，许多撒尼妇女还勇敢地走出石林县去外面闯世界，在昆明、北京、上海、深圳等地的旅游市场上，随处可见出售彝族刺绣的‘阿诗玛’。由于石林县是实行对外开放的旅游地区，当地人通过在游客身上的所见所闻，容易学习模仿他人。如有的撒尼青年人，穿着民族褂子还系领带，既保留着民族特色，又体现了现代人的生活方式，从穿着打扮上的微小变化，可以看出当地人比较易于接受新事物、新观念。”②

总之，旅游业极大地改变了石林县。这些改变，实质上是发生在新时期的一种社会变迁，这种变迁，势必影响到人们对重构的《阿诗玛》的认同与接受。

（二）由旅游推动的认同与接受

撒尼人对新一轮重构的《阿诗玛》是否认同和接受？由于旅游业的强大影响，特别是旅游业在撒尼社会中所引发的深刻的社会变迁，新一轮重构的《阿诗玛》不乏认同与接受者。

---

① 史军超：《阿诗玛：永恒的魅力与效应》，何耀华：《石林彝族传统文化与社会经济变迁》，云南教育出版社2000年版，第232–233页。

② 李绍增：《加快石林县旅游业发展的思考》，何耀华：《石林彝族传统文化与社会经济变迁》，云南教育出版社2000年版，第278页。

笔者曾考察的长湖镇阿着底村，是一个不算大的自然村，全村82户，342人，均为撒尼人。该村发展旅游产业较早，它有三个地方引起了我的注意。一是村前的“石林县阿着底民族团结示范村建设简介”的牌子。这个牌子开头就写道：“阿着底是石林县典型的彝族（撒尼）聚集村寨，传说中阿诗玛的出生地——‘阿着底’就在这里，阿着底村位于县城东南24公里处，属石林县长湖镇宜政村委会……”二是村中的绣品厂。绣品厂由一个带有传奇色彩、曾被评为“全国优秀村民小组长”“全国十大杰出农民工”的名叫普菲的撒尼妇女创建。该厂门前挂着一个“石林普氏民间绣品厂简介”的牌子，牌子的开头写着：“普氏民间绣品厂成立于2002年，位于世界自然遗产地，举世闻名的旅游胜地——石林‘阿着底’。”这个简介还介绍，该厂还成立有一个名叫“阿着底刺绣协会”的协会，有会员7800人。三是该村的壁画。其中有一幅表现阿诗玛化为石头。

阿着底村的户外壁画：阿诗玛化为石头（黄毅摄于2010年8月）

这三个地方，第一个地方引起我的注意的，是它直接肯定阿诗玛的出生地阿着底就在这里。第二个地方引起我的注意的，是它对“阿着底”的强调。第三个地方引起我的注意的，是画中的半人半石的阿诗玛的造型恰好就是石林景区被命名为阿诗玛的那块石头的造型。尽管这些简介和画在很大程度上是给这个村子以外的人看的，但这样向外人介绍自己，这样画这些画，又恰恰说明他们对本地即阿着底，以及阿诗玛化身为石林景区的石头的重构的《阿诗玛》的认同和接受。这就说明，这些撒尼人是认同和接受新一轮重构的《阿诗玛》的。

我关注到的普通撒尼人对新一轮重构的《阿诗玛》认同和接受的例子是在大糯黑村。大糯黑村距离石林风景区25公里，距离石林县城30公里。这个村子比较大，全村有236户，994人，几乎全是撒尼人。从2008年开始，这个村子也开始发展旅游业，目前村里按照统一的规划和设计，所有的房子都用石头来建筑或装饰，突出他们传统的“石头房”的特色。目前有了8家农家乐，几乎每天都有游客到村里来旅游。在这个村子里，我让撒尼村民足光华给我讲阿诗玛的故事时，他特意强调，阿诗玛后来变成了石林景区里的石头。我觉得奇怪，他是如何知道阿诗玛化身为石林景区的石头的呢？原来石林景区常常要组织撒尼村民到景区给游客表演大三弦舞，他常常和村里的人一起去表演，他是在那里听说的。原来如此！

矣维哨村里的户外壁画（黄毅摄于2010年8月）

矣维哨村是我深入采访过的另一个撒尼村寨。该村位于圭山腹地，距石林县城45.5公里，距圭山镇7.5公里。全村有202户，904人，98%以上的人都是撒尼人。20世纪50年代前，这里是著名的滇黔桂边区革命根据地的中心，因此村前有一副对联：云南人民闹革命，圭山打响第一枪。这个村也在村民房屋的外墙上画了很多壁画，但与阿着底村不同，这里的壁画不以《阿诗玛》为题材，而以滇黔桂边区革命为题材。尽管九石阿公路从村边通过，但到目前为止该村还没有任何旅游项目，全村也没有农家乐，所以我在这里采访时只好住在村办公室里，吃饭则和村干部一起吃。村支书黄正开是一个见多识广的人，我在这里采访的时候，他给我讲了阿诗玛的故事。他说：阿诗玛去放羊，突发洪水，她和羊全都被淹没，洪水退后，羊变成了石头，阿诗玛也变成了石林景区里的石头。他讲的阿诗玛故事，明确地说阿诗玛变成了石林景区的石头。显然他也认同并接受了这新一轮的重构。

总之，受旅游业发展的影响，撒尼人对新一轮重构的《阿诗玛》还是认同和接受的。

（三）旅游推动认同与接受的反面证明

尽管受旅游业发展的影响，一些撒尼人认同和接受新一轮重构的《阿诗玛》，但是，就像人们已经注意到了的一样，在石林县，旅游业的发展并不是平均的，各地、各人受到旅游业的影响也不一样。如石林县县委原副书记王富昌说："旅游业对撒尼文化社区产生影响的程度与格局有着明显的规律性，由于石林旅游区大分散、小集中的特点，各个景区的中心及其周边地域便受到最大影响。同时，这一影响所具有的强度，也随该景区开发的历史长短而产生正比例变化。然后像波的传送一样，影响的广度、力度、深度等方面均有由密至疏、由大到小、由强到弱、由多到少的变化，从全区域来看，同样也存在着一个以最重要、最集中、最发达景区为中心的辐射扩散结构。大小石林景区因开发时间较早、规模较大、设施最为齐全、旅游容量最多而成为石林旅游区的焦点，与此相应，景区内的撒尼村落五棵树也成为受影响最深最广的撒尼文化社区，黑松岩景区及附近的站屯、和摩站村落、长湖景区及其坐落地的维则乡、大叠水风景区及其附近的石林镇、天生关、乐尔村等也都呈现类似现象，距景区中心越近，石林旅游业的刻痕与烙印越多、越深、越广，它占据了用于农耕、祭祀、婚丧等基本生活与精神需求之外的大多甚至是全部时间和精力，稍为偏离或远离这一中心，旅游业的影响则有减退，再远则近于消失，村寨中依然是来自传统生活深处的生活场景，农耕、劳作、休息、生老病死及对唱婚恋，只有极少数撒尼青年梦想着旅游业中蕴藏着的机会，偶有几人离开故乡和家园，走入石林旅游的陌生世界。"①一般而言，认同并接受新一轮重构的《阿诗玛》的是那些受旅游业影响较大的人，而受旅游业影响较小或不受旅游业影响的人则一般较少认同或接受这种新的重构。从这个角度来说，撒尼人对新一轮重构的《阿诗玛》的认同和接受是有限的。

我在矣维哨村采访的时候，好几个撒尼村民给我讲了阿诗玛的故事。

杨志华，1928年生，初中毕业，滇黔桂边纵的老革命，离休干部，离休前任小学教师。在村总支副书记杨绍伟、村委会副主任杨永明及撒尼村民卢建华的陪同下，我采访了他。他给我讲的阿诗玛的故事是这样的：阿诗玛与阿黑是

① 王富昌：《石林：旅游与彝族（撒尼）文化》，何耀华：《石林彝族传统文化与社会经济变迁》，云南教育出版社2000年版，第166-167页。

兄妹关系。阿诗玛正在家里织麻布，这时飞来一只苍蝇，苍蝇对阿诗玛说：“表妹你格去（格去：去不去）？”阿诗玛正忙着织布，就拿了一个洗锅把打苍蝇，苍蝇就飞走了。第二天，土司家来说亲，阿诗玛家不答应，土司就把阿诗玛抢走了。阿诗玛的哥哥在天上读书，下来后就问他母亲，阿诗玛去哪里了？他的母亲说已经嫁出去两三天了，要骑黄马才追得上。阿黑就骑上黄马，箭背在身上，扬了三鞭，马就跑了起来，那些抢亲的人还在半道上呢。阿黑追上后远远地就吹起了笛子，阿诗玛在轿上听见，就让抬轿子的人把轿子停下来，她说：“这是我的哥哥阿黑吹的调子。”阿黑就追上了。到土司家以后，土司家的人把大门关了起来。阿诗玛吹树叶告诉阿黑说：“哥哥，人家把门关上了，他家养有虎，要吃你。”阿黑吹起笛子，用笛声告诉阿诗玛说：“不怕，不怕，我有箭，我能把你救出来。”晚上，土司放出了老虎来吃阿黑，被阿黑一箭射死，然后剥了皮套在自己身上。天亮后，土司来看，发现老虎在动，以为阿黑被吃掉了，不料阿黑从虎皮里钻了出来，拉着阿诗玛的手说：“我们走，看他们谁敢拦。”两人就骑上同一匹马要回家，土司家的人出来拦，阿黑一箭射在大门上，大门开了。阿黑又射一箭，射在了土司家的祖宗牌位上。土司害怕了，不敢出来拦，也不敢叫人来追撵。阿诗玛和阿黑来到了石崖下边。天黑了，阿诗玛口渴，没有水喝，阿黑就砍断了石崖上的藤条，让阿诗玛喝藤条流出来的水解渴。第二天早上，阿诗玛不见了，阿黑喊：“阿诗玛，你在哪里？”不见阿诗玛，只听见有回声。阿黑怎么喊，回声就怎么应。阿诗玛不见了，变成了石头。这个故事就是这样一代一代传下来的。

杨老先生讲的这个阿诗玛的故事是比较传统的，看不出有黄铁等人整理的长诗的痕迹，也看不到电影的影响。在杨老先生讲的这个阿诗玛故事里，阿诗玛最后变成了石头，但他没有说这石头就是石林景区的那块，显然，他没有接受这些新的重构。

另一个叫徐德良的撒尼村民也给我讲了阿诗玛的故事。徐德良，1941年生，小学毕业文化，前哨村民小组组长。他讲的阿诗玛故事是这样的：

阿诗玛是穷人，住在阿着底。阿着底在哪里呢？不知道，整个路南应该都是阿着底的地方。现在有个村子说他们村就是阿着底，这不一定，阿着底是整个县整个民族的名称。阿诗玛小的时候就没有了父亲，她是她妈养大的。阿支是资本家，家里什么都有，他家势力大。阿黑也是穷人，阿诗玛想嫁阿黑，但阿支把阿诗玛抢去了。水倒流，给阿黑送信。这是迷信的东西。阿黑在山上放羊，马也拴在旁边，一朵花漂到了那里，马看见了就叫，还把那朵花叼到了阿黑跟前，阿黑知道出了事，赶紧骑马回来。在路上，大蛇拦住了阿黑的路，阿黑过不去，就拿出箭对着蛇射了过去，蛇就让路了。阿黑继续跑，大山又挡住了他的路，阿黑又用箭射大山，山才让开。到阿支家后，阿支不让他进，这里过程多，记不清了。他们抵住大门不让阿黑进，要对歌。阿支家对不赢，阿黑就进去了。但阿支家把第二道大门闩上了，阿黑又用箭射才把门打开。进去后，阿黑就吹起了笛子，阿诗玛就知道是阿黑来了。阿诗玛被救出来后，阿黑射出的箭还在门上，阿支一家都拔不动，阿黑叫阿诗玛拔，阿诗玛轻轻地就拔下来了。两人就一起回家，半路上，遇到了一条大坝，阿诗玛去采花，这时洪水来了，水把路都淹了，阿诗玛认不清东南西北，阿黑到处找阿诗玛，阿诗玛被水冲走了，挂在了石崖上。现在阿诗玛的像在石林风景区里。老人传下来的，只要在那里喊阿诗玛，就会有阿诗玛的回声。

徐德良讲的阿诗玛的故事，有比较鲜明的电影的痕迹，表明他看过电影《阿诗玛》，也比较认同电影《阿诗玛》。他还明确了阿诗玛化身为石林景区的石头，可见，这一《阿诗玛》重构他是认同并接受的。但他说整个路南应该都是阿着底的地方，这又表明他并不认同与接受阿着底就是干塘子村的重构。

以上的调查表明，新一轮重构的《阿诗玛》，并非所有的撒尼人都认同和接受。撒尼人对它的认同和接受与当地旅游业的发展，特别是他们直接受旅游业的影响的大小有关。那些受旅游业影响较小的地区中受旅游业影响又比较少的撒尼人对这新一轮重构的《阿诗玛》要么不知情，要么干脆不认同不接受。这种情况反而证明，正是旅游业推动着撒尼人认同并接受了这新一轮重构的《阿诗玛》。

第五章　结语：当代的中国少数民族传统文化在重构中传承

《阿诗玛》被重构的经历，在当代中国并非特例。在考察和研究了《阿诗玛》在当代的重构情况后，我们有必要从这个个案中走出来，放眼中国少数民族传统文化在当代的重构，进而了解中国少数民族传统文化在当代传承的情况。我们有充分的理由认为，正是通过这种重构，中国少数民族传统文化才得以适应当代的文化生态环境，并得以继续传承和发展。

一、重构——少数民族传统文化在当代传承的基本方式

在当代，随着社会的变迁，少数民族传统文化的传承引发了人们普遍的关注。人们普遍认为，少数民族传统文化在当代发生了传承危机，具体表现就是，许许多多的少数民族传统文化在当代面临失传的危险。如杨福泉说："中国各少数民族在改革开放十多年来，在经济上有了长足发展，生活得到了很大的改善，但如果从文化的发展上看，在现代工业社会文化潮流的冲击下，体现民族特色的民族传统文化正大量流失，不少民族的服饰、语言、传统民居、歌唱艺术、民族舞蹈、礼仪习俗等民族文化遗产，有可能在20年至30年或在更长一些的时期内大部或全部消失。"[①]杨福泉的观点在当代是很有代表性的。

这种状况促使人们对少数民族传统文化在当代的传承进行深入的思考和研究。王希恩曾撰文提出，少数民族传统文化在当代实际上有三种不同的命运。一是复兴。由于国家和社会对少数民族传统文化着力弘扬，采取了诸如对少数民族优秀文化遗产实施有效的保护、整理和研究，以及对少数民族文化制

① 杨福泉：《论我国现代化进程中的少数民族文化保护》，《思想战线》1998年第5期。

定和实施特殊的政策和措施等，中国少数民族传统文化存在着复兴的情况，如少数民族语言文字得到了推广；少数民族地区文化设施大量建设，文艺人才大量涌现；少数民族地区群众文化活动开展广泛；许多少数民族正大力发展文化产业，为经济活动融入民族文化内涵，等等。二是衰退。所谓衰退，“是指这种文化的减少和消失”。由于缺少传承人，已有的复兴又多与民间生活脱节，于是少数民族传统文化在当代也面临着相当的衰退局面。不仅如此，“现代文化不断增多的过程也基本成为传统文化衰退的过程，而且，与复兴相比，衰退似乎更为强烈”。三是变异。变异，即“传统文化成分在实际生活中并没有减少或消失，而是与现代生活相结合，使自身得到了适应新环境的演化变迁”。如传统的节庆，虽得到了保持，但被大量地掺杂进了现代形式的娱乐和商品交易等内容，如此等等。①

但也有学者对此提出了不同的看法。如周传慧、李自然在他们所撰的《试论西部大开发中少数民族传统文化重构的特点》一文中就讨论了这一问题。他们说：“至于王希恩先生所论断的‘中国少数民族传统文化的基本状况是复兴、衰退和变异三种现象并存’，是不很准确的。衰退和变异都是文化重构的直接表现，关于复兴之说也是值得商榷的。众所周知，目前的少数民族传统文化的复兴，在动机上不乏许多人为的功利性因素，从而致使这种情况下的少数民族文化复兴带有很浓的文化再造和虚假成分。但再造也好，虚假成分也好，都是文化重构的一部分。因此，少数民族传统文化的现状就是一种急剧的文化重构过程，而不是所谓的复兴、萎缩和变异时期，更何况民族文化是不可能存在萎缩现象的，只能是具体文化特质在文化重构中出现萎缩现象。”②即周传慧、李自然认为，少数民族传统文化在当代不存在三种命运，而只有重构一种命运。

这种看法当然也是可以进一步商榷的。王希恩所说的三种情况中，第一种，即复兴，是人为干预的结果，它的问题在于，这些让人感到已经或正在复兴的少数民族传统文化“游离于民间社会生活之外”，也就是说，这些已经或正在

① 王希恩：《论中国少数民族传统文化现状及其走向》，《民族研究》2000年第6期。

② 周传慧、李自然：《试论西部大开发中少数民族传统文化重构的特点》，《黑龙江民族丛刊》2003年第5期。

复兴的少数民族传统文化是脱离传承它的民众的生活的，这样的复兴，显然极脆弱，极不可靠，最终是否能逃脱失传的厄运还很难说。对此，王希恩也心知肚明。第二种，即衰退，随着社会的进一步变迁，越来越多的少数民族传统文化会退出现实生活，因此这倒似乎是绝对的。而第三种，即变异，就成了少数民族传统文化传承的希望所在。在三种情况中，复兴不可靠，衰退乃至消亡是我们所要尽力避免的，那么只有变异然后得到传承才是希望所在。所以王希恩很看重变异，他说："变异是传统文化在新形势下得以保留和发展的重要途径。社会在发展，产生和滋养文化的大环境发生了变化，文化本身要存在和发展就必须适应这种改变。实际上，作为各民族主要特质的传统文化不会轻易从生活中消失，却会以改变的形式长期存在；民族传统文化的繁荣也是在变异的基础上得到展示的。变异是阻断衰退的重要途径，也是促成繁荣的前提。"①由此看来，在当代，少数民族传统文化有两种命运，即要么失传并消失在现实生活中，要么变异，然后得到传承。

但王希恩所说的少数民族传统文化的变异，强调的是传统文化成分在实际生活中没有减少或消失，而是与现代生活相结合，演变成一种新的样式，这种观点是值得商榷的。实际的情形要比他所说的情况远为复杂。即少数民族传统文化的变异，有的其传统文化成分在实际生活中可能没有减少或消失，如他所说的土家族的"土老师"的习俗这样的文化，但更多的情形可能是，其传统文化成分或多或少地有所增减，从而形成一种有别于传统，但与传统又有联系的新的文化。这种变异，实际上就是本书所说的重构。因此，在当代，少数民族传统文化有两种命运，即要么失传并消失在现实生活当中，要么经过重构，然后活在现实生活当中，得到传承。

由此我们也可得出这样的结论，即在当代，少数民族传统文化的传承，最基本的形式是在重构中传承。这就是当代中国少数民族传统文化传承的基本现实。一些学者也已经注意到了这一点。除前面提及的周传慧、李自然在他们的文章中有相关论述外，谷家荣、何才、牛青等学者也发表了文章对这一问题进行了论述。如谷家荣在其《论中国少数民族传统文化的现状及其前景》一文

① 王希恩：《论中国少数民族传统文化现状及其走向》，《民族研究》2000 年第6期。

中探讨了精优少数民族文化被"异质化"的问题，他说的异质化，实际上就是重构。[①]何才、牛青则在《民族旅游与民族文化重构——以平武县白马藏族为例》[②]一文中讨论了平武县白马藏族的传统文化在发展民族旅游中被重构的问题，他们认为，由于发展旅游业，白马藏族的传统民族文化的整体性和原生性遭到一定程度的肢解，白马藏族的传统文化发生重构是不可避免的——白马藏族的传统文化也在重构中传承。

二、文化生态环境的变迁与当代少数民族传统文化重构的发生

《阿诗玛》在当代之所以会发生重构，与它的生态环境的变迁有着直接的关系。

文化有其生态环境，且与它的生态环境联系紧密，就像植物一样，它的生存与它的生态环境的状况密切相关，已经不是什么新思想了。

在西方，文化与环境的关系很早就被人们注意到，人们并且认为自然环境因素决定人类的社会文化特征。如古希腊的著名思想家希波克拉底（Hippocrates）、柏拉图（Plato）、亚里士多德（Aristotle）、伽林（Galen）、波利比奥斯（Polybius）和托勒密（Ptolemy）等，都赞同这样的"环境决定论"。其中希波克拉底的体液论认为气候决定人体体液的比例，从而决定体格和人格；柏拉图和亚里士多德也都认为，希腊温和的气候是其民主政体产生的温床。类似的观点后来一直得到延续。如16世纪初期法国历史学家、社会学家琼·博丁（Jean Bodin）注意到平原和河谷是文明的沃土，文明的发生要受到经纬度和高度的限制。18世纪法国启蒙思想家孟德斯鸠（C.L.Montesguien）在《论法的精神》一书中，也详细全面地阐发了地理环境、气候条件对人们的生活、习俗，以及国家经济、政治制度的影响。他认为，热带地区的高热让人

① 谷家荣：《论中国少数民族传统文化的现状及其前景》，《西北第二民族学院学报》2006年第3期。

② 何才、牛青：《民族旅游与民族文化重构——以平武县白马藏族为例》，《商业文化》（学术版）2007 年第11期。

没精打采，加上自然能为人们提供所需的一切生活物质，这就使得当地的土著民族缺乏脱离原始状态的动力；那些生息在寒冷地区的人群同样也不能发展成文明国家，因为极地的居民被迫花费大量的时间和精力去寻找食物、衣服和居所；相较而言，温带地区的自然条件既不能满足人们的所有需要，也不会让人们不得不耗尽精力才能养活自己，所以文明的中心在温带地区，而文明的程度则随之向极地和热带方向递减。19世纪中叶，英国历史学家H.T. 巴克尔（Henry Thomas Buckle）在《英国文明史》中认为，地理环境是社会发展的决定性因素，文明发展的不平衡是自然因素造成的，社会的不平等也是合乎自然的。拉采尔（Friedrich Ratzel）是第一位系统研究不同人群的生活方式与他们的居所之间关系的学者。在其两卷本的《人类地理学》一书中，他运用达尔文生物学观念研究人类社会，认为地理环境从多方面控制人类，对人类生理机能、心理状态、社会组织和经济发达状况均有影响，并决定着人类迁移和分布，因而地理环境野蛮地、盲目地支配着人类命运。在随后出版的《政治地理学》一书中，他对国家的命运的论述基本上是从与土壤的关系角度来展开的。拉采尔关于居所与文化关系的极端论述，被一些学者发展成呆板、强硬的环境决定论。拉采尔的学生森普尔（Ellen C. Semple）将这一思潮传到了美国，在《美国历史与地理环境》《地理环境的影响》等书中一再加以发挥。在《地理环境的影响》中，辛普尔概括地谈到她的研究方法，说："作者自己的研究方法，是比较各个种族间和文化发展的各个阶段中，生活在同一地理环境下的典型民族。如果这些生活在相同环境下的不同种族的民族，具有相似或相关的社会、经济或历史的发展，那么就可以合理地说明这种相似性是由于环境，而不是由于种族造成的。这样，通过全面比较，在这些问题上，当说明某些大型的社会和历史现象时，种族因素就在两个求知数中被排除了。"美国地理学家埃尔斯沃思·享廷顿（Ellsworth Huntington）也是环境决定论者，他于1903—1906年在印度北部、中国塔里木盆地等地考察后发表的《亚洲的脉动》一书，认为13世纪蒙古人大规模向外扩张是由于居住地气候变干和牧场条件日益变坏所致。1915年他又出版了《文化与气候》，创立了人类文化只能在具有刺激性气候的地区才能发展的假说，并认为热带气候单调，居民生活将永远陷入贫困。

尽管地理环境决定论历史悠久，但人们也逐渐发现，环境决定论对环境与文化关系所作的论述总是不够充分。环境决定论对环境与文化关系所作的简单的、线形的因果解释，在经验世界中很容易被否定，如交易制度、婚姻规则、亲属关系术语、政治制度等，在地形和气候条件相近的不同地区却出入很大。人们发现，不管环境因素在形成人类文化过程中的作用如何，它显然不像早期的人类学理论家们所设想的那么直截了当。

于是，另一种观点——“环境可能论”继而出现。该理论认为地理环境对文化的影响并不像地理环境决定论者所说的那么直接，实际上，环境可能导致某些文化现象的产生，但是经常也存在着其他的可能，而并不能保证每一种可能性都成为必然。导致特定文化现象的直接原因还是历史和文化。持这种观点的主要是美国的历史学派的博厄斯（Franz Boas）、克鲁伯（A1fred L. Kroeber）、威斯勒（Clark Wissler）等人。这种观点的合理之处是它的说法与人们观察到的实际情况没有矛盾，如气候限制了作物的选择；民居类型受到可利用的建筑材料的限制；人群的定居模式在一定程度上受供水状况的约束，等等。但它对人类的大部分的文化现象却无力解释。如人们为什么采取这样而不是那样的经济和政治策略，人们的信仰和意识形态为什么是这样而不是那样，他们的婚姻习俗以及礼仪为什么是这样而不是那样，如此等等。因此，凯·米尔顿（Kay Milton）认为环境可能论的优点在于不容易遭到驳斥，缺点则在于缺乏分析力，只能在最肤浅的层面上解释文化多样性。①

正是在这样的学术背景下，1955年，朱利安·斯图尔德（Julian Steward）首次提出了文化生态学的理论，进一步研究和解释文化与环境之间的关系。

在《文化生态学的概念和方法》②中，斯图尔德认为，生态学的主要意思是适应环境，而“环境适应的概念也构成了文化生态学的全部基础”。文化发生变化，是因为技术的变化而引起的——文化要适应技术的变化。“文化正如那

① Kay Milton1. Environment alism and Cultural Theory [M]. London and New York: Rout ledge, 1996. 转引自张雯：《试论当代生态人类学理论的转向》，《广西民族研究》2007 年第4 期。

② 斯图尔德，王庆仁译，《文化生态学的概念和方法》，《民族译丛》1983年第6期。

些曾被引用过的原因那样，倾向于永远保存自己和缓慢地改变着。但数千年来不同环境中的文化已发生了巨大的变化，这些变化基本上可归因为改变技术和改变生产安排所需要的新适应性。尽管偶尔有文化的妨碍因素，但有用的艺术已经极其广泛地分布，而它们没被接受的情况，是因为那里先存的文化模式是没有意义的模式。包括百分之九十九的文化历史在内的前农业时代中，狩猎、采集、捕鱼的技术方式似乎已广泛地传播到应用它们的境界。棍、矛、陷阱、弓、火、容器、网和其他许多文化特征越过许多地区而散布，有些则遍及全世界。随后，驯化植物和动物也很快地在它们的环境界限内散布开来，只是由于难以克服的海洋屏障才使这种散布停止下来。”

但技术是否被采用，则要取决于环境。“但新技术是否有价值，是社会文化水平和环境潜能的功能问题。在所有前农业的社会中，都发现有用的狩猎和采集技术。在游牧和种植的地理环境中，这些技术都得到了采用。诸如冶金术之类的发达技术，只有在某些稳定的人口、从容的时间、出现内在特化的前提下才可被接受。这些先决条件只能从农业社会的文化生态学的适应性中发展出来。”

而且，环境的不同还要求人们对社会和文化做出不同的调整。“环境不只是容许或阻障技术，而且特殊的地方特征可能需要具有深远意义的社会适应。因此，用弓、矛、围绕物、滑运道、摩擦生火、捕兽陷阱、圈套以及其他狩猎方案装备起来的社会是可以相互不同的，这是因为地形和动物群的性质关系。如果駿犎、驯鹿之类的猎物大群存在的话，那合作狩猎就会有利。相当大数量的人可能整年都在一起。但如果猎物是非流动性的，并以小的和定居的集团存在的话，那么，以熟知地形的小集团的人进行狩猎则会更好一些。在这两种情况中，狩猎方案的文化积累几乎是一样的，但在第一种情况中社会由多个家庭和集团组成，如加拿大的阿塔巴斯干人和阿尔衮琴人以及有马之前的平原駿犎猎人；在第二种情况中，社会可能由地方性的父系家族或村社组成，如布须曼人、刚果尼格利陀人、澳大利亚人、塔斯马尼亚人、火地人等。这些由父系组成的村社集团是相类似的，但实际上并不是由于他们总体环境的相似——布须曼人、澳大利亚人和南加利福尼亚人生活在沙漠中，尼格利陀人生活在雨林区，火地人生活在较冷的雨区——而是由于猎物的性质相似而使他们生计问题也相似。”①社会和文化因此而不同。

总之，斯图尔德的文化生态学强调文化对环境的适应，认为文化特征是在逐步适应当地环境的过程中形成的。但他的这种环境决定论显然不像传统的环境决定论那样粗糙——他不仅做了深入细致的分析，更重要的，是他注意到了技术这个中介。人类的文化受技术的影响，而技术的采用又受到环境的影响，因此人类的文化归根结底受到环境的影响。

斯图尔德的文化生态学理论借用生态学的理论和方法思考文化的独特性问题，给研究者颇多启发。但斯图尔德所考虑的环境只是自然环境，没有把人文社会环境纳入思考的范围。然而，人是社会化的动物，人不仅有自然生命的机体，人同时还创造了文化，并借助文化在自然环境中生存和繁衍，因此，文化所要适应的环境不仅是自然地理环境，还应包括人文社会环境。这一点，已被后来的研究者所注意到。

如司马云杰在其《文化社会学》一书中就指出，人类的外部环境，除自然环境外，还有人文社会环境，人文社会环境由文化构成，包括科学技术（包括经验、知识等）、经济体制、社会组织和价值观（包括风俗、道德、宗教、哲学等）四个层次。受生态系统的思想的影响和启发（“生态系统”一词是英国植物生态学家A. G. Tansley于1935年首先提出来的。关于生态系统，他说：“更基本的概念……是整个系统，它不仅包括生物复合体，而且还包括了人们称为环境的各种自然因素的复合体。……我们不能把生物与其特定的自然环境分开，生物与环境形成一个自然系统。正是这种系统构成了地球表面上具有大小和类型的基本单位，这就是生态系统。”②）司马云杰也认为，构成人文社会环境的各种要素也并不是无序地杂陈在人的周围的，它们也和自然生态系统一样，构成一个文化的生态系统，在这个系统里，各种因素相互影响、相互制约，共同起作用。为此，司马云杰还画了一个“文化生态系统结构模式”图，以阐述文化生

① 上述引文均引自斯图尔德，王庆仁译，《文化生态学的概念和方法》，《民族译丛》1983年第6期。

② 蔡晓明：《生态系统生态学》，科学出版社2000年版，第6页。

态系统内各种要素的关系：

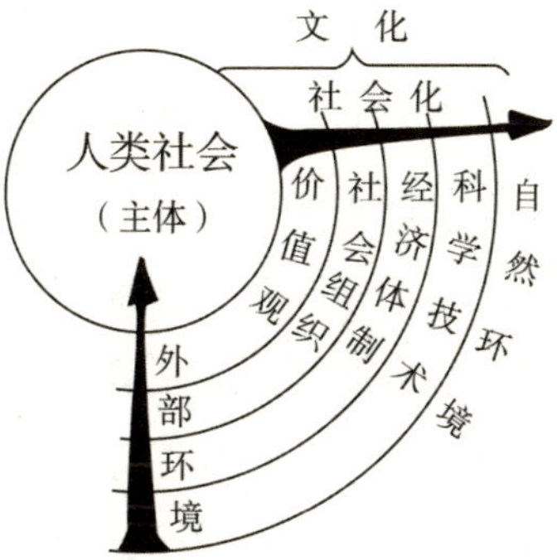

根据这个图，我们不难发现，与自然环境对人的影响相比，人文社会环境与人的关系更密切，对人的影响更大。而作为人类的文化的各种人文社会环境构成要素，它们与人类的关系也不是均等的，其中，人的价值观距离人类最近，其次是社会组织，再次是经济体制，最后才是科学技术。那么，什么是文化生态系统？司马云杰给出的定义是："所谓文化生态系统是指影响文化产生、发展的自然环境、科学技术、生计体制、社会组织及价值观念等变量构成的完整体系。它不只讲自然生态，而且讲文化与上述各种变量的共存关系。"①

由于已经认识到文化是生存于自己的文化生态系统中的，因此，近年来，人们在研究文化传承的时候开始更多地考虑文化生态与文化传承的关系，更多地从文化生态的角度来研究文化传承。

如在研究当代中国民间艺术的传承时，唐家路就是以这样的思路来进行研究的。在《民间艺术的文化生态论》一书中，他认识到："文化艺术的创造活动取决于许多不同的因素，自然因素、地理环境、文化传承、种族社会、经济技术等各种综合因素都对艺术的创造产生影响，这些因素既非一成不变，也并非独自影响艺术的创造，艺术作为社会的产物，它的文化生态是完整的，因素是综合的。"②于是，要使民间艺术在当代得以顺利传承，就要考虑对它的文化生态的研究和保护。他说："民间文化生态系统的整体协调是民间艺术得以健全生

① 司马云杰：《文化社会学》，山东人民出版社1990年版，第202页。
② 唐家路：《民间艺术的文化生态学》，清华大学出版社2006年版，第42页。

存的基础，而民间文化生态的失衡则意味着民间艺术生存环境的失落。探讨民间文化生态系统各要素的特征及其之间的关系，可以更全面整体地认识民间文化，协调民间文化各要素及其之间的关系，以谋求对传统文化优秀内容的继承和可持续发展。对民间艺术来说，民间文化生态系统的整体协调可以为民间艺术的创造和发展提供优良的生存环境和传承基因。历史的发展也充分证明了民间文化生态系统的全面协调为民间艺术的创造和传承提供了优良的土壤，与自然条件、生产技术相吻合的各种丰富多彩、形制各异的民间生产工具、生活器具，与自然环境协调统一又体现了民众智慧的民居及相关建筑，反映民间信仰观念、价值观念的祭祀供奉神像及其用品，具有实用功能和社会意义、文化内涵的各种民族民间服装鞋帽及其装饰，还有审美价值意识强、文化功能突出的剪纸、年画、皮影等，莫不是民间文化肥沃土地上结出的果实，而各种民间艺术品类及其内涵的衰微或演变，正是由于民间文化生态环境的演化或转变。我们不能一味地为民间文化的现实境遇吟唱挽歌，而更重要的是考察民间文化各生态要素之间的变化与民间社会、自然环境及民众自身之间的整体关系，以把握民间文化生态系统发展变化中的协调性。只有这样，才有助于我们正确认识民间艺术的创造活动及其发生、发展、变化的规律，认识民间艺术创造的文化生态基础，从而有效地传承民间艺术，这才是一种全面、系统、整体的民间艺术研究。对于民间艺术来说，文化生态论不仅是一种理论基础，同时也是一种方法论，它可以帮助我们认识和分析现实社会背景下的民间艺术、民间文化的状况。”[①]

唐家路的分析是符合实际的。不仅民间艺术，作为一个生命体，所有活的人类文化，实际上都有它生存的生态环境，而且它的生态环境直接影响着它的生存、它的兴衰。但文化生态环境的变迁如何引起一种文化的变迁呢？马林诺夫斯基在《文化论》中说：“文化是包括一套工具及一套风俗——人体的或心灵的习惯，它们都是直接地或间接地满足人类的需要。”[②]在研究神话时他更清晰地阐述道：“如果研究活的神话，我们就会看到，它不是象征性的，而是主题的直接表达；神话不是为了满足某种科学兴趣的解释，而是为了满足深切的信

① 唐家路：《民间艺术的文化生态学》，清华大学出版社2006年版，第44-45页。

② ［英］马凌诺斯基：《文化论》，费孝通译，华夏出版社2002年版，第15页。

仰需求、道德渴望、社会服从、社会主张甚至实际需要而经由叙事加以再现的原始现实。神话在原始文化中具有不可或缺的功能：它表达、增强并理顺了信仰；它捍卫并加强了道德观念；它保证了仪式的效用并且提供引导人的实践准则。因此，神话是人类文明很重要的组成部分，它不是聊以消遣的故事，而是积极努力的力量；它不是理性解释或艺术幻想，而是原始信仰与道德智慧的实用宪章。”[①]因此，一种活的文化，它总在传承它的民众中承担某些独特的功能。或者说，就如一些学者所说的，它就是人适应环境、谋取生存的一种手段。但正如前面所说，文化的生存不能是孤立的，它需要有与其相适应的文化生态环境。即一种文化要发挥其正常的功能，必须要有适合它的文化生态环境。而当文化生态环境发生变迁，新的文化生态环境不再适合旧有的文化，旧有的文化失去理想的文化生态环境时，它往往就会丧失其功能，从此失去活力，于是，它要么被改造，要么就消失在民众的生活之中。而改造的方法就是对旧有的文化进行重构。

1949年新中国成立后《阿诗玛》的两次重构，也都是源于其生态环境的重大变迁。第一次重构，是1949年新中国成立后国家的意识形态建构及社会改造，从根本上改变了撒尼人的社会和生活，正是这样的改变，撒尼人才接受了被重新整理和创造了的《阿诗玛》。第二次重构，是因为国家实行的改革开放的政策，以经济建设为中心的政策，再次改变了撒尼社会和撒尼人的生活，于是，撒尼人再次接受了再次被重构的《阿诗玛》。总之，文化生态环境的变迁，引发了少数民族传统文化的变迁。文化生态环境的变迁，引发了少数民族传统文化重构的发生。

由此另一个困扰我们的问题似乎也得到了解决。有的人觉得很多少数民族传统文化都是非常有价值的，非常希望它们能在当代社会中得到留存，因而希望少数民族传统文化能得到原汁原味的传承。当我们明白了一种文化与它的生态环境的关系是如此的密切，一种文化的生存必须有与其相应的文化生态环境的时候，我们就不会再奢望在整个文化生态环境发生了巨大的变迁之后，还能

① 马林诺夫斯基：《神话在生活中的作用》，阿兰·邓迪斯：《西方神话学读本》，朝戈金等译，广西师范大学出版社2006年版，第244页。

原汁原味地传承少数民族传统文化。在笔者看来，这种可能是微乎其微的。

三、少数民族传统文化的重构、创造与传承

司马云杰是这样给文化下定义的：文化乃是人类创造的不同形态的特质所构成的复合体。[①]何谓特质？司马云杰是这样解释的："所谓特质，主要有两个含义：一是指人类创造物的最小独立单位。它是独立存在的、含有一定文化意义的单位，又是最小的、不能再分的文化单位。例如驯养的马是一种特质，是独立存在的最小单位。如果再把马分割为马腿、马蹄子、马头、马尾巴，它就不是独立存在的文化了。自然，所谓小，也是相对的，不是绝对的；所谓不能再分，也是从它的独立意义上讲的，分了就不再是这种文化了。例如自行车是一种独立存在的文化特质。如果把自行车拆了，它还可以分为车圈、车条、车把、车链子、滚珠、轴承等，这些虽然也是文化，但它已不是自行车这一特质的文化了，而变成另外的文化或文化要素了。这就是特质的第一个含义。二是指人类创造物的新的内容和独特形式。我们并不是说人类活动的任何社会的、政治的、经济的内容和形式都是文化，只有当它们以独特的形式表现新的内容的时候，即构成一种新的特质的时候，我们才称之为文化。'封建社会'是一种文化，因为它表示着特定的社会经济形态。印度的宗教制度、中国的宗法制度，也是文化，因为它们表示着封建社会特殊的社会文化制度。其他像日本的天皇制、英国的女皇制、美国的两院制，也是文化，因为它们是资本主义社会的人们所创造的特殊的政治制度和国家形式。如果日本、英国、美国都是一个模式的资本主义社会政治制度和国家形式，这些独立的文化也就不存在了，而变成统一的'资本主义社会'这一文化了。这一点用物质文化更能说明问题。例如汽车是一种文化，因为它是人类所创造的一种特质。但是，如果把这种特质投入生产，制造成几百万辆汽车出卖的时候，它就不是文化而是商品了。这里，一千辆汽车和一辆汽车没有什么不同，它都是同一种文化，同一个特质。只有当另外的汽车被制造出来，它又与任何别的汽车不同的时候，如小轿车、大卡车、'面包车'、

① 司马云杰：《文化社会学》，山东人民出版社1990年版，第11页。

‘130’、海鸥、本司等等，它们作为新的特质，才能被视为文化。我们观察人类活动的内容和形式，看它是否构成特质，才能决定它是否为文化现象。”[1]由此看来，从结构上看，文化还是可以再分的，它由多种特质组合而成，是一个复合体，特质的组合构成了文化。而特质虽然没有能够形成文化，但特质本身也有它自己的特性。

既如此，文化的重构实质上就是构成文化的特质的改变，这种改变，或为特质的增加或减少，或为特质的性质的改变，或为特质的重新排列组合，等等。就《阿诗玛》而言，《阿诗玛》是彝族撒尼人的一种文化，它的构成特质至少应该包含特定的演唱曲调——演唱《阿诗玛》的曲调，特定的语言——撒尼语，特定的叙事方式——有撒尼特色的叙事句式，特定的人物——如阿黑、阿诗玛等，以及特定的故事——如抢亲、祭祀、化为回声等。正是因为具有上述特质，所以《阿诗玛》才成其为《阿诗玛》，而不是别的文化。20世纪50年代初期，由于搜集整理，构成《阿诗玛》的几个文化特质大多都发生了变化，如它不再是演唱的，更不用说用原来的曲调来演唱；它不再用撒尼语来讲述；它不再用有撒尼特色的叙事句式来叙事，而改为汉语诗歌；它的故事亦有所改变，改为阶级斗争色彩浓郁的故事，虽然还保留有抢亲、化为回声等情节。不变的则只有主要人物，仅此而已。这就是1949年新中国成立后《阿诗玛》的第一次重构。第二次重构，相较于50年代前的《阿诗玛》，其特质有较大变化：如它不再以特有的曲调演唱；不再用撒尼语讲述——很多撒尼人已改为讲汉语了；不再用有撒尼特色的叙事句式来叙事——它已改为汉语散文叙事了。不变的是故事的基本情节及人物。相较于第一次重构的《阿诗玛》，它的特质也有所变化：主要表现为它的基本情节虽得到保留，但阶级斗争色彩有所淡化；语言散文化，而不再是诗歌的形式。其余的特质，如人物、汉语的语言等则没有变化。由此可见，文化的重构使其特质或多或少地改变。

特质改变之后，文化当然也就随之改变，因此文化的重构实质上是文化的创新，而非原汁原味的传承。但由于其特质多多少少都有所保留，因此它与传

① 司马云杰：《文化社会学》，山东人民出版社1990年版，第11–12页。

统有联系，还会被看作是传统。《阿诗玛》被重构后，撒尼人仍然愿意接受它，认为这是他们的《阿诗玛》。而别的民族也认为，这重构的《阿诗玛》也还是撒尼人的文化，这些都与重构的这一特点有着密切的关系。

总之，重构对传统文化是既有舍弃，也有保留。而经重构的传统文化，既包含有传统文化的基因，又已经是一种新的文化，一种新创造的文化。在原有的文化中，不能适应现实生活需要的部分，被抛弃；能适应或能满足现实生活需要的部分则得以在重构中保留。重构，是保留了一些东西，加进了一些东西，同时又减去了一些东西。正因如此，在重构后，传统文化适应了新的文化生态环境，并在新的文化生态环境中得以传承和发展。

四、《阿诗玛》的未来

（一）当前撒尼人传承《阿诗玛》的概况

《阿诗玛》在当代传承的情况如何？为了弄清此问题，从2009年起，我多次深入石林彝族自治县圭山撒尼人聚居区进行调查。调查发现，《阿诗玛》在当代的传承有这样一些特点。

1. 已很少人会唱《阿诗玛》

传统的《阿诗玛》是唱的，但现在的撒尼人已很少人会唱《阿诗玛》了。

曾任石林彝族自治县文物管理所所长的黄兴在他的论文《论少数民族地区非物质文化遗产的抢救保护——以石林彝族撒尼语口传叙事长诗〈阿诗玛〉为例》中说：“在石林撒尼人地区，会讲彝话、使用彝语的人越来越少，只有50岁以上妇女在生产生活中着民族服饰，讲本民族语言。除了节庆活动，年轻人一般不穿民族服饰。用撒尼语演唱《阿诗玛》的人更为稀少。青年一代价值取向转变，追求的是时尚娱乐，欣赏、传承古老歌谣的热情正在丧失。加之随着熟知和掌握古歌祭祀、民族礼仪的毕摩、文化传承人、老歌手的相继去世，《阿诗玛》的传唱更是面临毁灭性的厄运，如今只有几个民间老艺人能支离破碎地演唱几段，没有一个能完整地演唱出《阿诗玛》，大部分青年人甚至没有听过用撒尼语演唱的《阿诗玛》，《阿诗玛》的传承后继乏人，处于失传的边缘。”[①]石林彝族自治县文物管理所现任所长方跃章也说，在石林县撒尼彝族地区，会唱《阿诗玛》部分曲段的人还有不少，但能够完整演唱的人已经很少很少了，据他估计，不会超过5个人。[②]他们的话给我们传递了这样一个信息：在今天，能像以前那样唱《阿诗玛》的人已经很少了。在调查中，我发现此言不虚。

2009年4月3日，我到糯黑村调查了解《阿诗玛》在当代传承的情况。我问村民，村子里谁会唱《阿诗玛》，村民们告诉我说，高老师最会唱。这位会唱《阿诗玛》的高老师就是高月明。

高月明是个怎么样的人？他是如何学会唱《阿诗玛》的？能唱多少？带着这些问题我采访了他。高月明，男，1937年生。据他自己说，他是1955年圭山师范第一批毕业生。查《路南彝族自治县志》，解放后，为补充路南县和曲靖地区小学教师缺额，于1953年在省立圭山中学增设师范班，当年招收初师1个班，学生44人。这批学生1956年毕业，被分配到富源、沾益、马龙、宜良县任教。因此高月明的文化程度应是中师毕业。据他本人叙述，他读师范班毕业后，就被分配到陆良县当小学老师。工作了一年后，国家招募特种兵，要求有初中以上文化程度的青年应征。当时领导来动员他应征，他就去了。经体检，陆良县27个应征的人中只有他一人合格。到省里后，在昆华医院再次体检，最终有200多人被录取，他是其中之一。之后，他被送到重庆市上军校，专门学通信。学完后，恰遇国家精兵简政，学员复工、复学、复职、复员，他于1958年7月回到家乡。回来后，被区里任命为民兵连长，组织民兵训练及唱革命歌曲。因他爱唱歌跳舞，领导又让他组建起一个文艺队（队员有6女8男），并由他任队长，搞文艺表演。在区领导的安排下，他到小圭山、亩竹箐、西街口、糯黑、所各邑、额冲衣等村的老毕摩手里收集到七个关于《阿诗玛》的本子，还把老毕摩唱《阿诗玛》的调子也一一地记录下来，总共记了一个厚厚的牛皮纸本子。这其中，他觉得额冲衣

① 黄兴：《论少数民族地区非物质文化遗产的抢救保护——以石林彝族撒尼语口传叙事长诗〈阿诗玛〉为例》，云南省文化厅：《云南省首届非物质文化遗产学术研讨会论文集》，云南科技出版社2008年5月版，第223页。

② 王珍：《阿诗玛：流淌在血液的歌》，《中国民族报》2007年7月20日第12版。

村毕摩的唱调不好听，也记不下来，最后就不要了。回来后他根据采录到的材料编成了一个也叫《阿诗玛》的歌舞剧本。这个剧本有六个场面。第一场，表现18岁的阿诗玛平常的生活；第二场，表现阿诗玛与伙伴们按本民族的习惯唱歌跳舞；第三场，阿诗玛19岁，热布巴拉派媒人到阿诗玛家提亲，阿诗玛不允；第四场，热布巴拉抢亲；第五场，阿黑营救阿诗玛；第六场，阿黑与阿诗玛回家，途中，热布巴拉放水，阿诗玛被洪水冲走，变成回声。在这个剧本中，阿黑是阿诗玛的亲哥哥，而阿诗玛的情人是阿撒。剧本排练好后，在圭山区的干部大会上演出，大家看后很满意，被推送到宜良县参加汇演，在汇演中获奖，又代表宜良县到曲靖专区汇演，得二等奖。再到昆明艺术剧院演出。演出前两天，票就卖完了。演出结束，反响很好。省里的领导还指示让他们录音，然后在云南省人民广播电台上播放。刘琼当时是昆明艺术剧院的领导，他看了演出后就对高月明提出，要把他们的演出改编成电影。为此，刘琼亲自到了高月明的家中，把他采录到的阿诗玛的故事全部记了下来，最后觉得不够，还把他记的《阿诗玛》唱调也全部拿了去。大约半年后，刘琼就领着杨丽坤来到他们村体验生活。杨丽坤比他大两岁。当时他们村还有公房，他还领着杨丽坤去参观了公房。一个星期后，刘琼和杨丽坤去了海邑。在海邑待了一天后，他们就回去了。1960年他们开始拍电影，1964年通知高月明去路南县文化馆看电影。看后，他们让他提意见。他觉得，唱调很理想，谱曲也很成功，但把阿撒这个人物删去，把阿诗玛与阿黑改为情人，这个他不满意。刘琼解释说，这是电影，电影要吸引人，阿撒实际上是被并到阿黑这个形象里去了，他也就不反对了。高月明说云南大学来的老师曾让他用传统的唱腔唱调演唱《阿诗玛》，共演唱了两个星期，都做了录音录像。如今高月明任大糯黑村老年人协会的副会长兼会计，他说因为大家信任，他已经连任了四届。平时他经常利用空余时间教村里人唱《阿诗玛》。

后来我在阿着底村采访，没有采访到会用撒尼语唱《阿诗玛》的人，在矣维哨村也没有能采访到。看来，今天，在撒尼村寨，会用撒尼语演唱《阿诗玛》的人的确已经不多了。

2. 传承的《阿诗玛》以电影的故事为主

在圭山撒尼地区，每个撒尼人都知道《阿诗玛》的故事，但很多人只知道电影版本的《阿诗玛》，只有少数人知道其他版本的《阿诗玛》，且大多讲得不完整。

在采访中，我发现调查对象大多只能讲述电影版本的《阿诗玛》，他们讲述的《阿诗玛》基本上与前面所记的徐德良的讲法一样。这样的人有：

足玉德，男，1946年生，住大糯黑村，初中毕业，曾当过兵，后在维则乡武装部工作，现退休在家。足玉德说，他看过电影《阿诗玛》，而且对电影比较认同。他也认为阿诗玛和阿黑不是亲兄妹，而是一对情人，电影讲得比较对。

足光华，男，1968年生，住大糯黑村，足玉德的儿子，初中文化。他强调阿黑和阿诗玛是兄妹关系，不是情人。另外，阿诗玛后来化身为石林景区的石头。

王光珍，女，1969年生，住大糯黑村，足光华之妻，娘家也在大糯黑村，初中文化，现任大糯黑村党支部书记。她说自己小时候听家里人讲过《阿诗玛》的故事，但讲得比较简单，后来看了电影，才比较详细地知道了《阿诗玛》的故事。

杨秀仙，女，1956年生，住大糯黑村，娘家在30公里外的村子里，小学毕业。她说，她年轻时就看了电影《阿诗玛》，很喜欢，这是他们民族的特色，特别是那大三弦舞。阿诗玛的故事就是电影里讲的那样，阿诗玛喜欢阿黑，不喜欢阿支。阿诗玛与阿黑是情人，不是兄妹。电影要比她讲得好。

杨学，男，1997年生，石林县巴江中学初一学生，杨秀仙之子。他说奶奶、爸爸都给他讲过阿诗玛的故事，也看过电影《阿诗玛》。他觉得阿诗玛的故事就是电影《阿诗玛》所讲的故事。

王天宝，男，1941年生，住阿着底村，初中文化，土改划分阶级成分时被定为地主。看过电影《阿诗玛》，觉得《阿诗玛》的故事就是那样。

金正芳，女，1942年生，住阿着底村，王天宝之妻，娘家在30多公里外的海宁村，小学毕业。看过电影《阿诗玛》，也认同电影《阿诗玛》。

赵志学，男，1947年生，住阿着底村，小学毕业，曾当兵8年。退伍后回乡，又8年后，被安排到维则乡武装部工作至退休。他说，阿诗玛是他们民族的美好形象，就如壮族的刘三姐、藏族的卓玛一样。阿诗玛的故事和电影是一样的，阿诗玛与阿黑是情人而不是兄妹，兄妹相爱是会羞死人的。

赵华，男，1971年生，住阿着底村，赵志学之子，初中毕业，在昆明干海子当兵3年，现为阿着底村村民小组长。在《阿诗玛》问题上认同父亲的看法。

毕万光，男，1943年生，住阿着底村，高小毕业。看过电影《阿诗玛》，他认为阿诗玛的故事与电影讲的基本一样。与电影不同的是，阿诗玛与阿黑是兄妹，不是情人。后来洪水泛滥，阿诗玛变成石头，现在撒尼人过密枝节祭祀的神就是阿诗玛。

张越菲，女，1944年生，住阿着底村，毕万光之妻，没有读过书，同意她丈夫的看法。

昂燕，女，1976年生，住阿着底村，初中毕业，已婚，夫家在30公里外的海宁村，她说因自己没有把户口迁到夫家，所以她还是娘家中的一员。她说自己主要还是从电影了解的《阿诗玛》，因此没有更多可说的。

杨永明，男，1952年生，住矣维哨村，小学附设初中班毕业，现任矣维哨村副主任。杨永明说，《阿诗玛》的故事，听村里的老人讲过，但现在不大记得了。十几岁时，听说圭山煤矿（离矣维哨村约6公里）要放电影《阿诗玛》，就和十七八个青年人一起跑去看，但人家只让老人看，他们进不去，只好灰溜溜地回来。后来一直到20世纪80年代初才看到，比较认同电影《阿诗玛》。

但也有一些人记得传统的《阿诗玛》。这样版本的《阿诗玛》尽管不多，但我还是采访到了一些。除了前面所记的杨志华所讲述的以外，其余的现记述如下。

黄正开，男，1952年生，初中毕业，现任圭山镇矣维哨村党总支书记兼村委会主任。黄正开讲的阿诗玛的故事是这样的：古时候，洪水泛滥，全世界的人都死了，就只剩下阿诗玛和阿黑兄妹俩。怎么办呢？如果他们不结婚，人类就会没有后代。于是他们就丢草墩，让上天决定，说来奇怪，丢了几次，都是阿黑丢的草墩在上，阿诗玛丢的草墩在下。没有办法，他们只好结婚。本来，兄妹结婚是不道德的，但他们若不结婚，就没有后来的人了。我们这一带的老人都是这么传下来的。显然，黄正开讲的阿诗玛的故事是非常古老的版本。

杨云芝，女，1957年生，住矣维哨村，娘家也在矣维哨村，小学三年级文化程度。她讲的阿诗玛故事是这样的：阿诗玛长得很漂亮，和阿黑唱情歌谈恋爱，他们相互喜欢对方。但阿黑是普通人家的孩子。有个大资本家喜欢上了阿诗玛。有一天，阿诗玛去挑水，大资本家就派人把阿诗玛抢去了。阿黑骑上马去救阿诗玛，救出来后两人骑马回家。回到半路被大资本家追上，抓了回去。大资本家要求阿诗玛和他的儿子结婚，阿诗玛不同意，他们就打阿诗玛，把她关在一间黑屋子里。阿黑又来救阿诗玛，救出来后，两人又回家。走到一条水坝下，大资本家恨阿诗玛不和他的儿子结婚，于是干脆就放水淹他们。阿黑游了出来，阿诗玛却不见了。原来阿诗玛被冲到了山崖石壁上，变成了石头。阿黑听说只要找到七窝每窝都是七只的小猪来祭山崖石壁，阿诗玛就可以下来，于是他就到处找每窝都是七只的小猪，但他找不到，无奈，他只好拿纸剪成的小猪来祭山崖石壁。阿诗玛果真要下来了。但因用纸剪成的小猪很快就被神发现，阿诗玛就再也下不来了，永远变成了石头。杨云芝讲的阿诗玛的故事比较少见，尤其是阿黑要找七窝每窝都是七只的小猪来祭神这一情节，我还是第一次听说。

李洪光，男，1967年生，立马村村民小组长。他讲的阿诗玛故事是：有一次，天降大雨，整个世界都被大水淹没了，其他人都死了，只剩下阿诗玛和阿黑兄妹俩。怎么办呢？如果他们不结婚，地球上就没有人了。结婚吧，又是兄妹，如何是好？他们决定看天意。阿诗玛和阿黑各爬到一边的山顶上，然后朝山谷扔草墩，结果他们扔的草墩总是叠在一起。两人又各自放火，生出的烟又总是绞在一起。他们是兄妹俩，但要让人类传下去，所以不得不组成家庭。后来他们就组成家庭，传下了人。这是老人传下来的。李洪光讲的《阿诗玛》也是相当古老版本的《阿诗玛》。

从上述的调查可知，当代的撒尼人对《阿诗玛》都有所了解，这些了解，受电影《阿诗玛》的影响比较大。与此同时，也还有其他版本的《阿诗玛》流传。

（二）《阿诗玛》的传承难以恢复到从前的状态

如今，人们已经越来越认识到非物质文化遗产的重要价值，认识到保护和传承非物质文化遗产的重要性，不仅广泛宣传要注意对非物质文化遗产进行保护和传承，还为非物质文化遗产的保护和传承做了许多工作。在这种情况下，有人提出，非物质文化遗产的保护和传承关键在于传承，而要使非物质文化遗产得以传承，又必须让它回到民间去，让它以活的形态存在，即要进行“活态传承”，而不能让它仅仅被整理出来，或仅仅在舞台上被表演。[①]这种观点是极有见地的。如《阿诗玛》，就不应该仅仅满足于整理资料，满足于录音录像，满足于舞台表演，而应该让普通的撒尼人喜欢它，在他们的生活中传承它，这样的保护才是最好的保护。但仔细地考虑了之后，我又想，这种想法是不是过于浪漫了？我们有办法让现在的撒尼人像20世纪50年代前的撒尼人一样去传承他们的《阿诗玛》吗？至少我是不抱这种希望的。我的理由如下。

1. 撒尼社会的巨大变迁，使得《阿诗玛》的理想生境不再

一种文化的生存和发展是需要适合它的生境的，它需要的生境没有了，这种文化也就要消失了。因此，要让《阿诗玛》恢复到从前，关键在于《阿诗玛》的生境恢复到从前。改革开放后，随着国家对传统文化的重视，许多在“文化大革命”时期一度中断的传统文化逐渐得以恢复，因此《阿诗玛》的传统生境是否也得到了恢复？

改革开放后，撒尼社会发生较大变迁的主要有三个部分。一是生产劳动的方式，二是宗教信仰，三是社会习俗。

十一届三中全会后，农村的经济体制改革又很快得以推行，到1983年初，全国93%的生产队实行了包产到户、包干到户，普通农民的生产劳动的方式为之又发生了改变，由之前的集体生产劳动转变为以户为单位的生产劳动。这种转变似乎使撒尼人的生产劳动方式又恢复到了从前。但仔细地考察后我们不难发现，生产包干到户后，党和政府很快又鼓励和推动了农村发展多种经营，农村经济发展由此获得突破性的进展，在粮食生产迅速增长的同时，农林牧副渔各业也协调发展，农村商品生产有了大发展，农村产业结构也有了很大的变化，农村经济向着专业化、商品化、现代化转变，这样，农民很快就摆脱了农田的束缚，而投身到各行各业的生产之中，因此，尽管农村实行了生产责任制，但这绝不意味着农村又恢复到了20世纪50年代前。

① 白四座：《“非遗”保护，关键是活态传承》，《中国民族报》2008年7月18日第10版。

十一届三中全会后，随着拨乱反正的深入开展，许多传统的宗教信仰活动逐渐得以恢复，如在撒尼社会，毕摩重新出现，各种由毕摩主持的仪式活动也得到恢复。这是否也意味着撒尼社会又恢复到了从前？实际考察后我们发现，根本没有。这主要是因为，这些新的毕摩大多没有掌握传统彝文，对彝族的传统文化也了解不多，与毕摩是撒尼社会中的知识分子的称谓还有差距。更重要的是，现在的普通撒尼人已更愿意相信科学，而不是相信毕摩。正如大糯黑村的高月明老先生对笔者所说的那样，现在，村民有病，都愿意去医院看，而不再相信毕摩的说辞，不仅如此，毕摩的说辞还往往被视作迷信。可见，尽管撒尼社会许多传统的宗教信仰活动得以恢复，但两个时期根本不能相提并论。

十一届三中全会后，撒尼社会的许多传统习俗也得以恢复，这是否也意味着撒尼社会又恢复到了从前？我在研究后也发现，不是。比如，撒尼人的婚礼、丧葬习俗很多得以恢复，撒尼人的节日习俗，如火把节、密枝节等节日习俗也得以恢复，但仔细对比这些习俗之后，我们不难发现，它们的差异明显。比如婚礼仪式，20世纪50年代前，吃大酒的时候，新姑爷挑着担子到女方家时，女方家要故意闭门拒进，要让新姑爷和女方家请来的歌手对歌。新姑爷只有唱赢了对手，女方家才开门迎客。晚上，来宾还要通宵达旦对歌唱歌。[①]但现在的撒尼人，尤其是生活在乡村里的撒尼人尽管仍以传统的方式举行婚礼，婚礼也有女方家故意闭门拒进的环节，但热闹的双方对歌的场面没有了，晚上对歌唱歌的场面也没有了。[②]类似的还有葬礼、节日等习俗。可见，当今的撒尼生活习俗与50年代前还是有差异的。

因此，对比50年代前与当今的撒尼社会，我们发现撒尼社会发生了重大的社会变迁。这种变迁，显然已使《阿诗玛》的理想生境不再，在这种情况下，要求撒尼人像从前那样去传承《阿诗玛》是不现实的。

2. 旅游并不足以全面推动撒尼人对《阿诗玛》的保护和传承

有人想靠旅游的推动，让《阿诗玛》的传承恢复到从前的状态，但这种想

① 圭山乡人民政府：《圭山乡志》，云南大学出版社1993年版，第93–95页。
② 王玲：《枕石撒尼》，中国社会科学出版社2009年版，第102–104页。

法似乎也不大现实。

旅游对传统文化的影响中的确有好的一面，有学者对此做过比较深入的研究。他们的研究显示，首先，旅游有利于增强当地人的文化自豪感和身份认同感，从而为乡村文化的传承提供动力和支持。如Vicanne Adsms 研究了旅游对尼泊尔夏尔巴人的传统文化的影响，指出新的工作安排利用并扩展了夏尔巴人在农业、宗教、世俗礼仪方面的传统互助关系，旅游非但没有破坏到他们的传统文化，反而加强了它们的传承和延续。[①]杨桂华以香格里拉的霞给村的民族生态旅游接待村的发展为例，指出生态旅游者对民族村寨文化的旅游资源价值的认同，使村民在实际中认识到自己文化的旅游价值和经济价值，从而找到了文化保护的经济动力，并进一步催发民族文化的自豪感，为民族文化传承提供社会文化动力。[②]魏美仙[③]、林锦屏[④]、覃德清[⑤]等学者也各自在他们的文章中表达了类似的观点。

其次，旅游还可恢复失落的传统文化事项。旅游业的发展，使一些已经退出历史舞台的文化形式被重新赋予了经济和社会的价值，因此得以恢复和振兴。如Sueo Kuwahara研究了在旅游业中雅浦岛传统文化的传承和保护情况，他发现为了发展旅游业，雅浦岛许多村庄都致力于传统文化的恢复。一些村子规定所有的妇女都必须参与传统竹舞的表演，并成立了专门的学习班，从而促进了这种传统文化的复苏和传承。同时，各村庄还在相关组织的支持下，重新修建了鱼梁、石头小径、乡土建筑、举办宗教仪式的场地等，许多已经消失的文

① VICANNE A. Tourism and Sherpas, Nepal: reconstruct ion of reciprocity [J]. Annals of Tourism Research, 1992 (19) :534-554.转引自朱丹丹、张玉钧：《旅游对乡村文化传承的影响研究综述》，《北京林业大学学报》（社会科学版）2008年第2期。

② 杨桂华：《民族生态旅游接待村多维价值的研究》，《旅游学刊》2003年第4期。

③ 魏美仙：《文化生态：民族文化传承研究的一个视角》，《学术探索》2002年第4期。

④ 林锦屏、周鸿、何云红：《纳西东巴民族文化传统传承与乡村旅游发展研究》，《人文地理》2005年第5期。

⑤ 覃德清：《漓江流域“小传统”场境中的旅游开发与文化保护》，《中南民族大学学报》(人文社会科学版) 2006年第2期。

化事物得以重新恢复。[①]Laurie Kroshus研究了玛雅废墟附近的玛雅村庄中文化商品化和文化认同性的问题，发现当地村民为了迎合游客的需要，依据考古学家和历史学家的描述，纷纷开始恢复他们祖先的一些已经没落的文化传统，使古老的玛雅文化在形式上得以重现。[②]国内的学者如宗晓莲等也有类似的见解。她研究发现，新中国成立前，纳西古乐曾经历辉煌，但新中国成立后，因各方面因素的冲击，一度处于失传的境地。后由于旅游业的介入，这一文化形式才重新焕发了生机。[③]

但也有学者注意到了旅游对传统文化传承产生了消极的影响，这种消极影响首先表现为旅游扭曲了乡村文化的真实内涵。旅游业的发展使传统文化商品化，为了吸引旅游者，传统文化往往被按照旅游者的口味进行改造，传统文化原有的内涵从而被摧毁，传统文化也因此而毁于一旦。如Davydd J. Greenwood通过对西班牙F城（Fuenterrabia）被用于旅游的一种叫“阿拉德”（Alarde）的仪式的命运的剖析，认为，“把文化当作自然资源或商品出售给旅游者并认为旅游者有权来购买，这不仅仅是荒谬的，同时也是违背其文化主权的。虽然文化的某些方面的影响比其他方面的要大，但必须记住的是，文化的本质只有相信它的内涵的人才能理解。而如果把文化当作旅游的一部分，对它进行包装，使之公开化，并作为商品对外出售，这样的文化使得人们不再像以前一样相信它了。所以，文化商品化实际上剥夺了文化的内涵，同时也剥夺了构成文化的方方面面。由于对文化的信念是一种内在的东西，所以相信它的人就很难理解现在所发生的一切。F城的人民对Alarde仪式表现出了困惑和忧虑，

① SUEO K.Tourism, traditional culture and autonomy in a small island:Yap faces a new millennium [J]. Kagoshima Universit y Research Center for the Pacific Islands Occasional Paper, 2001, 34(2): 15-24.转引自朱丹丹、张玉钧：《旅游对乡村文化传承的影响研究综述》，《北京林业大学学报》（社会科学版）2008年第2期。

② LAURIE K. Commodit izing culture tourism and Maya identity [J]. Annals of Tourism Research, 2003, 30(2): 353-368. 转引自朱丹丹、张玉钧：《旅游对乡村文化传承的影响研究综述》，《北京林业大学学报》（社会科学版）2008年第2期。

③ 宗晓莲：《旅游开发与文化变迁——以云南省丽江纳西族自治县纳西族文化为例》，中山大学出版社2004年版。

他们对这一活动极为关切。他们知道了事情的严重性，但不知道为什么和如何去做。对于他们来说，这一文化活动正在消亡，他们无力挽回。把文化当作商品展示，这对政府来说只需花几分钟的时间，而这一做法却把具有350年历史的传统仪式毁于一旦。”[①]美国人类学家David Weaver[②]，法国人类学家Robert Lanquar[③]也都阐述了类似的观点，国内学者艾菊红也指出，旅游业虽然给目的地的传统文化带来了繁荣与复兴，但这只是表面的，实际上，旅游业弱化了传统文化原有的本真内涵，使之沦为一种纯粹的旅游消费品，而这必将给传统文化的保护与发展带来消极的影响。[④]

另外，旅游干扰了乡村文化正常的传承机制。一些学者认为，文化的传承是有其内在的规律和机制的，旅游业的发展造成的传承主体文化认同感弱化、仪式商业化、文化内涵的变异等都会直接导致文化传承机制的紊乱，从而影响文化的顺畅传承。如学者阮洛瑶在研究了旅游发展对黔东南州文化传承的影响后认为，不适当的旅游开发使得少数民族文化出现了同化、异化甚至倒退的现象。旅游的发展对年轻的一代影响尤其大，因而导致传承机制出现断层或缺失。[⑤]廖冬梅和张诗亚则从文化传承的物质载体、文化的传承主体两个方面论证了丽江旅游开发对纳西族文化传承的影响，并以纳西族的青少年为对象着重研究了文化传承主体在旅游业发展中的一些文化心理变异，认为这些变异都直接导致了纳西族文化传承机制的残缺。[⑥]徐赣丽也认为旅游活动会把传统文化中的生活内涵置换掉，使其变成纯粹的商业活动而对村民自身失去意义，从而

① 戴维DD. J.格林伍德：《文化能用金钱来衡量吗？——从人类学的角度探讨旅游文化商品化问题》，［美］瓦伦·L. 史密斯：《东道主与游客》，张晓萍、何昌邑等译，云南大学出版社2007年第2版，第156–157页。

② 大卫·韦弗，杨桂华译，《生态旅游》，南开大学出版社2004年版。

③ 见章海荣：《旅游人类学视野中的旅游业——〈东道主与游客〉读后》，《贵州民族学院学报》（哲学社会科学版）2004年第5期。

④ 艾菊红：《文化生态旅游的社区参与和传统文化保护与发展——云南三个傣族文化生态旅游村的比较研究》，《民族研究》2007年第4期。

⑤ 阮洛瑶：《旅游开发与民族文化传承》，《经济与社会发展》2004年第6期。

⑥ 廖冬梅、张诗亚：《丽江的旅游开发对传统纳西文化传承的影响》，《民族教育研究》2006年第4期。

影响到传统文化在社区内部的传承，造成传统文化传承机制被破坏。[①]

据笔者的研究，上述两种观点都是有道理的。从撒尼地区发展旅游的情况看，上述两种情况都存在。就积极的一面来看，旅游业的发展，的确让撒尼人充分认识到了他们的文化的独特性，使他们为自己的文化而自豪，从而增强了传承本民族的优秀传统文化的信心和动力。他们也因此而发掘了许多他们的传统文化，包括一些几乎已被人们忘记了的传统文化，如撒尼的刺绣。撒尼妇女有刺绣的传统，但在发展旅游业前，撒尼妇女的刺绣都是自绣自用的，没有得到重视。旅游业发展起来后，刺绣就被开发成民族工艺品而广泛销售，于是刺绣这一撒尼传统文化得到了重视和挖掘。像这样被发掘的撒尼传统文化还有撒尼传统的音乐、舞蹈、纺织技术、传统服饰，等等。在大糯黑村，人们建了一个小小的博物馆，向外人展示撒尼的传统文化。我在大糯黑村采访时，王光珍告诉我，她有一个光碟，上面刻录的是人们从各处收集来的传统的撒尼歌曲，很多村民都购买了这个光碟，以学习传统的撒尼歌曲。

但消极面也是存在的。如对火把节的重构，就很难说是对传统撒尼文化的恰当传承。20世纪50年代前撒尼人的火把节有赶花街、燃火把、吃鸡蛋、青年人一起到山上唱歌跳舞并择偶等内容，但由于这些内容不能满足旅游的需要，于是，在政府的主导下，除了燃火把等少数内容被保留外，赶花街、青年人山上唱歌跳舞择偶等内容都剔除了，而代之以适合旅游的斗牛、跳舞等内容。这样，撒尼的传统文化显然就被改写了——朝着被同化的方向改写。旅游对传统文化的这种消极影响，显然引起了一些石林县领导的警觉，如石林县委原副书记王富昌就曾撰文讨论过这方面的问题。[②]

由于旅游对传统文化的影响具有这样的双重特性，因此我们有必要对它保持警觉。从实际的情形看，旅游在推动撒尼人保护其传统文化方面的确做了不少工作，如2007年，石林县启动了“阿诗玛民族文化旅游生态村”的建设，由

① 徐赣丽：《民俗旅游的表演化倾向及影响》，《民俗研究》2006年第3期。

② 王富昌：《石林：旅游与彝族（撒尼）文化》，何耀华：《石林彝族传统文化与社会经济变迁》，云南教育出版社2000年版。

县财政拨出保护经费培养《阿诗玛》传承人。[①]2008年，石林县在糯黑村成立了“糯黑彝族文化保护区”，在保护区里又建立了“阿诗玛文化传习馆”，向大众免费开放。[②]2009年，昆明市政府发布了《昆明市人民政府关于加强非物质文化遗产保护工作的若干意见》，明确规定了非物质文化遗产的保护对象，并提出在有条件的市、县（区）建立非物质文化遗产传习馆，组织传承人开展教、帮、带、传等形式的文化传承活动，将优秀的非物质文化遗产列入教学内容，对其进行传播、传承和弘扬，[③]等等。但这些活动是否足以促使当代的撒尼人像他们的祖辈那样传承《阿诗玛》？显然还不行。这一方面是因为这个面窄，另一方面也因为它与人们的生活脱节。2012年2月9日，我向王光珍了解“阿诗玛文化传习馆”的活动情况。王光珍告诉我，“阿诗玛文化传习馆”自成立以来，还是经常有活动的，主要是在节假日和学生的假期里，由高月明、李世珍两人教儿童、少年唱《阿诗玛》，目前有一个班的学员学习比较固定。另外，毕华玉、王玉芳两个《阿诗玛》国家级非物质文化遗产项目传承人也曾来教过。学生仅仅在节假日和假期来学习《阿诗玛》，这和历史上撒尼人随时随地学习《阿诗玛》显然不一样，那么，其实效就可想而知了。总之，旅游的确推动了人们对《阿诗玛》的关注和学习，但还不足以让人们像过去一样传承《阿诗玛》。

3.《阿诗玛》不会失传

原生形态的《阿诗玛》在传承中的确出现了问题，它是有可能失传的。

这是一个困境，这个困境，首先是能像从前那样用撒尼语来演唱《阿诗玛》的人目前已经非常少。我们先看《阿诗玛》申请国家级非物质文化遗产代表作的申报书（该申请书被文化部列为申报文本范本），在该申请书中有“濒危状况”一栏，在这一栏中，该申请书写道：

> “文革”中，《阿诗玛》的传承遭到严重破坏，传唱被禁，传承人受迫害。1978

---

① 吴学安：《非物质文化遗产保护与原生态保护哪更好？》，《科学时报》2007年7月27日。

② 闫钰：《阿诗玛文化传习馆7月免费开放》，《都市时报》2008年6月15日A21版。

③ 康静：《昆明将建非物质文化遗产传习馆》，http://www.chinanews.com.cn/cul/news/2009/02-17/1567350.shtml。

年后，阿诗玛的传承得到恢复，但很快又受到现代化进程中强势文化的激烈冲击。受当代全球经济一体化思潮的影响，原生形态《阿诗玛》出现生存危机。在石林撒尼人地区，会讲彝语、使用彝语的人越来越少，用撒尼语演唱《阿诗玛》的人更为稀少。现在年轻一代价值取向转变，追求的是时尚娱乐，欣赏、传承古老歌谣的热情正在丧失。这一切是造成《阿诗玛》濒危的社会历史文化背景。随着时间的流逝，老一代著名歌手锐减，如20世纪50年代撒尼彝区最著名的民间歌手金国库、高云峰、普正邦、李纯庸、金云、金里和等已相继去世，现在能系统演唱《阿诗玛》的老艺人已所剩无几。当地中年人只能支零破碎地演唱几段节选，大部分青少年甚至没有听过用撒尼语演唱的《阿诗玛》。《阿诗玛》的传承后继乏人，处于失传的边缘。现急需采取有力的可行的保护措施，使用撒尼语演唱的原生形态《阿诗玛》能够传承下去。

《阿诗玛》在2006年被列入第一批国家级非物质文化遗产保护名录，但石林县文物管理所所长方跃章对此高兴不起来，他曾这样对记者说："去年，《阿诗玛》被列入了国家非物质文化遗产名录，遗憾的是现在已经没有几个人能完整地说唱这部叙事长诗，能完整唱出的最多不超过5个，可能连5个都没有。"①石林县文体局副书记黄兴也有类似的看法："1980年，我听过高映峰老人唱全部的《阿诗玛》。但没几年，老人去世了，我真后悔当时没给老人录音。现在已经没有人能完整演唱《阿诗玛》了，很多彝族年轻人甚至都没有听过用撒尼语演唱的《阿诗玛》。像张玉英这样还能唱几段的民间老艺人也不多了。"②

其次是年轻人不愿意学。66岁的王玉芳和54岁的毕华玉是文化部首批公布的国家级非物质文化遗产项目代表性继承人名录中彝族《阿诗玛》口头文学传承人。2007年，记者采访了这两个《阿诗玛》的传承人。面对记者，两个传承人都讲了他们的烦恼：现在的年轻人都不大愿意学这个。记者的文章写道：

作为彝族的毕摩，他想要找到合适的传承人并不容易。按照传统，毕摩是家传的。他有一个儿子，"但他是绝对不会学了"。毕华玉也不强迫，他说："会者不

① 周均虎：《〈阿诗玛〉非物质文化遗产亟待保护》，《云南政协报》2007年10月13日。
② 李立：《非物质文化遗产应披上知产保护铠甲》，《法制日报》2008年11月26日。

要教，教者学不会。既然儿子不愿意，就算了。”

他希望能够找到一个爱学，而且有一定学习能力又值得信任的人继承他的事业。“最好是家传式的，比较放心。”沉默半晌，他还是叹息着说。

王玉芳的情况也不比毕华玉好，记者的文章写道：

尽管《阿诗玛》已是王玉芳生活中不可或缺的一部分，她的儿女们却不感兴趣。她的孙子们倒是很有兴趣，只是每天要上学，没有时间也没有环境学。

王玉芳也欢迎年轻人来学习《阿诗玛》的演唱，但是她很苦恼，没有人来学。①

由于上述原因，原生形态的《阿诗玛》真的有可能在近期内即失传。

那么，作为撒尼文化精华的《阿诗玛》会不会失传呢？

实际上，作为撒尼文化精华的《阿诗玛》是不会失传的，理由有二。

第一，撒尼人喜爱他们的《阿诗玛》，撒尼人以他们的《阿诗玛》为自豪。

如前所述，20世纪50年代前，撒尼人就非常喜爱他们的《阿诗玛》，就像他们自己所说的那样：“《阿诗玛》是我们民族的歌。”1949年新中国成立后，社会不断发生变迁，《阿诗玛》也不断地被重构，但撒尼人对他们的《阿诗玛》的喜爱并没有改变。如今，在电影《阿诗玛》和旅游的推动下，撒尼人更以他们的《阿诗玛》为荣。他们不仅家家户户都有电影《阿诗玛》的影碟，常看电影《阿诗玛》的影碟，还常常唱电影《阿诗玛》中的歌曲。《阿诗玛》深深地扎根在撒尼人的心中，他们把他们的姑娘甚至所有的女性都称为阿诗玛，把他们的男青年甚至所有的男性都称为阿黑。他们为他们拥有《阿诗玛》而感到自豪，因此也为自己是撒尼人而感到自豪。在田野作业中，我问一个人是不是撒尼人时，我发现，如果他们是撒尼人，他们总会自豪地说：“我是撒尼人。”撒尼人对他们的《阿诗玛》有着一种特殊的感情，这种感情外人恐怕很难理解。由此看来，《阿诗玛》是不会失传的。

第二，撒尼人爱好歌舞的民族天性还在。

撒尼是个爱好歌舞的民族。赵德光说：“彝族，特别是彝族撒尼人，是一

① 王珍：《阿诗玛：流淌在血液的歌》，《中国民族报》2007 年 7 月 20 日第12版。

个能歌善舞的民族，以歌来哭，以歌来笑，以歌舞来表达和传递生活中所有的思想和感情。他们的生活，他们的苦乐，都离不开歌和舞。”[①]撒尼人的这种天性，至今不变。

撒尼人对歌舞的热爱，可以从他们的每个村寨都有自己的文艺队这点看出来。撒尼人的每一个村寨都有自己组织的文艺队，如在大糯黑村，村里有老年、中年、青年三个文艺队。在矣维哨村，村里有两个老年文艺队，一个中年文艺队，一个青年文艺队。在阿着底村，村里有三个老年文艺队，一个中年文艺队，一个青年文艺队。在调查中，笔者还了解到，这些文艺队经常有演出。具体而言就是，①过年时，年初二晚在村中礼堂开晚会演出；②过火把节时在村里演出；③本村或外村有红白喜事时演出；④其他场合，如本村或邻近外村举办斗牛比赛，乡或县举行文艺表演比赛，有领导到村里来访问，由县旅游局安排到石林景点表演等，都举办文艺演出。

撒尼人对唱歌跳舞的热爱，我在调查中有切身的感受。例如，2011年8月的这次调查，在大糯黑村，我和足光华一家同吃同住。正是农忙时节，农村人要天黑了才收工回家。因足光华的爱人王光珍是村里的党支部书记，回来得更晚，因此是足光华在家做晚餐。足光华做晚餐的时候，一边忙手头的活，一边开着他的手机听地方本土音乐。吃完晚饭后，足光华的父亲足玉德和他的小儿子就在客厅里看石林县火把节期间在乃古石林举行的文艺汇演的影碟。在矣维哨村，我有幸得到了一张矣维哨村党总支在庆祝中国共产党建党90周年时，他们村举行文艺表演的录像的影碟。据村委会杨永明副主任介绍，他们村的建党纪念活动，从下午两点开始，一直搞到六点多才结束，主要是文艺表演节目太多了。他说，没有办法，大家都想上台演出。在阿着底村，我住在赵志学家里。赵志学是阿着底村老年协会会长。他也参加了一个老年文艺队，这个文艺队有5女6男共11个成员。他热情地邀请我观看他们文艺队表演的节目的影碟，同时还让我看了他们村在今年春节时举行的文艺表演的影碟。总之，在我看来，普通的撒尼人——就算是再普通不过的农民，都对唱歌跳舞有着浓厚的兴趣。

---

① 赵德光：《阿诗玛文化重构论》，中国社会科学出版社2005年版，第77页。

撒尼人的文艺演出表演的节目，一般以歌曲演唱和集体舞蹈为主。如矣维哨村党总支庆祝中国共产党建党90周年的文艺演出活动，其中唱歌的节目（大合唱、小合唱、独唱）：党员合唱《没有共产党就没有新中国》、《大刀向鬼子们的头上砍去》、撒尼语歌曲《圭山游击队之歌》，两个边纵老革命合唱《老革命》，一个女青年独唱《从歌》；边唱边跳的节目：一群老年人演唱和表演的《劳动歌》《老来乐》、梁桂珍等11人表演的《庆丰收》；纯粹的舞蹈节目：舞狮、《欢迎你到石林来》《生活新面貌》《和谐彝乡》《欢腾的石林》《加西德勒》《四季歌》《彝家树菇叶茂》《科学种田》等。

因为撒尼人喜爱唱歌跳舞，对歌舞有特别的爱好，因此作为他们文化的精华的《阿诗玛》他们是不会忘记以致让它失传的。由此可见，撒尼人还会世世代代传承他们的《阿诗玛》，但这种传承不是所谓的原汁原味的传承，而是在重构中传承。

参考文献

期刊类

[1] 林汉达. 三年来的工农业余教育[J]. 人民教育, 1953(1).

[2] 徐沙. 有意义的尝试——评京剧“阿黑与阿诗玛”和“三座山”的演出[J]. 中国戏剧, 1958(8).

[3] 阿诗玛故乡的人民热爱《阿诗玛》[J]. 边疆文艺, 1979(2).

[4] R. J. 安德森. 后结构主义[J]. 史亮, 译. 哲学译丛, 1990(6).

[5] 石向实. 论皮亚杰的图式理论[J]. 内蒙古社会科学, 1994(3).

[6] 李三虎. 当代西方建构主义研究述评[J]. 国外社会科学, 1997(5).

[7] 郑本法, 郑宇新. 旅游业的本质和特点[J]. 开发研究, 1998(3).

[8] 吴敏先, 方海兴. 论建国初期的工农教育[J]. 当代中国史研究, 1998(3).

[9] 杨福泉. 论我国现代化进程中的少数民族文化保护[J]. 思想战线, 1998(5).

[10] 李其维, 弗内歇. 皮亚杰发生认识论若干问题再思考[J]. 华东师范大学学报(哲学社会科学版), 2000(5).

[11] 王希恩. 论中国少数民族传统文化现状及其走向[J]. 民族研究, 2000(6).

[12] 宋惠芳. 皮亚杰建构理论的启示[J]. 外国哲学, 2001(2).

[13] 谢国先. 阿诗玛新论[J]. 云南艺术学院学报, 2001(3).

[14] 王奇生. 党政关系: 国民党党治在地方层级的运作(1927—1937)[J]. 中国社会科学, 2001(3).

[15] 魏美仙. 文化生态: 民族文化传承研究的一个视角[J]. 学术探索, 2002(4).

[16] 杨桂华. 民族生态旅游接待村多维价值的研究[J]. 旅游学刊, 2003(4).

[17] 安维复. 社会建构主义评介[J]. 教学与研究, 2003(4).
[18] 周传慧, 李自然. 试论西部大开发中少数民族传统文化重构的特点[J]. 黑龙江民族丛刊, 2003(5).
[19] 刘儒德. 建构主义: 是耶? 非耶? [J]. 中国电化教育, 2004(1).
[20] 俞可平, 徐秀丽. 中国农村治理的历史与现状[J]. 经济社会体制比较, 2004(2).
[21] 章海荣. 旅游人类学视野中的旅游业——《东道主与游客》读后[J]. 贵州民族学院学报(哲学社会科学版), 2004(5).
[22] 阮洛瑶. 旅游开发与民族文化传承[J]. 经济与社会发展, 2004(6).
[23] 邵汉明, 吴海霞. 意识形态研究的回顾与总结[J]. 社会科学战线, 2005(5).
[24] 林锦屏, 周鸿, 何云红. 纳西东巴民族文化传统传承与乡村旅游发展研究[J]. 人文地理, 2005(5).
[25] 覃德清. 漓江流域"小传统"场境中的旅游开发与文化保护[J]. 中南民族大学学报(人文社会科学版), 2006(2).
[26] 袁成亮. 电影《阿诗玛》诞生记[J]. 百年潮, 2006(3).
[27] 谷家荣. 论中国少数民族传统文化的现状及其前景[J]. 西北第二民族学院学报, 2006(3).
[28] 许放明. 社会建构主义: 渊源、理论与意义[J]. 上海交通大学学报(哲学社会科学版), 2006(3).
[29] 祁庆富. 论非物质文化遗产保护中的传承及传承人[J]. 西北民族研究, 2006(3).
[30] 廖冬梅, 张诗亚. 丽江的旅游开发对传统纳西文化传承的影响[J]. 民族教育研究, 2006(4).
[31] 李晓峰. 论中国当代少数民族文学话语的发生[J]. 民族文学研究, 2007(1).
[32] 杨莉萍. 皮亚杰理论: 结构主义还是建构主义[J]. 常州工学院学报(社科版), 2007(1).

[33] 于珍彦, 武杰. 文化构成和文化传承的系统研究[J]. 系统科学学报, 2007(1).
[34] 牟泽雄, 杨华轲.《阿诗玛》版本论[J]. 楚雄师范学院学报, 2007(2).
[35] 晏鲤波. 少数民族文化传承综论[J]. 思想战线, 2007(3).
[36] 艾菊红. 文化生态旅游的社区参与和传统文化保护与发展——云南三个傣族文化生态旅游村的比较研究[J]. 民族研究, 2007(4).
[37] 李子建, 宋萑. 建构主义: 理论的反思[J]. 全球教育展望, 2007(4).
[38] 杨福泉. 少数民族文化保护与传承新论[J]. 云南社会科学, 2007(6).
[39] 何才, 牛青. 民族旅游与民族文化重构[J]. 商业文化(学术版), 2007(11).
[40] 沈茜. 从民间叙事长诗《阿诗玛》看古代彝族婚俗[J]. 贵州大学学报(哲社版), 2008(2).
[41] 朱丹丹, 张玉钧. 旅游对乡村文化传承的影响研究综述[J]. 北京林业大学学报(社会科学版), 2008(2).
[42] 陈少舟. "复映片"公映始末[J]. 电影艺术, 2008(4).
[43] 刘晓春. 从"民俗"到"语境中的民俗"——中国民俗学研究的范式转换[J]. 民俗研究, 2009(2).
[44] 邹莹. 皮亚杰与维果斯基的建构主义比较[J]. 外语学刊, 2009(5).
[45] 李维东. 皮亚杰的建构主义认知理论[J]. 中国教育技术装备, 2009(6).
[46] 石伶亚. 民族习惯法民间文本与原生态诗性文化——以西部神话史诗为例[J]. 中南民族大学学报(人文社会科学版), 2011(4).
[47] 周治勇. 旅游开发视野下的少数民族文化重构[J]. 安顺学院学报, 2011(4).
[48] 毛巧晖. 国家话语与少数民族民间文学资料搜集整理——以1949年至1966年为例[J]. 广西民族师范学院学报, 2012(2).
[49] 季艳, 张世海. 地方文化对地方经济发展的影响和促进——以安庆黄梅戏艺术节为例[J]. 安庆师范学院学报(社会科学版), 2012(3).
[50] 杨建忠, 胡双喜. 民族传统文化传承研究评析[J]. 江苏经贸职业技术学

院学报，2012（5）.
[51]罗晓娟. 湖南少数民族传统文化的传承、保护与发展——以桑植县为例[J]. 民族论坛，2012（6）.
[52]方清云. 少数民族文化重构中的精英意识与民族认同——以当代畲族文化重构为例[J]. 广西民族大学学报（哲学社会科学版），2013（1）.
[53]方清云. 民族文化重构方式与文化本真性保持——以景宁畲族自治县的畲族文化重构为例[J]. 西南民族大学学报（人文社会科学版），2013（2）.

专著类

[1]马凌诺斯基. 文化论[M]. 费孝通，译. 北京：华夏出版社，2002.
[2]霍布斯鲍姆，兰格. 传统的发明[M]. 顾杭，庞冠群，译. 南京：译林出版社，2004.
[3]泰勒. 原始文化——神话、哲学、宗教、语言、艺术和习俗发展之研究[M]. 连树声，译. 桂林：广西师范大学出版社，2005.
[4]米尔顿. 环境决定论与文化理论——对环境话语中的人类学角色的探讨. 袁同凯，周建新，译. 北京：民族出版社，2007.
[5]怀特. 文化科学——人和文明的研究[M]. 曹锦清，等译. 杭州：浙江人民出版社，1988.
[6]普洛格，贝茨. 文化演进与人类行为[M]. 吴爱明，邓勇，译. 沈阳：辽宁人民出版社，1988.
[7]沃克. 牛津法律大辞典[M]. 北京社会与科技发展研究所，译. 北京：光明日报出版社，1989.
[8]伍兹. 文化变迁[M]. 施惟达，胡华生，译. 昆明：云南教育出版社，1989.
[9]韦弗. 生态旅游[M]. 杨桂华，译. 天津：南开大学出版社，2004.
[10]洛德. 故事的歌手[M]. 尹虎彬，译. 北京：中华书局，2004.
[11]怀特. 形式的内容：叙事话语与历史再现[M]. 董立河，译. 北京：文津出版社，2005.
[12]瓦戈. 社会变迁[M]. 王晓黎，等译. 北京：北京大学出版社，2007.
[13]鲍曼. 作为表演的口头艺术[M]. 杨利慧，安德明，译. 桂林：广西师范大

学出版社，2008.
[14] 李怀印. 华北村治——晚清和民国时期的国家与乡村[M]. 北京：中华书局，2008.
[15] Graburm N. 人类学与旅游时代[M]. 赵红梅，等译. 桂林：广西师范大学出版社，2009.
[16] 沃恩克. 伽达默尔——诠释学、传统和理性[M]. 洪汉鼎，译. 北京：商务印书馆，2009.
[17] 李怀印. 乡村中国纪事——集体化和改革的微观历程[M]. 北京：法律出版社，2010.
[18] 博伊姆. 怀旧的未来[M]. 杨德友，译. 南京：译林出版社，2010.
[19] 福柯. 性经验史[M]. 佘碧平，译. 上海：上海人民出版社，2000.
[20] 福柯. 疯癫与文明[M]. 刘北成，杨远婴，译. 北京：生活·读书·新知三联书店，2003.
[21] 福柯. 规训与惩罚[M]. 刘北成，杨远婴，译. 北京：生活·读书·新知三联书店，2003.
[22] 福柯. 知识考古学[M]. 谢强，马月，译. 北京：生活·读书·新知三联书店，2003.
[23] 皮亚杰. 结构主义[M]. 倪连生，王琳，译. 北京：商务印书馆，1984.
[24] 皮亚杰. 发生认识论原理[M]. 王宪钿，等译. 北京：商务印书馆，1985.
[25] 中国教育年鉴（1949—1981）[M]. 北京：中国大百科全书出版社，1984.
[26] 乌丙安. 中国民俗学[M]. 沈阳：辽宁大学出版社，1985.
[27] 李缵绪. 阿诗玛原始资料集[M]. 北京：中国民间文艺出版社，1986.
[28] 张紫晨. 中外民俗学词典[M]. 杭州：浙江人民出版社，1991.
[29] 林惠祥. 文化人类学. 第2版. [M]. 北京：商务印书馆，1991.
[30] 郑晓云. 文化认同与文化变迁[M]. 北京：中国社会科学出版社，1992.
[31] 圭山乡人民政府. 圭山乡志[M]. 昆明：云南大学出版社，1993.
[32] 王幼樵，肖效钦. 当代中国史[M]. 北京：首都师范大学出版社，1994.
[33] 路南彝族自治县志编纂委员会. 路南彝族自治县志[M]. 昆明：云南民族

出版社，1996.
[34] 路南县情调查组. 中国国情丛书——百县市经济社会调查路南卷[M]. 北京：中国大百科全书出版社，1996.
[35] 王亚南. 口承文化论——云南无文字民族古风研究[M]. 昆明：云南教育出版社，1997.
[36] 宋蜀华，白振声. 民族学理论与方法[M]. 北京：中央民族大学出版社，1998.
[37] 黄淑娉，龚佩华. 文化人类学理论方法研究. 第2版. [M]. 广州：广东高等教育出版社，1998.
[38] 昆明巨洲文化传播有限公司. 假日旅游[M]. 西安：陕西旅游出版社.
[39] 常振国. 中国旅游全览：石林[M]. 北京：中国旅游出版社，1999.
[40] 于建嵘. 岳村政治——转型期中国乡村政治结构的变迁[M]. 北京：商务印书馆，2001.
[41] 殷海光. 中国文化的展望[M]. 上海：上海三联书店，2002.
[42] 李立志. 变迁与重建——1949—1956年的中国社会[M]. 南昌：江西人民出版社，2002.
[43] 陈振明，等. 政治学——概念、理论和方法[M]. 北京：中国社会科学出版社，2004.
[44] 曾小华. 文化·制度与社会变革[M]. 北京：中国经济出版社，2004.
[45] 黄建明. 阿诗玛论析[M]. 昆明：云南民族出版社，2004.
[46] 宗晓莲. 旅游开发与文化变迁——以云南省丽江纳西族自治县纳西族文化为例[M]. 广州：中山大学出版社，2004.
[47] 凌纯声，林耀华，等. 20世纪中国人类学民族学研究方法与方法论[M]. 北京：民族出版社，2004.
[48] 当代云南编辑委员会. 当代云南简史[M]. 北京：当代中国出版社，2004.
[49] 彭兆荣. 旅游人类学[M]. 北京：民族出版社，2004.
[50] 罗平汉. 农业合作化运动史[M]. 福州：福建人民出版社，2004.
[51] 张进. 新历史主义与历史诗学[M]. 北京：中国社会科学出版社，2004.

[52] 罗平汉. 土地改革运动史[M]. 福州: 福建人民出版社, 2005.
[53] 赵德光.《阿诗玛》文化重构论[M]. 北京: 中国社会科学出版社, 2005.
[54] 季广茂. 意识形态[M]. 桂林: 广西师范大学出版社, 2005.
[55] 罗平汉. 农村人民公社史[M]. 福州: 福建人民出版社, 2006.
[56] 王文章. 非物质文化遗产概论[M]. 北京: 文化艺术出版社, 2006.
[57] 唐家路. 民间艺术的文化生态论[M]. 北京: 清华大学出版社, 2006.
[58] 梁工. 西方圣经批评引论[M]. 北京: 商务印书馆, 2006.
[59] 费孝通. 乡土中国[M]. 上海: 上海人民出版社, 2007.
[60] 王本朝. 中国当代文学制度研究[M]. 北京: 新星出版社, 2007.
[61]《石林彝族自治县概况》编写组. 石林彝族自治县概况[M]. 北京: 民族出版社, 2007.
[62] 宋生贵. 传承与超越: 当代民族艺术之路[M]. 北京: 人民出版社, 2007.
[63] 杨庭硕, 等. 生态人类学导论[M]. 北京: 民族出版社, 2007.
[64] 罗康隆. 文化适应与文化制衡——基于人类文化生态的思考[M]. 北京: 民族出版社, 2007.
[65] 施蛰存. 路南游踪[M]. 昆明: 云南人民出版社, 2008.
[66] 高其才. 中国习惯法论[M]. 北京: 中国法制出版社, 2008.
[67] 陈金全, 等. 西南少数民族习惯法研究[M]. 北京: 法律出版社, 2008.
[68] 史军超. 金谷魂——云南稻作文化之自然崇拜[M]. 昆明: 云南美术出版社, 2008.
[69] 李方祥. 中国共产党的传统文化观研究[M]. 北京: 中共党史出版社, 2008.
[70] 安维复. 社会建构主义的"更多转向"[M]. 北京: 中国社会科学出版社, 2008.
[71] 刘晖. 旅游民族学[M]. 北京: 民族出版社, 2009.
[72] 王圣诵. 中国乡村自治问题研究[M]. 北京: 人民出版社, 2009.
[73] 云南省编辑组编. 云南民族民俗和宗教调查[M]. 北京: 民族出版社, 2009.

[74] 王玲. 枕石撒尼[M]. 北京: 中国社会科学出版社, 2009.
[75] 江燕. 新中国成立以来农村基层政权建设的历史考察[M]. 保定: 河北大学出版社, 2009.
[76] 杨志明, 等. 云南少数民族传统文化研究[M]. 北京: 人民出版社, 2009.
[77] 左停, 唐丽霞. 变迁与发展: 中国农村三十年[M]. 北京: 中国农业出版社, 2009.
[78] 王胜华. 戏剧人类学[M]. 昆明: 云南大学出版社, 2009.
[79] 王瑞芳. 土地制度变动与中国乡村社会变革——以新中国成立初期土改运动为中心的考察[M]. 北京: 社会科学文献出版社, 2010.
[80] 王智. 当代中国政治结构变迁——以执政党为中心的政党—政府—社会[M]. 北京: 中国社会科学出版社, 2010.
[81] 孙振钧, 周东兴. 生态学研究方法[M]. 北京: 科学出版社, 2010.
[82] 龙大轩. 乡土秩序与民间法律——羌族习惯法探析[M]. 北京: 中国政法大学出版社, 2010.
[83] 周世中, 等. 西南少数民族民间法的变迁与现实作用——以黔桂瑶族、侗族、苗族民间法为例[M]. 北京: 法律出版社, 2010.
[84] 龚学增. 新中国处理少数民族宗教问题的历程和基本经验[M]. 北京: 宗教文化出版社, 2010.
[85] 高华. 革命年代[M]. 广州: 广东人民出版社, 2010.
[86] 牟延林, 等. 非物质文化遗产概论[M]. 北京: 北京师范大学出版社, 2010.
[87] 刘世生. 石林阿诗玛文化发展史[M]. 昆明: 云南民族出版社, 2010.
[88] 红旗大参考编写组. 深化文化体制改革推动社会主义文化大发展大繁荣大参考[M]. 北京: 红旗出版社, 2011.
[89] 刘保, 肖锋. 社会建构主义[M]. 北京: 中国社会科学出版社, 2011.
[90] 王进. 新历史主义文化诗学: 格林布拉特批评理论研究[M]. 广州: 暨南大学出版社, 2012.

论文集

[1] 邓迪斯. 西方神话学读本[D]. 朝戈金, 等译. 桂林: 广西师范大学出版

社，2006.
[2] 史密斯. 东道主与游客[D]. 张晓萍，何昌邑，等译. 昆明：云南大学出版社，2007.
[3] 北京大学文学研究所. 文学研究集刊(第3册)[D]. 北京：人民文学出版社，1956.
[4] 苏夏. 路南圭山区彝族撒尼支社会历史调查[D]. 云南省编辑组. 中国少数民族社会历史调查资料丛刊·云南彝族社会历史调查[D]. 昆明：云南人民出版社，1986.
[5] 中国民间文艺研究会云南分会，等. 云南民间文艺源流新探[D]. 昆明：云南民族出版社，1986.
[6] 陶学良. 彝族文学杂俎[D]. 昆明：云南民族出版社，1986.
[7] 何耀华. 石林彝族传统文化与社会经济变迁[D]. 昆明：云南教育出版社，2000.
[8] 严平编. 伽达默尔集[D]. 邓安庆，等译. 上海：上海远东出版社，2002.
[9] 赵德光. 阿诗玛研究论文集[D]. 昆明：云南民族出版社，2002.
[10] 赵德光. 阿诗玛国际学术研讨会论文集[D]. 昆明：云南民族出版社，2006.
[11] 和少英. 云南特有族群社会文化调查[D]. 昆明：云南大学出版社，2006.
[12] 云南省文化厅. 云南省首届非物质文化遗产学术研讨会论文集[D]. 昆明：云南科技出版社，2008.
[13] 张晓萍. 民族旅游的人类学透视[D]. 昆明：云南大学出版社，2009.
[14] 秦和平. 云南民族地区民主改革资料集[D]. 成都：巴蜀书社，2010.
[15] 王霄冰，邱国珍. 传统的复兴与发明[D]. 北京：知识产权出版社，2011.

内部资料

[1] 广西师范学院中文系. 中国当代文学研究资料撒尼叙事长诗阿诗玛专集. 1979年印.
[2] 《路南文史资料选辑》第1辑.
[3] 政协石林彝族自治县委员会. 石林彝族自治县民族文化在旅游中的开发运

用情况调查专辑.

报纸文章

[1] 彭枫. 武昌农村的新气象[N]. 大公报, 1950-8-3.
[2] 龙先礼, 王守仁, 等. 一切都变了样——记土地改革后的零陵株山乡[N]. 新湖南报, 1951-9-28(2).
[3]《阿诗玛》改编成京剧在昆明上演[N]. 光明日报, 1956-3-25.
[4] 杨明, 等. 大胆的、有成效的尝试——谈京剧《阿黑与阿诗玛》的演出[N]. 云南日报, 1956-3-26.
[5] 李家兴. 兄弟民族的故事搬上京剧舞台[N]. 光明日报, 1956-6-30.
[6] 金素秋. 写在《阿黑与阿诗玛》在上海公演的时候[N]. 解放日报, 1956-10-5.
[7] 阿诗玛的家找到了——石林阿着底大揭秘[N]. 云南日报, 2006-6-24.
[8] 王珍. 阿诗玛: 流淌在血液的歌[N]. 中国民族报, 2007-7-20(12).
[9] 吴学安. 非物质文化遗产保护与原生态保护哪更好? [N]. 科学时报, 2007-7-27.
[10] 周均虎.《阿诗玛》非物质文化遗产亟待保护[N]. 云南政协报, 2007-10-13.
[11] 闫钰. 阿诗玛文化传习馆7月免费开放[N]. 都市时报, 2008-6-15(A21).
[12] 李立. 非物质文化遗产应披上知产保护铠甲[N]. 法制日报, 2008-11-26.
[13] 白四座. "非遗"保护, 关键是活态传承[N]. 中国民族报, 2008-7-18(10).
[14] 吴龙源. 资源河灯歌节: 民俗文化与经济发展的精彩合奏[N]. 桂林日报, 2010-8-18(4).
[15] 酉阳"一赛一节"圆满闭幕[N]. 酉阳报, 2010-10-6.
[16] 欧道陆, 田金凤. 文化搭台经济唱戏[N]. 酉阳报, 2010-11-2.
[17] 梅州: 打造客家文化产业城[N]. 南方日报, 2010-12-10(A12).

[18] 周平，周宁. 襄阳：三国文化打造“品牌经济”［N］. 襄阳晚报，2012-9-26.

电子文献类

[1] 中国戏剧网. 京剧科班“喜连成”与“富连成”. ［EB/OL］. http://www.xijucn.com/html/jingju/20111223/32000.html.

[2] 康静. 昆明将建非物质文化遗产传习馆. ［EB/OL］. http://www.chinanews.com.cn/cul/news/2009/02-17/1567350.shtml.

[3] 刘文瑞. 内战和建设——抗战以前的国民党统治状况评述. ［EB/OL］. http://blog.sina.com.cn/s/articlelist_1228718523_3_1.html.

附录：

田野手记

2010年8月5日　阴，后雨，再转晴

今天一早出门，在东站坐上到泸西的车。司机听说我只到糯黑村，拿过我的票很仔细地看了一下，然后才还给我。我让他到达糯黑村时提醒我。

11点半左右，车子到了石林县城。尽管在城外，但“撒尼人家”“阿黑饭店”等招牌，以及道路两边稀奇古怪的石头都提醒我，这里的确是石林了。从这里起，汽车进入九石阿公路。这时，下雨了。九石阿公路大概是以三级公路的标准来修的，柏油路，路面不宽，不分车道，弯弯曲曲，前方有车来时，只能小心错车。好在来往的车辆不多。我再次提醒司机，到糯黑村时叫我，他答应了。

过了长湖镇，快到糯黑村了，我集中注意力看路的两边。这时我忽然想起，糯黑村的村口有一个用三块石头垒起来做成的标志，于是我就专心地找这块石头。终于司机停下了车，告诉我说，糯黑村到了，于是我下了车。那个石头标志果然在那里。

糯黑村的村标

此时，天正下着雨，我赶紧掏出雨伞。糯黑村有大小之别，实际上是两个村，两个村隔得不算远，但也不在一起。我下车的地方是小糯黑村村口。我上次来时，小糯黑村还没有发展旅游业，仅仅时隔一年，小糯黑村的村口就盖起了一座乡村酒店，这的确让我感到有些意外。

雨不算大，我打着雨伞，赶往王光珍的家。凭着记忆，我在村道上走着，不时有村民开着拖拉机过来，地上还掉有一些烟叶——现在正是收烟叶的季节。我轻松地找到了王光珍的家，她家除旧了一点外，没有什么变化。院子里拴的狗见了我便不住地狂吠，一个挑着桶的老太太不知从哪里突然冒了出来，问我找谁，我说找王光珍，她便去叫人。一会儿，王光珍的爱人足光华走了出来，我们见过面，所以也不多说话，他就把我领到上次我住过的在二楼的客房里。然后才问我吃饭了没有，我说还没有呢，他便开始张罗给我煮吃的。但他显然不知道该做点儿什么好，于是我便让他简单一些，煮碗面条算了。我知道他正忙于收烟叶，吃了面条后，我就让他忙他自己的事情去。我自己则先回房里休息了一会儿，然后到村子里转。

在村里的小杂货店，我和女店主进行了交谈。女店主叫杨秀仙，今年54岁。我问她是否知道阿诗玛，她说知道。我又问是谁告诉她的，她说，是她在16岁的时候看电影知道的。她喜欢这个电影，现在还经常用影碟机看。我请她叙述一下这个故事的情节，她不好意思地笑笑说，电影比她讲得好。我坚持请她讲一讲，她就说，阿诗玛喜欢阿黑，不喜欢阿支，看得出来。又说，这是他们的特色，他们都喜欢，特别是那个大三弦。我又问她，阿诗玛与阿黑是情人还是兄妹，她说不是兄妹，而是情人。我又大致地了解了一下她的背景：她的娘家在三十里外，也属于圭山乡，年轻时她参加过村里的文艺队，没有唱过《阿诗玛》，但听别人唱过。现在没有参加村里的老年文艺队。有四个孩子，老大没有结婚，小的两个已结婚，各有两个孩子。女儿已出嫁，也有两个孩子。她本人和老大一起生活。家里有电视机，平时喜欢看唱歌跳舞的节目。家里种烟叶，还有玉米，收入主要靠这两项。村里有的人家还养羊，多的有四五十只，她家只养了三只，圈着养。村里一般人家，种养的收入，少的一年收入一万多元，多的有两三万元。我大致评估了一下，她看过电影《阿诗玛》，也比较认同电影《阿诗玛》，认为阿诗玛的故事就是电影讲的样子。

之后，我又去了青石园农家乐，院子的门开着，里面却空无一人，我决定晚上再来找他们。

回到足光华的家里，足光华已经回来了。他开始张罗做饭，我就坐在一旁和他闲聊。足光华做饭的时候，一边还用一个小播放机放着撒尼歌舞曲子。撒尼山乡不愧是歌舞之乡，村民做饭放撒尼舞曲，村里的广播播的也是撒尼舞曲，晚上他们看电视看的也大多是他们自己歌舞的录像。我想起我在房间里看到的《假日旅游》那本书，便问他这书是哪来的，足光华说，是王光华送的。我又问他怎么看里面对阿诗玛故事的叙述，因为里面讲的阿诗玛的故事与我以前看到过的所有版本都不同。足光华说，他没有看。我又问他来旅游的人多不多，足光华说，不是很多。饭很快就做好了，一大碗土豆丝，一碗水煮白菜，一小碗水煮肉，一小碗茄子，还有两碗小菜，撒尼农家的晚餐大多如此。我们俩先吃，一会儿，足光华的父母和儿子也都回来了，他们很快也坐过来一起吃饭，唯独不见王光珍。

吃过晚饭后，我就去青石园农家乐，这回，我终于见到了老板娘高金兰。高金兰，1976年生，初中毕业，撒尼人，娘家就在隔壁，也就是说，她嫁得很近。我问她是否会唱《阿诗玛》，她说会一点。我问她是怎么学会的，她说，她曾参加村里文艺队的中年组，大家一起唱歌跳舞，唱的歌，尽管歌词是你一句我一句大家现编的，但那个调子还有一些是《阿诗玛》的调子，用撒尼话唱，大家很喜欢。我顺带问了一下她的农家乐的情况，她说，今年来住的人比较少，有一个画画的山东人来住了几个月，还有一批学生也来住了几天。她的农家乐每人每天收费30元，单人单床，有人说她收费低了。现在村里开的农家乐也多，准备要开的还有三家，大家形成了一种竞争关系。旅游这块儿，她家的收入并不多，她主要靠的还是种玉米和烤烟。

在青石园大概待了一个多小时我就出来了。从青石园回来，足玉德已闲下来了，我于是就和他聊了起来。我问他，刚解放的时候，他们村的风俗与现在有什么不同，那时他们村里还有没有人唱《阿诗玛》。他说，他十二三岁时村里还有公房，直到20世纪50年代中期都还有，那时他和大点的小伙子一起去玩过。“文化大革命”开始，这些习俗就逐渐变了。因为“破四旧”，大家不敢唱，跳舞也不被允许，是政府禁止的，大家只敢悄悄地唱和跳。老人去世，仪式也简化了，因为那时的生活也没有现在好。70年代末，他父亲去世，发丧就比较简单，也请了毕摩，那时还有毕摩，但请得少，请客也请得少。现在村子里的人已经不大请毕摩了，都改革了，大家觉得请毕摩麻烦，花钱多，戴孝也复杂。我又问他，现在村里的文艺队，老年组、中年组、青年组表演的节目都是些什么节目，有没有与阿诗玛相关的。他说，都是些舞蹈节目，都差不多，都没有与阿诗玛相关的。他还介绍说，他参加了村里的会议，参加了村里组织的两个文艺队。文艺队去石林景区、乃古石林景区等地方跳大三弦，是石林县旅游局安排的，跳给游客看，今年他就去跳了五六次，一个月轮上一次。一个队20人，去跳一天，总共800元，每人40元，车旅费包括在内。大三弦的跳法有很多种，大家的跳法基本一样。平时附近村里有人家里有红事白事也来请他们去跳，他们也收点费用。白事带狮子，跳狮舞，还跳霸王鞭舞和叉舞，红事不跳这三种舞。至于阿诗玛和阿黑的关系问题，他认为阿诗玛和阿黑不是兄妹俩，电影里说的比较正确。他也认为文艺作品对生活会有改动，但他还是比较认可这种改动。

2010年8月6日　晴

今天我准备去找高月明老师，然后再去找曾绍华。这两人，也是我上次来时结识的。

足玉德带我去找高老师，他要开三轮摩托车去，我说，就在一个村子里，步行就可以了，他偏不，开上了他的三轮摩托就去了。坐在车上，我觉得好颠啊。一会儿就到了高老师家。他和高老师寒暄了几句就回去了，离开时，他告诉我说，中午回去吃饭。我说好的，他就离开了。

高老师叫高月明，男，1937年生，长期在撒尼地区任乡村老师。在他家门前，他摘了三个梨给我，然后一面吃梨一面把我让到他家里。在高老师家，我向他提出了我的问题，高老师果然是当老师的，说起话来滔滔不绝。

从青石园出来，我就去找高月明老师。也许是受其职业的影响，高老师比较健谈，我开了个头，他就滔滔不绝地向我介绍了他的人生经历，他的人生与《阿诗玛》的关联，以及他对《阿诗玛》的看法等。以下是我对他的话的记录：

我是圭山师范第一班毕业的，这个班是新中国成立后云南省在维则办的，毕业后直接分到陆良去教书。后来部队要招特种兵，要求有初中以上的学历。当时的初中毕业生少，于是上级就动员我去报名，当时报名的有27人，但只有我一个体检合格。陆良县兵役局专门派小车来，把我送到昆明去。到省里就有500多人了。我们又被安排到昆华医院进行体检，体检后，被录取的有200多人。然后我们就被送到四川重庆技术学校学通信，专学文化。学完后正遇上精兵简政，要减少一批人，这批人，就复工复员复学复职，就是你原来干什么的就回去干什么。这样，1958年7月我就回来了，前后有四年时间，但这四年时间不算我的工龄。刚回来我就被任命去当基干民兵连长。

1958年10月，我们的党支部书记周荣，在海邑集中基干民兵一个团的兵力，唱毛主席语录歌曲，还排演各种节目。因为我爱唱爱跳，周荣就叫我去收集《阿诗玛》，所以我知道《阿诗玛》的来源和创作经过。我从圭山区的毕摩诗人那里采集《阿诗玛》的故事内容和唱调，采集来以后，把它们集中起来，集中了年轻人的共同想法，编了六个场面。阿诗玛勤劳美丽，反对包办婚姻，人家强迫她，她反抗。阿黑勤劳、善良，她喜欢。编好后反复演。在圭山区的干部大会上演出，得到好评。参加宜良县的汇演，得到好评。到曲靖演，还得了二等奖。后来到昆明的艺术剧院演，得到省委好评。当时还搞了录音，没有录像。演出后的第二天去录音，大家很兴奋。那台录音机有一个红灯一个绿灯，红灯亮，大家就准备。绿灯亮，大家就一起唱，用笛子、二胡、三弦伴奏。唱完后，还放给我们听。好多姑娘高兴得跳了起来，因为我们欣赏到了我们自己的声音。刘琼当时是艺术剧院的领导，他提出要把戏改编成电影。他亲自到过我这里，把我收集的故事传说全部记下来，把我从小圭山、亩竹箐、西街口、糯黑、额冲衣、所各邑等七个地方的毕摩那里收集的毕摩唱调一一记录下来。我们觉得额冲衣的不好听，就删了。唱调记下来，记了一寸厚的牛皮纸，给他看，他看了还是觉得不行，就要求带去，后来他也没有还给我。我当时不知道这个东西这么重要，知道就不借给他了。半年后，他带杨丽坤来体验生活。杨丽坤大我两岁，我见过她。那时还有公房，晚上十点后举办，我领她去看公房。杨丽坤在这里住了一个星期，又去了海宜，去了一天，就上去了。60年代开始拍电影，1964年才通知我到路南看电影，告诉我有什么意见就提。电影的唱调很理想，“阿——诗——玛——”，谱曲很成功。阿黑和阿诗玛是亲兄妹，我们原来有个人物叫阿萨，阿萨才是阿诗玛的情人，电影里没有阿萨，我问他为什么把阿萨删去了，他说，这是电影，要吸引人，所以要删去，阿萨合并到阿黑里去了，两人化为一体，体现相亲相爱的男女之情。这个地方被他改了，老人们反对，说清楚后，大家觉得合为一体也可以，看了以后就不再反对。但这样改还是违背了传说。“文化大革命”后就不准演了，刘琼后来怎么样了我不知道，杨丽坤被批判，还得了精神病。1979年又给放映了。为什么不能放呢？美国、日本都放了，每场都客满。年轻人追求恋爱自由，所以青年人认为很好，很成功，“文化大革命”不准谈恋爱，所以就反对了。

我退休11年了，退休金每月2600元，现在在村里任老年协会的副会长，兼会计，已经是第四届了，十年了，连选连任，主要是大家信任我，对我放心。一天补助两元，一个月60元，少数人认为补助高了，大多数人没有意见。老年协会得到了6万元的赞助，买了各种乐器，鼓号等，丰富了大家的文艺生活。以前，云南大学还请我在村里教大家唱《阿诗玛》的古老的唱腔唱调，教一晚上20元，云南大学给的，教了两个星期，内容他们都录下来了。

我平时喜欢看电视，看新闻、战斗片、歌舞表演，电视内容很丰富，没有电视不行。大家爱看，说明大家的文化提高了，有水平了。我们全村都爱唱爱跳，在村里表演，一个家庭出一个节目的都很多。村里有两个老年文艺队，轮着去参加石林景点的表演，一个代表队表演三天，一天600元，一个队去二十多人。“文化大革命”时也唱也跳，但唱的是红歌，不是传统的，歌颂共产党，党的路线，还有毛主席。虽是演出，但也喊口号，比如，祝毛主席万寿无疆。舞也不是传统的舞了，《工人阶级有力量》《农民抬起锄头》《人定胜天》，这种节目才被允许表演。

毕摩被打倒了，他们的铃铛也被收了，结婚、丧葬的做法都改了。不准喝酒，不准请客，因为革命不是请客吃饭。结婚的，要去政府那里登记，去领结婚证。丧葬也不准吹打，人死了，抬出去埋了就行了。

我的房子是1972年盖的，我有四个孩子，大的是女儿，嫁到外村去了，下面三个是男的。大的儿子已结婚，二儿子在石林县城工作，小儿子还没有结婚，现和我们住一起。

不请毕摩是应该的，毕摩搞的东西是有封建迷信的成分，我们的民族文化也有落后性。祭祀要杀羊，杀鸡。现在大家的思想解放了，都感觉他们说的不可信，有病就去医院。大多数人都转向这种，这是文化生活提高的表现。毕摩总是认为神、祖先导致人生病，反使人心理受刺激。要信科学，生活上信科学，总的趋势是这样的。以前，打一个犁，一辆牛车，要请很多师傅才行，现在买一个机器，就去干了，科学种田，仪式简化。火葬，亲戚来就行了。已经火葬，骨灰又要土葬，仪式照旧，把亲朋都请来，这个不改，改不了。一个仪式要花2万元。结婚请客，12个菜，肉、菜比较丰富，花的和送的相抵，最后要支出3000元，大家觉得这样可承受，就干了。老人去世，最多的，有十几个村的亲戚来，鼓号队吹吹打打，亲戚们带大米来，要送礼，要出钱，收的和开支相抵，也是要花三到四千。不管喜事、丧事都是这个数，大家觉得能承担，就不愿带简化仪式这个头，怕大家说自己是小气鬼。我曾提议，火葬后就不搞土葬了，但大家不干。旅游对村子影响不大，大家来看看就走了，没什么影响，也没有什么可看的。

回答完我的问题，高老师拿出中央民族大学老师李德君送他的《彝族撒尼人民间文学作品采集实录》给我看，书上写有一大段话，大意是说，47年后又回来，感触良多，怀念过去与高老师相处的日日夜夜。我想，从他收集到了厚厚的一大本民间文学作品来看，他当年在这里住的时间肯定不短。而当时物质条件如此贫乏，他的调查工作多么不容易啊！

已经11点半了，高老师让我留下来吃饭，我说不用客气了，他非坚持不可。过一会儿又说，家里没有什么菜，只有青菜，我说，没问题的。一会儿，王光珍打电话让我回去吃饭，我正担心高老师会强留我，所以我就拿着电话大声对高老师说："他们让我回去吃饭了。"高老师倒很爽快地说："好的，好的。"这真出乎我的预料，看来，他真的没有什么菜，所以想留我也留不了。

中午饭是王光珍做的，她现在担任大糯黑村的支部书记，事情比较多，昨晚是十一点多才回来的，那时我早睡了。菜是一碗腊肉炒辣椒，一碗土豆片，一碗苦菜汤，一碗白菜汤，还有一碗炖腊肉皮，这菜做得比昨晚足光华做的像样多了，看来家里没有一个女人还真不行。他们没有吃早餐的习惯，今天早上王光珍说要单独给我做，我说，既然你们都不吃，我也不吃了，结果到中午才吃今天的第一顿饭。

下午，我让足彪带我去找曾绍华，王光珍赶紧拿了块西瓜给我，说："我带你去吧。"我一边吃西瓜一边说，足彪领我去就行了，他还不知道在不在家呢，王光珍于是就同意了。

到了曾绍华家，足彪就回去了。曾绍华正在家里搞卫生，他说早上才走了一批游客，后来又来了几个，每天都有人来。我说你的烟叶怎么办？他说没办法，叫亲戚来帮忙。他有烦恼，就是做不大。他和不少导游认识，导游介绍人过来，但有时人少，有时人多。最多一次来过80多个曲靖师范学院美术系的学生，分四家才住下来。请人又不现实，没人来时，留人家也留不住。现在忙时就打电话叫村里的三个小姑娘，按天给她们计工资。他还说资金也不足，每年挣一点，就改善一点，我问他都改善了什么，他指着对面二楼的餐厅告诉我说，上次我来时还没有餐厅，现在盖好了，能容纳八桌呢。我笑说他这是成长中的烦恼。另外，他还受云南大学之邀搞影像日志，相机、摄影机都有，下地都带上。去过陕西、山西参观，前后十天左右。

这次来大糯黑村，我注意到，村子里最大的变化是几乎每家每户都建了太阳能浴室，这些浴室大多建在户外，一小间砖房，上面安装一个太阳能热水器。我记得很清楚，上次我来时是没有这些浴室的。今天太阳很好，从曾绍华家回来我就问足光华今天是否有热水，他正在用花盆种辣椒，说有，我于是决定洗个澡。我准备明天去矣维哨村，不知那里离圭山镇有多远，能不能洗澡，这里既然能洗我就先洗了。我拿了毛巾和洗发水，进洗澡房洗澡，出了一会儿凉水，热水就出来了，还挺热的。

石林的天气比昆明还凉，一件文化衫，外加一件衬衣都凉得受不了，我不得不钻进被窝里去。正好这时远在成都的栗原小狄给我打电话，他告诉我说，现全国各地普遍是37度的高温，而成都尤其热，他都热得受不了了。可在大糯黑村的我，此时则是凉得受不了，不得不钻进被窝里，石林这个地方可真特别啊！恐怕是因为天气凉，所以蚊子也很少，农村中蚊子少，这和我的经验完全不一致。

2010年8月7日　晴

昨晚上没有睡好，一是狗总是在叫，二是有蚊子。晚上起来一次，到外面上厕所。外面一片漆黑，什么也看不见。除了村子里偶尔传来几声狗叫声，也没有任何声音。重新躺下后，听到狗还是时不时在叫，因此睡得不沉。后来又听到了鸡叫声，而且此起彼伏。我睁开眼看看窗外，天还没有亮呢——这鸡真不甘寂寞啊！无法再睡了，我就躺在床上思考起要调查的问题来。

起床后，洗漱完毕，我就收拾行李，准备去矣维哨村。王光珍送我出来，告诉我她有一张DVD碟子，里面刻录的，全是人们从石林各地收集到的传统的阿诗玛的歌，有的像高老师唱的，有的不像。她让我到镇上后去那些影碟店里找一找这张碟子，如找不到，她就把她的寄给我。这表明，普通的撒尼人因为喜欢唱歌跳舞，他们是会把《阿诗玛》的传统唱法传下去的。王光珍还帮我联系上了矣维哨村的总支书记黄正开。她告诉我说，矣维哨村没有农家乐，黄书记说了，我可以住在他们村委会里，还可以和他们一起吃饭。我喜出望外，王光珍再次帮了我的大忙。

我听说要去矣维哨的话就要等去圭山煤矿的车，于是我就在路边等去圭山煤矿的车，好不容易等来两辆，但都因人满而不停。我上次来时，和我一起来的苏诏明老师就曾独自步行到圭山，因此我想圭山肯定不会太远，于是决定不等了，步行到圭山去，这样一来可以看看周边的情况，二来还可以到圭山镇上吃点东西。

一边走，一边看周边的景色。路两旁开满了深紫色的牵牛花，田野群山，满眼青翠。走着走着，就到了圭山镇。

红色圭山欢迎您！

圭山镇是典型的农村小镇，街道不宽，但很热闹。一行大字远远地就映入了我的眼帘：红色圭山欢迎您！刚进镇，我就看到了车站，还有开往圭山煤矿的车，我想，我可以从这里坐车到矣维哨。往小镇里走，越走房子越多，也越热闹。我选了一个小店吃了早餐，然后又往里逛了一下，在一个影碟店买了“狂欢彝乡，舞动石林——2011年石林火把节民族民间歌舞大赛”的碟子，25元，但没有王光珍说的那张影碟。从影碟店里出来，我发现一个男子在地上卖手工编织的竹器，这些竹器虽是日常用品，但编织得精细漂亮，于是我又花了8元钱买了一个小竹篮，然后去车站坐车。

上车不久，车就开了。女售票员很漂亮，她告诉我车费两元，我付了车费，她又问我在矣维哨的什么地方下车，我说到村委会。车到了一个地方，她让司机停车，然后告诉我说矣维哨到了，并且还告诉我说，下车后沿那条路走进去一点就可到村委会。下车后，我看到了“圭山打响第一枪”的标语，路两旁的房子的墙上，还画有很多革命壁画、周恩来语录等，看来我真的到了革命的摇篮圭山了。

云南人民闹革命，圭山打响第一枪！

我正走着，迎面来了一个年轻人，我问他村委会怎么走，他说，你跟我来吧！我谢了他，就跟着他走。我又问他贵姓，他说姓黄。我问他是否认识黄正开书记，他说认识，黄书记正是他的父亲。我很惊讶，感觉太巧了。

进了村委会，小黄和一个男的用撒尼话说了点什么，那人就从他的办公室里出来，和我握手，我赶紧自我介绍，并递上名片。旁边还有一个稍年轻的，我也递上名片，并问他们贵姓。原来他们一个是村委会副主任，姓杨，一个是村里的兽医，也姓杨。一会儿，一个瘸着腿的中年男子走了进来，他们说，这就是黄正开书记，我赶紧上前和他握手，并递上名片，做了自我介绍，还把我的来意也说了。黄书记说：“没问题，要找几个老人问问是吧？”我说老人要找几个，中年的年轻的也都要找几个。我问他的脚怎么了，他说是坐摩托车摔的。我们在办公室坐了一会儿，旁边有人喊吃饭，于是我们就过去吃饭。

饭桌上，黄书记用不大流利的普通话说，糯黑那边说阿黑和阿诗玛是情人是吧？我说是的。他说："我们这边说他们是兄妹。传说古时候发洪水，别的人都死了，只剩下阿黑和阿诗玛。怎么办呢？他们就丢草墩，结果丢几次都是阿诗玛丢的在下，阿黑丢的在上，于是兄妹只好结婚。本来，兄妹结婚是不道德的，但因为只有两个人了，没有办法。我们这一带老人传下来都是这么说的。"他的说法与别的版本不同，无疑非常古老。黄书记还说，他们村里也有文艺组，还分老、中、青组，也到石林景区跳大三弦。我问他是否看过电影《阿诗玛》，他说看过。我又问他电影拍得好不好，他说拍得好，但他不大赞同。

吃完饭后，村委会副主任杨永明认真地给我介绍了村里的情况。杨永明，男，1952年生，毕业于村里附设的初中，初中文化。他说，矣维哨村总共有202户，904人，撒尼人占百分之九十八，只有30多人是汉族。全村有耕地2928.6亩，都是旱地，没有水田。经济收入主要靠种烤烟、玉米，此外还养羊，土豆种得少，吃的大米要靠买。收入状况：年人均2000元到3000元，粮500多斤。

我问了他本人对阿诗玛的了解和认识。他说他对阿诗玛故事的了解是通过电影，以前村里的老人有对他讲过，但他已记不得了。他说，电影《阿诗玛》最初是在圭山煤矿放的，那时他才12岁，当时是晚上，他和十七八个人一起去看，但人家只让村里的老人看，不让他们看，他们只好灰溜溜地回来。那时他在山上放羊放牛，一个星期都住在山上，相当困难。后来他还是自己买碟才看到了电影。阿黑与阿诗玛到底是兄妹关系还是情人关系，这个他真不知道。

之后，大家还聊了一些别的话题。他们说，以前圭山寺里有一个铜菩萨，铜菩萨很大，很有名，是从昆明运过来的。这个铜菩萨最初是要运到玉溪去的，运到他们村附近，离他们村还有两公里，就是到大马岭村（矣维哨行政村下的一个自然村）的时候，天就黑了，铜菩萨就拉不动了。第二天，运铜菩萨的人想继续把铜菩萨运到玉溪去，他们拿绳子、铁丝拉车，但车子怎么拉都拉不动，因为太用力，他们还把绳子、铁丝都拉断了。可转过脸往圭山这个方向，几个人才轻轻地动了动缰绳，结果车就动了，这说明菩萨不愿到玉溪去，大家知道后，才把圭山寺建了起来。他们说，铜菩萨他们也都见过，可惜大炼钢铁时，被熔掉了。两个大铜钟，那时也被毁了。小铜钟有一米高，一抱大，他们村的人把它抬下来放在学校，做敲钟用，“文化大革命”时，不知被谁拿去了，至今下落不明。

有的又说到了大铜钟的来历。他们说，大铜钟运到圭山寺后，那些运送的人向和尚们交代说，这钟是送他们用的，要等他们走了三天三夜后才能敲这钟，交代完他们就走了。可他们才走到圭山煤矿，圭山煤矿离这里约五六公里远，如果走小路的话，才3公里远，圭山煤矿离圭山寺大约也就七八百米远，不到一公里，他们才走到那里，钟就响起来了，他们就想，糟了糟了，这帮圭山寺的和尚果然不听招呼。他们走的时候，怕和尚们不是好人，所以告诫他们，要他们三天三夜后才敲，如果他们三天三夜后才敲，钟声就能传到人走三天三夜远的地方。可这帮和尚迫不及待，不听招呼，现在钟声就传不远了，和尚们知道后也很后悔。

有的人又说，菩萨也会惩治人。人若做得过分，心地不善良，不道德，菩萨就会惩治人。以前他们村里有个老人叫张子钟，村里人都知道。他年轻时，圭山寺就已毁了几次。“四清”时大搞破旧立新，“文化大革命”时又影响了宗教活动的进行。圭山寺毁了以后，张子钟放羊，不管放的是山羊还是绵羊，都关在寺里。那时，菩萨还没有毁，大铜钟也还在。他把羊关在寺里面，白天，把羊放出去，晚上，又把羊关回寺里，人回家。放出去，他就对菩萨说：“菩萨，羊你不用管了，我放出去了。”回来时他又对菩萨说：“菩萨，羊我交给你了，我回家了。”后来，他就得病了，什么药都吃不好，叫四娘婆看，四娘婆说：“你惹着菩萨了，要烧香、祭拜，才能好。”这是三十年前的事。

另一个也说，这是去年的事。有四个小伙子，他们骑摩托车到圭山寺玩，他们来的时候，圭山寺已恢复，但还在建设中，菩萨是用泥巴做的，用木头、稻草、泥巴，合起来做成。他们骑了两张摩托车到圭山寺玩，他们四人，是老表关系。到圭山寺后，他们看见施工的人还在施工。他们看见菩萨，有一个就骑在菩萨的背上摇菩萨，他老表说，你不能这样，这样不对，他说，用泥巴做的，没关系。后来他们就离开了，又到亩竹箐去玩。回家的时候，离家还有一公里，骑菩萨那个就喊他老表，要他老表给他骑摩托，他老表不给，结果两人都摔倒在地。骑菩萨的那个在家躺了两个多月都没好，请四娘婆看，四娘婆说他冲撞了菩萨，他家里的老人还不信，后来一问才知道。那人现在还有点痴呆，十四五岁，现在还在。死就不会死，只是菩萨要教训他。他父亲叫我舅舅，去贷款给他看病，借了四万多，都花完了。他老表倒一点没有摔伤。

我见话题扯远了，于是又把话题拉回来，请他们介绍一下村里的文艺活动的情况。他们说，他们村里的文艺组都是自发的，分老、中、青、娃娃组。节目都是自己编的，过去传下来的也有，有些节目用的是《阿诗玛》的调子。《阿诗玛》的调子也是他们村的人自己人教自己人学会的。有结婚、丧葬的事的时候文艺队都会表演节目，老人、中年、青年都可以去，有时还请别的村的人来表演节目，几个文艺队（三个以上）轮着表演。在这里，本村的不收钱，外村的收二三百元钱。圭山镇搞的中国共产党建党九十周年庆祝活动，他们村的节目得了一等奖，奖金2000元。在县里举行的乃古石林火把节表演还获得了特等奖，5000元奖金。庆祝建党九十周年的时候，村党总支也组织了节目表演，还刻了一个光盘。从中午两点开演，一直演到下午六点才演完。经费分配是这样的，前哨村700元，立马村700元，矣维哨村1200元，吃饭、交通等费用都包括在内。凡参会的，由村民组长组织，党员、演员一起参加。

采访结束后，黄书记让杨副主任去把那间挂有妇幼保健室牌子的房间收拾出来让我住下。房子收拾出来了，又发现没有灯，黄书记于是又让杨副主任去帮我装一盏灯。我们俩商量了一下，杨副主任就去找灯和插头，去了好一会儿，终于找来了，但插上去后灯不亮，最后他想出用胶布粘的方法，我则提议打开盖子修里头，他同意了，又忙了一阵，才终于弄好了。灯好后，杨副主任提议我到村里走走看看，以了解情况，于是我们俩就出去了。矣维哨村到处都是壁画，杨副主任说，是村中的老人自发画的，就题材内容而言，最多的是圭山革命的故事，也有新农村建设、计划生育等题材。

矣维哨村内的壁画

村中正有人在村礼堂那个大院里做“祝米客”，即孩子满月，村礼堂后的大院里，专门盖了长条的棚子（开放型的，铁皮屋顶），杨副主任介绍说，村里盖这个就是为了方便村民做各种红白事的。我问杨副主任，这村里做红白事是不是花费很大，杨副主任说是的。

撒尼人是个多才多艺、浪漫的族群，他们的生活不是很富裕，他们干农活也很辛苦，但他们热爱唱歌跳舞画画，喜欢得真到了让人惊讶的程度。

今天的晚饭，是黄书记、杨副书记、杨副主任，还有一个叫卢建华的人，以及姓曾的厨师一起吃的。菜是一碗炒肉，一碗上午吃剩的羊肉，一碗水煮南瓜，一碗萝卜炖猪皮。杨副书记、杨副主任和我一起喝酒，黄书记用汤来代替，卢建华说刚住院出来，不敢喝酒。

吃饭间，黄书记说，阿诗玛去放羊，突然发洪水，她和羊全都被淹，洪水退后，羊变成了石头，阿诗玛则变成了石林景区的石头。

吃完饭后，黄书记催促杨副书记、杨副主任及卢建华他们领我去采访杨志华，三人用撒尼语商量了一会儿后就和我去了。杨志华是参加过边纵的老革命，解放后在村里当老师，目前已离休。在他的家我采访了他。他给我讲了他知道的有关阿诗玛的故事。他讲的故事是比较传统的，看不出有黄铁等人整理的长诗的痕迹，也看不到电影的影响。我问他，他讲的这个故事是否和家里的年轻人讲过，他说讲过，并且强调说，几千年来《阿诗玛》都是这样传下来的。我问他是否看过电影《阿诗玛》，他说看过，他认为电影有很多地方不对，故事讲得不对，删改比较多，但他还是喜欢的。我问他是否会唱《阿诗玛》，他说自己没有唱过，还说，村里的文艺节目和阿诗玛没有什么关系。

采访结束后我们合了影，然后回村部。回到村部的时候黄书记还没有离开，我们聊了几句，他说：“今天就先到这里吧，明天他们再找几个看看。如果有车，再带你去看看圭山寺。”我于是告辞出来回房间休息。

2010年8月8日　晴

昨晚睡得还不错，主要原因是没有狗叫吧。天亮时也听见鸡叫，但相隔稍远，因此影响不大。就是天一亮，讨厌的苍蝇又开始到处乱飞了。

昨天吃饭时黄书记曾说：阿黑追到土司家以后，阿诗玛用吹口篾的方法告诉阿黑，他们家养有老虎，他们要放虎来咬你。阿黑也吹口篾告诉阿诗玛说："妹子，不怕，我有弓箭。"看来这个更古老的版本的阿诗玛故事他是知道的。

黄书记、杨永明副主任还说，他们村的风俗习惯和糯黑村一样，老人去世，也是火葬，然后再搞土葬，火葬是政府要求的。结婚的时候要表演文艺节目，但对歌就没有了。黄书记也是初中毕业。杨副书记的名字是杨绍伟。

今天我决定去采访杨美花的母亲。杨美花是我在昆明学院的学生，幼教专业的。我想趁这个机会采访一下她的母亲。

在村委会，我向黄书记他们打听杨美花家。他们说她家在村外，但不远，我打杨美花的电话，正好她在家，于是她就到村委会来接我。我们在这里见面，都非常高兴，我提出要到她家里去采访她母亲，她愉快地接受了，然后我们就到她家去。

她家离村委会果然不远，沿公路走了一小会儿就到了。杨美花家只有她的父亲、母亲及她三个人。这时正是收烟叶的季节，她的父亲母亲都在加工整理烟叶。杨美花说，有的人家家里人多烟叶种得多，有的人家家里人少烟叶就种得少。她家人少，因此种得少。她家种的烟叶能收入一万多元钱，多的人家能收入三四万元钱。她还向我介绍了她家的基本情况：她的母亲叫杨云芝，是本村的，1957年生。她的父亲叫王国祥，是糯黑村那边的，即她的父亲是到她母亲这边来落户的。之后我采访了杨美花的母亲杨云芝。杨云芝给我讲了她知道的阿诗玛的故事，之后我还了解了一些相关的情况，她一一作了回答。

问：你会唱《阿诗玛》吗？

答：原来村里的老人会唱，我没有学会。

问：你一年中做的事情有没有和阿诗玛有关的？

答：我们唱的歌与阿诗玛有关，比如在火把节里唱的歌，就是用阿诗玛的故事编的。但我们编的歌不是完整的阿诗玛故事。我自已不唱，是别的人唱，还有跳大三弦、织布等也与阿诗玛有关。阿诗玛织的是麻布，手工织麻布这种手艺现在失传了，以前村里还有人会织。

问：你看过电影《阿诗玛》吗？

答：看过，十多岁时看的，应该是1964年、1965年吧。很喜欢，故事有的地方不是这样的，里面的歌还是很喜欢。我们的服饰样式是那个时代传下来的，现在包包用剪子剪出来也是原来传下来的，绣的方法也是。还有吹牛角也可能是，我们吹的是水牛角。“文化大革命”时期不让唱《阿诗玛》了。电影里阿诗玛拿的一朵花会向上流，这是封建迷信，封建迷信现在不搞了。

采访结束后，杨美花送我出来，她告诉我，她的小姨在镇政府工作。小时候她家穷，她到小姨家玩，发现两家反差很大，她很想过上她们的生活，小姨又教导她，因此她的思想受小姨影响很大。家里有人在外面和没有人在外面很不一样，有人在外面会传给你很多新鲜的想法。她们村里的人很多因没有人在外面，就不想上学，才上到初中就不想上了，家里也不理他，反而还会感到高兴，因为有了帮手了。

从杨美花家里回来，正遇上黄书记召集村干部开会。中午吃饭的时候，我抓紧时间又采访了三个人。第一个叫徐德良，他是前哨村的村主任。他也给我讲了他知道的阿诗玛的故事。讲完之后，我也问了他一些相关的问题。他说，他们平时也穿麻布衣服。一年中，与阿诗玛有关的，主要是搞文艺活动，阿诗玛的歌还是唱的，调子一样，歌不一样，动作也很多，村里有老、中、青的文艺队，中年的还有两个，青年队在镇上的表演得到过第一名，去乃古石林表演也得了第一名，去年去泸西表演，也得了第一名。昨晚他们还在亩竹箐表演，凌晨三点才回来，是丧家请去的。

之后我又采访了立马村的李洪光和毕建华，李洪光是立马村的村主任。他们俩讲了他们知道的阿诗玛故事后，也讲了一些相关的情况。原来，李洪光、毕建华，还有一个也是他们村的人，叫赵继兵的，曾在1985年参加过一个由昆明市民委组织，市民委主任带队的阿诗玛艺术团，代表昆明市去香港、澳门交流演出，全团有三十六人，主要表演唱歌、跳舞，唱的歌是敬酒歌，跳的舞有大三弦舞、钗舞等。其中李洪光负责编歌曲，毕建华、赵继兵二人担任编舞。这次演出，前后四十五天，大获成功，阿诗玛艺术团的品牌也由此打响。他们村里只有中年文艺队，红白事文艺队都表演，节日里也表演，节目都是他们三人编创的，三人是文艺骨干。他们用的调子是民族调，传统的，以前留下来的。电影《阿诗玛》他们也看过，都喜欢。他们对电影的故事有不同的看法，歌却喜欢，歌是他们民族的歌，调子大多是他们老辈人传下来的。他们村里有一个94岁的老人，什么舞都会，他们学的舞都是他教的，他的名字叫李继兴，身体好，热爱唱歌跳舞。

中午休息。下午起床后，黄书记让杨副书记、杨副主任，由村里的会计李玉祥开他的拖拉机，领我上山去看朱家壁墓，看圭山寺。他们要拉黄书记一起去，但黄书记脚不方便，拒绝了。拖拉机开在上山的路上，起初是水泥路，有点陡。后来就开在了陡峭的没有什么路的山上，我大吃一惊，也才理解刚才杨副书记他们为什么说他的面包车开不上来。这座山就是圭山，当年朱家壁搞的边纵（中国人民解放军滇桂黔边纵队）就是在这里开始的，所以朱家壁去世后，将一部分骨灰埋葬于此。山路越来越陡，拖拉机摇晃跳动得也越来越厉害，发动机的声音，车厢金属碰撞的声音，震耳欲聋，我和杨副书记站在车厢里，面对面说话也听不清楚。我以为已经是很陡的坡，谁知前面还有更陡的，真难为这拖拉机能爬得上来。看来这拖拉机样子是丑了一点，声音是大了一点，但劲儿还是够大的，做得也挺结实。拖拉机一路颠簸，终于在快要到达山顶时停了下来，朱家壁墓到了。

朱家壁墓

我们跳下了车，迎面是一块高而黑的石碑，这就是朱家壁的墓碑，样子简朴。朱家壁的墓碑前又有四块小的白色的墓碑，分别是窦从孝、黄恩培、杨福安、杨文光的墓碑，他们都是参加边纵的老革命，去世后也埋葬在这里，碑文和朱家壁的墓碑一样记载了他们的生平事迹，写得比较简单。看完朱家壁的墓，我们又到旁边看一大一小两座纪念塔，其中一座是圭山革命纪念塔，一座是革命烈士纪念塔。纪念塔都做得比较粗糙，基

圭山烈士纪念塔和圭山革命纪念塔

座上写有碑文，基座上面是一把利剑的造型，碑文上还刻有烈士的名单、建碑单位、捐款单位等。我看建碑单位，是矣维哨村，难怪有点简单。一个村建这样的纪念碑非常不容易。边纵在云南历史上影响很大。这段历史，在云南史甚至国家史上，都是有记载的，但边纵烈士的纪念碑却只由一个村来建，我在钦佩矣维哨村领导的魄力的同时，也深感遗憾和不解。

看完圭山革命纪念塔和烈士墓，我们坐车下山。坐在车上，这回我又担心拖拉机的刹车是否失灵了。一路摇摇晃晃，走走停停，我不禁深深感激矣维哨村干部的盛情，同时也深感撒尼人民的热情好客。拖拉机终于又安然无恙回到了水泥路上，因路窄弯急，拖拉机停了一下，掉好车头，又往圭山深处开。杨副书记告诉我说，这回要领我去看圭山寺。

车停下来后，我才发现，这圭山寺还在施工建前殿，大雄宝殿倒是建好了，一个老和尚领着一个小和尚在唱《南无阿弥陀佛》。杨副书记和杨副主任、李会计他们不看大殿的佛像，他们进接待处和一个年轻的和尚聊天，这和尚倒慈眉善目。杨副书记问他："你家是哪里的？"和尚笑着说："我家就在这里。"杨副书记说："不是，我是问你是哪里人。"和尚笑着说："我就是这里人。"杨副书记又说："不是，你老家是哪里人？"和尚笑着说："经常有人这样问我，我老家是昭通的，我16岁出家。"李会计坐下来抽烟，和尚要给我烟抽，我不抽烟，谢了他，他又说要给我们切西瓜吃，杨副书记也谢绝了。

坐上车，他们又把车开到玄天阁来，原来这圭山上，寺庙还不止一座。我问杨副书记："这也是原来就有的？"杨副书记说有的，"文化大革命"时拆毁的。进到玄天阁，里面也在施工，工人正在塑门口的"四大金刚"，里面倒做好了，做得精致漂亮，有一些人在烧香。我粗略地转了一圈，便对他们几位说："走吧，不看了。"他们是看过的，见我说走，便都一起出来。李会计在倒车，杨副书记约我从小门步行出去，在陡峭的阶梯的两旁有不少石头，我随手捡了两块，发现挺漂亮的，还有洞，我非常喜欢，也非常高兴，杨副书记见我没有跟上来，在捡石头，说："这些石头不好看。"然后到了一个遍地碎石的地方，他说："这些才好看。"我看了一下，看来我们的审美趣味不同，但又不好拒绝他的好意，就随手捡了一块。李会计的车到了，我们于是又爬上车，就开回来了。

村里其实还有另一名干部——村委副主任陈丽，我忘记记了。陈副主任是个大学生村官，2009年大学毕业，然后来到这里工作。她戴一副眼镜，虽然已工作了两年，但还保留有一点学生味儿。我初次见她时，她提着一袋苹果从外面回来，我问她哪所大学毕业的，她说四川师范大学。

昨天下午，我从圭山上回来记日记时，她忽然走进我的房间，问我要不要用电脑，我说不用，然后停下来，请她在旁边的椅子坐。她问我来这里做什么，我说是来调查《阿诗玛》传承的情况的。她说了一声“打扰”，就站起来出去了。我注意到，她就住在我的对面，也是一间办公室——村团委办公室。

晚上吃饭时，她招呼我去吃饭。在饭桌上，她问我工资收入情况，买房子情况，我一一作了回答。我问她家在哪儿，她说了一个地名，我听不明白，她就说：“就是乃古石林那个地方。”我又问她是否也是撒尼人，她说不是，是汉族。我问她是否听得懂撒尼话，她还没有回答，杨副书记就说：“她现在能听懂百分之八十了。”她笑笑说：“就是不会说。”因她是大学生村官，我就向她介绍了我三个学生任大学生村官的情况，然后我对黄书记说：“像陈副主任这样的干部，有专业知识，视野开阔，年轻，一定要好好培养。”黄书记说：“是的。”

2010年8月9日　晴

今天一早起来，准备到长湖去。我先向黄书记要了一盒他们村建党九十周年演出活动的影碟，然后向黄书记道谢、告别，又向杨副主任道谢、告别。黄书记和我讲了两次，要我到长湖后打电话告诉他情况，并且要我自己路上注意安全，我一一答应了他。因黄书记行动不便，所以是杨副主任送我出来。在村委会门口，杨副主任叫我以后经常下来，他说，他们撒尼人是热情好客的。我感谢了他，就出来了。出来后，我在路边等车。车很快就来了，是19路车。车到长湖的票价是7元。我还问了一下司机，原来矣维哨村到圭山镇的路程约6公里。车到圭山镇上时，开进了车站里等客。

车终于开到了长湖镇，我于是下了车。长湖镇也是个小镇，地势比圭山平坦，但只有一条街道，我顺着街道走，想找一个卖影碟的店，但没有找到。肚子饿得厉害，我找了一家早餐店，要了一碗米线吃了起来。我一边吃一边问坐在门口的老板娘在什么地方可以搭到去阿着底村的车。老板娘剪短发，穿一件蓝色上衣，三十五六岁的样子。她说，去阿着底村的车就经过这里。可我才吃了两口，门口就来了一辆面包车，老板娘对我说："车来了，你坐不坐？"我正吃着米线，想想，反正一会儿还会有车来，于是就说："我吃完了再走吧。"那个开面包车的和她聊了几句什么就走了。我吃完了米线，可这回没有车来了。我又问老板娘，街上有没有卖光碟的店，她说没有，我只好坐下来继续等车。这时，老板娘把一些洗衣粉倒进一个桶里，然后把锅里的开水倒进去，再把冒着泡的一小桶水倒在地上，开始冲刷地板。一辆面包车开了过去，我忙问正在冲刷地板的老板娘："到阿着底村的车前面写有字吗？"她说："哎呀，刚刚过去的就是。"唉！真是糟糕。我没有耐心等下去了，就想一面走一面等，于是向老板娘问清了阿着底村的方向，就离开米线店，开始步行前往。

我一面走一面观赏道路两边的景色，我发现，路边的一些大石头非常漂亮，是完完全全的奇石，这样的大石头还真不少。然后有成片成片的玉米地、烟叶地、果园，还有大棚蔬菜、野花等。

后面有面包车开来，我不知道是不是运营的客车，就向它挥手，但都没有停。前面走来一个挑着东西的老大爷，我问他阿着底村是在前方吗，他说是，我又问他阿着底村还有多远，上了前面的大斜坡是不是就差不多到了，他说，还早着呢，一半路都还没有。我告辞了他，又继续赶路。后面又开来一辆面包车，我又向它挥手，这回车还真的停了，我告诉司机，我要到阿着底村去，然后问他去不去阿着底村。开车的是一个三十多岁的人，穿一件红色文化衫。坐在他的副驾驶座上的是一个年轻女人。司机说："去呢，可以的，你上来吧。"于是我就上了他的车。上车后我看看车，才知道这是一辆运送米线的车，后面放了很多米线，还有一台台秤。司机和坐在副驾驶座上的女人聊天，他们聊得很客气，看来他们也不是很熟，女的应该也是搭顺风车的。车到了一个村子，那女的下了车，我问司机，这是不是阿着底村，司机说不是，阿着底村还有一段路。他因为要把米线送这里，所以就把车绕了进来。在一个小卖店前，他把车停下，然后从车上取下一些米线，称了重量，交给小卖店的老板娘，然后才又上了车。我问司机："你的米线店是在长湖镇上吗？"司机说："不是，在海邑。""啊！"我说，"我也是从海邑上来的。”车走不多远，又到了一个村子，村口的大石头上写着“阿着底”三个字，我想，这回阿着底村到了。司机一直把车开到村里头才停下来，然后告诉我说：“阿着底村到了。”我要给他几块钱作路费，可他坚决不要，我只好谢了他，然后下车。

下来后，我就见一个穿着传统撒尼服装的老太太满脸笑容地看着我，我走上前，问她普玉花家在哪里。普玉花也是王光珍告诉我的。老太太很热情，告诉我，绕过前面的水塘，直直向上走，白房子下面就是普玉花的农家乐。我谢了她，就去找普玉花的农家乐。到了普玉花的农家乐，有一个小姑娘正在洗菜，我问她这可是普玉花的家，她说是。我说，我是从昆明下来调查《阿诗玛》传承情况的，想在这里住两天。姑娘说，这里只提供吃饭，没有住宿。我想，这可真糟啊。便又问她，村里的农家乐有哪家是有住宿的。她想了想，告诉我说，前面有家万宝园，那里可以提供住宿。我便去找万宝园。到了万宝园，里面静悄悄的，我走进去，还好，有电视机的声音，我想，肯定有人，就大胆走进去。果然，一个男的正在看电视，我向他打了声招呼，他出来了，问我有什么事，我说我想在这里住两天。他说，住宿倒是有，只是老板不在家。我说你有老板的电话吗，他就找了张名片给我，叫我打上面的电话。我拨打他给的电话，是一个女的接的，她问清了我的情况，在电话里说，住宿倒是有，只是条件不大好，建议我去赵华家，她说赵华是他们村主任，他家条件比较好，能洗澡，就在水塘子边，三层楼的那间。我谢了她，又折了回来，还遇上前面见到的老太太，老太太问我找到了普玉花的家没有，我说找着了，但我现在想找赵华家。她立刻又领我去赵华家。喊了几声，没有人应，她说，他家的人都出去了。她又到旁边去喊，这时出来了一个也穿撒尼传统服饰的老太太，两个老太太用撒尼语交谈了几句，后面的老太太就把我领到了她的家中。

这户人家的房子有点破旧。老太太给我拿过来一个草墩让我坐，然后又去做饭，我问她，赵华是不是她的儿子，她答应了一声，是还是不是，我也没有弄清楚。我放下背包，就在小草墩上坐了下来。一会儿，回来一个老爷爷，我起身与他打了声招呼，并自我介绍了一下。老爷爷很爽朗，邀我到客厅里坐，我于是随他到了客厅。坐下后我们便聊了起来，我问他是否听说过阿诗玛的故事，他说听过，但说不来，村里有个老人，八十多岁了，他会说。我又问他，村里有文艺组吗？他说有，老年的，中年的，青年的，都有。我问老人："你经常看电视？"他说："是的，我能看书看报，但叫我写我就写不来了。还有现在气候变暖，以前冬天的时候我们家的屋檐下都挂了两尺长的冰凌，但现在没有了。气候变暖原因很多，比如，有的地方下冰雹，于是就用大炮去打，冰雹是不下了，但气候也被改变了，还不如让它下，然后用做大炮的钱去救济受灾的人家。还有现在的机器多，多了散发出来的热量也多，所以变暖。"这时老太太过来对我说，赵华家的人回来了，我于是便要起身过去，老爷爷说："不急，他们不会就又走了，饭好了，吃了饭再过去，难得有一个大学老师到我家里来。"我也很乐意听他说话，便同意留下来在他家吃饭，并说要给他饭钱，他说，饭钱不用给，又和老太太说了几句什么，老太太便去切腊肉，一会儿，饭好了，我们开始吃饭，有豆角、骨头生（一种石林撒尼地区的食品，用猪骨头拌辣椒腌制而成）、腊肉、韭菜、腐乳，老爷爷还一个劲儿地给我夹腊肉。我吃完一碗，他还要给我添饭，我饱了，坚持不添了，他才作罢。他说："你要不嫌脏，在我家住也行，就旁边那间房，我女儿回来也睡这里。"但他家没有洗澡房，我已两天没有洗澡了，很想洗个澡，于是作罢。吃完饭，有个年轻人来找他，不知和他说了几句什么，我问他："这个是村主任吗？"他说不是，说完他们就出去了。我和老太太说，我到赵华家去吧，老太太就领我到了赵华家。

赵华其实不在家，在家的是一个女的，六十岁左右。她对我说，在她家住一晚是20元钱，不管饭。我问她我能不能和她们一起吃饭，她笑着说，她们没有什么菜，吃两餐，晚餐还吃得很晚。我说没关系，她们吃什么我就吃什么，她们什么时候吃我就什么时候吃，我在糯黑也这样。她问我他们收多少钱，我说我一天给他们五十元，她同意了，便领我上客房。就这样，我的吃住问题解决了。

下午就开始了我的采访活动。因中午吃完饭我离开的时候，老爷爷不在家，而老奶奶又听不大懂普通话，因此这对老夫妻叫什么名字我还没有弄清楚，我想，就从这里开始吧，于是我又折回了老爷爷家。老爷爷还是不在家，只有老奶奶在，于是我就连说带比画，和她交谈了起来。最后，我终于弄清楚了，老奶奶叫金正芳，1942年生，小学毕业。老爷爷叫王天宝，1941年生，初中毕业。金正芳与王天宝生有三个孩子，一男二女。他们结婚的时间是分田到户的时候，她一来队里就分地。王天宝原来曾结过一次婚，他与前妻子育有三个孩子（一子二女），因其成分高，前妻与他离婚了。金正芳原来嫁在海宁村，前夫去世了，才与王天宝结婚。她与前夫也育有三个孩子，现都在外面。金正芳说，阿诗玛的故事她讲不来，在海宁村的时候她也看过阿诗玛的电影，前夫曾去跳过阿诗玛的舞蹈，她自己则没有跳。她参加了老年协会，但没有参加文艺队。她的娘家也在海宁村。

从王天宝家出来，我在村里走动，希望找到普华昌——王天宝早上告诉我的会讲阿诗玛的人。走着走着，我发现一个老人独自在砌墙，就上去想碰碰运气一问，他果然就是我要找的普华昌。老人听说我要采访他，就收拾了一下东西，和我一起回家去。

在普华昌的家里，我采访了他。普华昌，1929年生，初中毕业，读过云南省商业学校。读云南省商业学校的时候，原本要读三年的，但读了两年半后就分配了工作，分到曲靖的一个批发站工作。1962年调回路南县工作。

对阿诗玛，他说他的印象不深刻。他生在旧社会，长在新社会。解放的时候，他十七八岁。1949年，他读高小毕业班，听说省里有个姓杨的来搜集这个故事。高小毕业，要在县城里参加考试才能读中学，那时圭山中学在维则，是张冲办的，目的是培养参加革命的人才。1948年他读高小毕业，1949年到处轰轰烈烈闹革命。额冲衣有闹革命的，一个叫张开有，另一个叫张少武，是陆良县人。1949年，路南县临时人民政府就在额冲衣，解放才改在路南。那里培训共产党干部，他没有去。培训出来的，当保长、甲长，还有到政工队、宣传队的。跳舞唱歌，他也积极参加。他的班主任赵春云去了。赵春云带着他们到了海宁村，他掉了队，主要是父母不让去。

普华昌和我滔滔不绝地讲了很多，我感觉他很能讲，也很愿意讲。尽管年纪已经很大了，但他的思路还是很清晰的。

下午我在赵志学家的客厅里看他们的影碟，都是他们平时演出刻录下的影碟。赵志学特别拿出他在云南民族村跳舞的女儿送给他的曾在中央电视台“魅力12”上播放过的影碟给我看，这影碟上面有他的女儿参加演出的舞蹈节目，赵志学指给我看哪一个是他的女儿，但他的女儿仅一晃就过去了，我根本没看清。然后是看他们文艺组表演的影碟，再看他们村新年晚会上演出的影碟。他还拿出他的火草衣给我看，他说这火草衣现在很稀有了，夏天穿上是很凉爽的，值两千多元呢。后来又拿出他的大小三弦来给我看，并让我穿上他的火草衣，挎上大三弦照相。

晚上八点的时候，普老板娘来叫我去吃饭。

在吃饭的过程中，我们就聊起了村里的情况，以及阿诗玛故事传承的情况。赵华说，他在昆明干海子当过兵，当了三年。他的父亲叫赵志学，也当过兵，退伍后在乡武装部工作，与足玉德是同事。而赵华与足光华也是同学。赵华说，他们本来很聊得来，但毕业后各忙各的事，联系也就少了。据赵华说，在他们村，老年文艺组有三个组，他的父亲赵志学是老年协会会长，他的组有11人，本村外村有红白事，都有人请他们去表演节目。如果是去队员家表演节目，就不用钱，如果不是，要收160元钱，主家还要管他们的坐车和吃饭。演出的时候也是经常很多个队一起演，有时要演到天亮。因他们的队人少，所以人家比较乐意请他们。除老年组外，村里还有中年组、青年组。在村里，很多小娃娃都会唱歌跳舞。撒尼人就这样，一出生就会唱会跳。现在村里也实行火葬，也是火葬后搞土葬，然后请很多人来吃饭，一两百桌，村里专门有一个地方是供村民办事用的。那个地方现在还不够大，还要再扩大。他们这里没有为孩子分家吵架的，孩子结婚成家了，就要把他们分出去。分出去，还要帮他起好房子，买好生产生活用具，以后他生活得好不好，还要关心。也没有不孝敬老人的情况，谁不孝敬老人，村里人会指责他，尤其是在过密枝节的时候。他还说，阿诗玛的故事，现在流传的和电影一样，阿诗玛的曲调还流传着，在撒尼人中不会失传。过火把节的时候，县里在长湖举行了文艺表演比赛活动，他们村的表演得了第一名。在县里参加敬酒歌比赛，也得了第一名，因为阿着底村名气大，来的客人比较多，客人来吃饭他们就要唱敬酒歌，喝三杯酒唱三首歌，他们什么领导都见过，所以什么都不怕，能唱得好。阿诗玛是他们民族美好的形象，就像壮族的刘三姐，藏族的卓玛。

赵志学对《阿诗玛》电影的服装不认同，他认为撒尼人的服装不是这样的，但阿诗玛和阿黑倒真是情人，不是兄妹俩，兄妹俩这样要羞死人的。

2010年8月10日　大雾

昨晚睡得不错，没有狗叫，也没有拖拉机的嘈杂声。

这里的村民反映，已经很久没有下雨了，玉米的叶子都蔫了。

今天我计划继续在村里采访。

一户人家门敞开着，我敲门进去，和主人打招呼，并介绍了我的来意。主人很爽朗，愉快地接受我的采访，他叫毕万光。

毕万光，1943年生，高小毕业。毕万光的妻子叫张越菲，1944年生，没上过学。

他说自己听说过阿诗玛的故事，是听老人讲的。我让他给我讲讲。他说："过去，我们民族盛行婚姻由父母包办，女方的妈妈不同意。"说到这里的时候，他的老伴张越菲插话说，不是包办，是男方要，女方不同意，与电影一样。张越菲说完，毕万光接着说："阿黑和阿诗玛是兄妹两个，被电影编成了夫妻，其他和电影差不多，电影中后来的汪洋一片，冒出石头，我们地方老人说，这个姑娘成为我们民族密枝节祭的阿诗玛。现在改变了，小时候，密枝节比如在这个地方，冬月属鼠的第一天，祭密枝，女同志不能去，只能男的去，老人传下来的。"

关于村里的文艺组，毕万光说他参加了文艺组，他们跳的都是现代的舞蹈，与阿诗玛无关，那一小点东西表达不了心里的意思。歌舞都与阿诗玛无关，笛子、大三弦、小三弦、月琴，他都会。他们也去过石林景点表演，去了几回，现在跳不动了，天气也太热，后来，农忙就不去了，照了很多相片。老妈妈（指张越菲）去景区纺线，七天换一班，后来又三天一班，文艺节目她也会。

他说，这其实不是他的家，而是姑娘的家。姑娘搞烤烟，忙不过来，他们老两口来帮她。姑娘平时经常有人来请去唱敬酒歌，路南城里、泸西、弥勒都有，人家一打电话来就去了，一般是去一天，早上去，晚上回，100元到150元一天。每次去，姑娘还会拿回小烟来给他抽。他们村的经济主要靠种苹果、烤烟、玉米，三种收入都差不多，外出唱歌只是副业，他们不想专门干这个，村里倒是有人专门做这个的。他有四个孩子，两个姑娘，两个儿子。他与老伴和大儿子一起生活。

撒尼人一般一个村里都有几个姓，大家往往就近找对象，如足光华与王光珍就这样；高金兰的娘家就在夫家的隔壁，也这样；此外，杨副主任的媳妇娘家也在他家隔壁，刚刚采访的毕有光，姑娘也嫁在本村里，尽管这个村并不大。

从毕万光家出来，我又在一个小卖店里采访了昂燕。

昂燕，女，1976年生，初中毕业。

她说她知道有阿诗玛的故事，是从电影来的。以前她不在家，所以没有参加村里的文艺组。她曾在石林艺术团跳舞，这个团是石林县旅游局办的，跳了四五年后出来，在昆明的餐厅跑场，也跳了好几年，再后来就回来了，回来也有四五年了。她跳的舞有的是老人教的，有的是旅游局教的，还有的是县里的艺术团教的，开始跳的是传统的撒尼舞蹈，后来到餐厅跑场后就什么民族的舞都跳了。有用《阿诗玛》来编舞的，但歌的调子不是以前《阿诗玛》的调子。

她说自己嫁到30公里外的海宁村，那边她有房子，她的户口没有迁走，所以她的孩子的户口也跟着在这个村里。父母家没有分家，母亲病了，病了很多年，还病得很重，她的弟弟在外开大车，因此家里没有人照顾母亲，她回来就是为了照顾母亲，他的爱人现在还在中甸工作，也是跳舞。她的母亲身体很不好，正躺在沙发上，我向她问好她也没有反应。昂燕有一个孩子，两岁多。在家里，她既照看母亲，又照看孩子，还照看她的小卖店。她应该算是毕万光说的专门从事跳舞这一行的，难怪看见她的穿衣、身材和气质都与一般的村民不同。

阿着底村与糯黑村有共同特点，就是都有农家乐，每天都有外面的人到村里来，结果他们的人都认为，《阿诗玛》的故事就是电影的样子，而矣维哨村没有农家乐，也没有旅游，于是他们除了知道电影《阿诗玛》的情节外，还有自己的阿诗玛的故事，自己的情节。这是什么原因呢？会不会是因为有旅游的村接触外面的信息比较多，而不搞旅游的村则相对封闭、保守一些呢？

中午回来，赵志学在家没有出去。他说："你昨天说得好，如果阿诗玛与阿黑是唯一留下来的人，那么哪来的热布巴拉，兄妹是不能结婚的，就像今天，我们姓赵的，就不能找姓赵的，最好娶汉族的，娶本民族的都不够好，现在我们村里娶汉族的很多。"

他说，他们的组，别的民族的舞也跳，如苗族舞、藏族舞等。过年（初二晚上）跳，火把节跳，八月十五以前跳，现在不跳了。密枝节不跳，红事白事跳舞最隆重。外面有客人来也跳。单人唱歌的形式群众不喜欢。跳双人舞害羞，大家不敢跳。

他还向我介绍了他自己的情况。他说，他曾在思茅当兵八年，分别干过警卫班、炊事班、教导队等。当时，部队很多领导被隔离审查，他虽然不是队长，但教导队是他带出来的，那时他体重128公斤，4个新兵，分别坐在他的脚上手臂上，他能一下子把他们全摞翻。他本来是可以提干的，当时留下来就好了。他说："我当时嫌他们提拔我提拔得慢了，我都干了八年了，他们才提拔我，我就不干了。当时新的队长来了，他一直动员我留下，但我不留。退伍名单是我自己拟定的，当我宣布我退伍时，整个教导队一片喊声：'老班长你不能走。'这样喊。但我还是决定走了，我说我家里还有老父母，还有老婆。"我后来又专门问他："你们村里的人，想不想到外面工作？"他说："想是想的，但在外面工作，纪律严，在家里有家里好，自由。现在在家里又不是没有饭吃。"赵华，他的儿子，现在爱人在石林县城做护士，昆明市卫校毕业。

今天晚上9点多才开始吃晚饭。赵志学建议我喝酒，我中午吃撑了，不想喝酒，只要了一碗饭，一下就吃完了。赵志学非要给我再加一勺，普妈妈刚做好了鸡蛋，给我加了鸡蛋汤，吃完我就出来了。今晚的菜，有早上剩下的腊肉，还有豆腐、蘑菇，新煮了火腿肠、鸡蛋汤、白菜等。

吃完饭，我觉得头有点痒，就去洗澡，然后下去把这几天的食宿费、伙食费给他们。普妈妈不在，赵志学还在喝酒，我给他钱，他坚决不要，我塞在他的口袋里，他拿出来说，他不管这个，要给就给老妈妈吧。老妈妈上去了，我只好出来，出来才到马路上，就见普妈妈在后头那边，便上去把钱给她。她笑着说："不用了！"我塞给她说："要的，应该的，麻烦你们了，感谢你们给我提供的便利。"她又说："有一餐没有吃，我给你找钱吧。"我说："不用了，不必算得那么清楚。"她笑着就把钱收下了。

2010年8月11日　晴

今天终于可以回去了，心情非常愉快。

从阿着底村出来的时候，赵志学坚持要开他的摩托车送我出维则，尽管村里是有专门做营运的面包车出维则的。我再次领略了撒尼人的热情和好客。

到农村来进行田野考察，很累很辛苦说不上，但总是身处一个陌生的环境，面对陌生的人，总让人感到有点紧张。尽管如此，撒尼人民的善良、热情、好客、勤劳、能歌善舞还是给我留下了深刻的印象。下乡做田野调查，刚到的时候，真的有点困难，主要是与这些人不熟，人家见了我，总是板着脸，用诧异的眼光打量我。这时，我主动和人家打招呼，人家也会匆匆离去，不搭理我。但后来我想了一些办法，如去小卖店买点东西，然后就和他们聊起来，甚至还和他们的家人聊起来。另外，我还请我的房东引荐，因为这些都是他的熟人。撒尼人有个特点，热情好客，不用很长时间，他就会和你一见如故，无话不说。因此，这次田野作业，我觉得完成得还是相当好的。

这次田野作业我还带回了几张影碟，如《2011年石林火把节全县歌舞汇演》《矣维哨村建党90周年文艺表演》等，这些都是很好的资料，对了解撒尼人的歌舞非常有帮助。

也有一点遗憾。我一直想和王天宝老人深入地聊聊，但总没有找到机会，因为是农忙时节，他起早贪黑地下地劳动。另外，还感觉下来调查的时间太短了，如果能和这些普通的撒尼人一起生活更长一段时间，我想，我会和他们更熟悉，也更了解他们，那么我就能掌握更多的情况，我的调查也会更深入，更有成效。再见了，阿诗玛的故事！再见了，撒尼山乡！让我用灰太狼的一句话作结尾吧：我一定会回来的！

后　记

这本书是在我的博士毕业论文的基础上完成的。

我的本科阶段学的是中文，硕士阶段学的是文艺学，可在博士阶段，我选择了中国少数民族艺术。我的初衷，是想通过这种适当的跨越，开阔自己的学术视野，拓宽自己的研究思路。然而，这种跨越，很让我吃了些苦头。好在我的导师施惟达先生不仅学识渊博，教学经验丰富，为人还极谦和。他不仅耐心细致地指导我进行田野考察，还不厌其烦地教导我确定论题及组织我的毕业论文的方法。每当施先生给了我指导，我都会想，好在我选择了攻读博士学位，否则不知道我要在黑暗中独自摸索多久呢！因此，本书的出版，我首先感谢我的导师施惟达先生。

其次，感谢善良勤劳的撒尼人民，在我的田野调查中，他们给了我许多帮助。最初准备去撒尼地区做田野调查的时候，我心里忐忑不安：担心没人愿意接受我的采访，担心村民不友善，担心自己的安全。但去了之后我发现，我的担心是多么可笑。善良的撒尼人不仅很乐意接受我的采访，还想方设法地给我提供各种帮助。他们的善良、乐于助人、能歌善舞都给我留下了深刻的印象。在这里，我要特别感谢王玲、王光华、王光珍、足光华、高月明、赵志学、赵华、黄正开、杨永明、杨绍伟、杨美花等人，他们都是撒尼人，他们都各尽所能，给我提供了类型不同但同样真诚的帮助。

另外，感谢我的父母和我的爱人钟茜，因为他们坚定的支持，我才能完成这一艰苦的工作。

最后，感谢广西师范学院社会学博士点为本书的出版提供经费资助，感谢知识产权出版社李瑾女士的辛勤劳动。

黄　毅

2016年10月19日